REDACCIÓN AVANZADA
Un enfoque lingüístico

REDACCIÓN AVANZADA

Un enfoque lingüístico

Fidel Chávez Pérez

Pearson Educación

MÉXICO • ARGENTINA • BRASIL • COLOMBIA • COSTA RICA • CHILE
ESPAÑA • GUATEMALA • PERÚ • PUERTO RICO • VENEZUELA

PRIMERA EDICION, 1993
SEGUNDA EDICION, 1998

Calle 4 Nº 25-2º piso Fracc. Ind. Alce Blanco,
Naucalpan de Juárez, Edo. de México,
C.P. 53370

CNIEM 1031

ISBN 968 444 253 X

Impreso en México. *Printed in Mexico*

La escritura es la ciudad laberíntica construida en las confluencias de todas las escrituras, producción de culturas y sociedades.

ANNA POCA

Si no leemos no tendremos jamás palabras para entender y transformar el mundo. No haremos nuestras las experiencias ajenas. Nuestra condición quedaría reducida a la mudez incomunicable de los peces en el acuario.

JOSÉ EMILIO PACHECO

AGRADECIMIENTOS

En el diseño de actividades para la metodología del maestro a: Lic. Ma. Elena Silva Olivares, Lic. Celita Alamilla Padrón, Lic. Gabriela Leal y Lic. Fernando Múzquiz.

agosto (1986)

En la primera edición interna del texto y de la metodología a: Lic. Ma. Elena Silva, Lic. Fernando Múzquiz y Ma. del Socorro Esquivel.

enero (1988)

En las 10 ediciones internas posteriores a: Lic. Rodolfo Moreno Tamez y Lic. Atala Vela Rubalcava.

(1988-93)

En la selección de lecturas, elaboración de ejercicios y revisión general de este texto a mis extraordinarios colaboradores: Lic. Rodolfo Moreno Tamez, Lic. Atala Vela Rubalcava y Lic. Yolanda Pérez.

A Ma. del Pilar Lozano, por su paciencia y disposición para capturar y ordenar toda la información que hay en este trabajo.

Al Lic. Xorge M. González (†), por sus sugerencias en algunos capítulos.

Al Lic. Agustín García Gil, por su desinteresado apoyo.

Al Lic. Fidel Villarreal, por su paciencia y disposición para las entregas a la casa Editorial.

CONTENIDO

CAPÍTULO SIETE: FORMAS ESPECIALIZADAS DE REDACCIÓN

CAPÍTULO OCHO: EL TEXTO LITERARIO

BIBLIOGRAFÍA

INTRODUCCIÓN

Los contenidos de este libro responden al programa que se diseñó en 1986, para el curso de Redacción Avanzada en el Instituto Tecnológico y de Estudios Superiores de Monterrey, Campus Monterrey.

En agosto de 1990, esta materia pasó a formar parte de los cursos sello que se incluyeron como obligatorios dentro de los nuevos planes de estudio de las carreras profesionales.

Desde el inicio del proyecto se ha trabajado con una metodología que se fundamenta en algunos principios de lingüística aplicada, lectura e incremento del vocabulario. Su orientación se encamina hacia el desarrollo de la habilidad escritural en estudiantes de nivel profesional.

La ardua labor de investigación realizada para crear un enfoque diferente llevó varios años. Durante todo este tiempo se tuvo especial cuidado de no caer en las características de la mayoría de los libros de redacción que confunden esta habilidad con la gramática y el estilo literario. Por esta circunstancia, gran parte de las lecturas que se incluyen en este libro favorecen el incremento del vocabulario y el manejo del lenguaje estándar.

El curso supone el dominio de los conocimientos esenciales de la lengua materna que se estudian en la primaria, la secundaria y la preparatoria. Sin embargo, considerando que la realidad en el uso de estas habilidades es otra, se incluyó en el texto información relevante sobre algunas dudas y vicios del lenguaje, esquemas etimológicos y un buen número de esquemas conceptuales.

El contenido consta de ocho capítulos. Por cuestiones metodológicas se ordenaron de la siguiente manera: 1) DESARROLLO DE LA OBSERVACIÓN. 2) DESCRIPCIÓN Y MODIFICACIÓN DE UNA ESTRUCTURA LINGÜÍSTICO-DISCURSIVA. 3) EL PROCESO DE LA COMUNICACIÓN. 4) ACERCAMIENTO A UN PROCESO DESCRIPTIVO. 5) MODELO DEL ESCARABAJO: ANÁLISIS Y PUNTO DE VISTA EN LA SELECCIÓN DE UN TEMA. 6) REDACCIÓN DE INFORMES. 7) FORMAS ESPECIALIZADAS DE REDACCIÓN. 8) EL TEXTO LITERARIO.

Los dos primeros capítulos son decisivos porque en ellos se determinan las bases sobre las que se apoyará el resto del material. El tercero y el cuarto, aunque revisan temas conocidos, su enfoque es más práctico y novedoso. El quinto es medular porque en él se expone el "Modelo del Escarabajo", una técnica original y sencilla que facilita el desarrollo de ideas. En el sexto se estudia la redacción de informes y el ensayo. En el séptimo se revisan los géneros periodísticos y en el octavo se analizan algunos aspectos del texto literario con el fin de establecer diferencias entre este tipo de lenguaje y el estándar. El orden de cada capítulo se apega al siguiente patrón: a) teoría, b) lecturas, c) ejercicios, d) esquemas de etimologías, e) ejercicios, f) dudas sobre lenguaje.

Para alcanzar las metas de este curso es necesario que se realicen todas las actividades y dinámicas de grupo que se proponen.

Actualmente podemos afirmar que este nuevo enfoque de la redacción cumple con los objetivos que nos llevaron a estructurarlo de esta manera. Las respuestas positivas las hemos constatado en el diario contacto con alumnos y maestros. Además, una de las ventajas de esta metodología es que puede transferirse a otras lenguas, tanto por su enfoque como por los principios teóricos que la sustentan.

A la edición que publicó Editorial Alhambra Mexicana por vez primera en 1993, le precedieron 11 ediciones, con otras características, que se realizaron, en forma interna en el ITESM, Campus Monterrey.

Para esta nueva edición (1998) se cambiaron algunas lecturas y se actualizaron algunos temas como la comunicación empresarial y el informe. También se incluyeron diversas novedades sobre el uso del lenguaje.

Todas las actividades que se sugieren en este texto se diseñaron para desarrollar el trabajo en equipo, el autoaprendizaje y la búsqueda de información. Sin embargo, es importante el papel del maestro, como facilitador o guía, porque es pieza clave para la evaluación.

Por otra parte, es necesario aclarar que algunos de los ejercicios, que se derivan de cada una de las lecturas, permiten que el estudiante pueda buscar información complementaria en los medios electrónicos para realizar sus prácticas escriturales. En estos casos se recomienda revisar los protocolos para el uso de este tipo de información, mismos que se pueden bajar de la red, en su versión en español.

EL AUTOR

Capítulo uno

DESARROLLO DE LA OBSERVACIÓN

La observación es una facultad que la mayoría de las personas poseemos pero desafortunadamente no la desarrollamos porque por lo general nos acostumbramos a ver, a mirar, mas no siempre a observar.

La observación requiere ejercicio constante. Existe una fase inicial donde el individuo aprende a interiorizar. No es la simple acción de ver o mirar sino la de captar, mediante un análisis minucioso, el mayor número de detalles de lo que se observa, sea un objeto, una persona o un acontecimiento. En otras palabras, se trata de interiorizar lo que se percibe antes de llegar al proceso escritural. La segunda fase consiste en seleccionar, jerarquizar y traducir las imágenes a la escritura para después darle forma al mensaje.

Es necesario establecer diferencias entre los tres conceptos que acabamos de mencionar: *ver* es percibir a través de la vista; *mirar* es cuando se fija la mirada en algo y *observar* es la acción de mirar más la de examinar detenidamente, como lo expone el escritor Ramiro Garza en el siguiente texto:

LA OBSERVACIÓN

Un día, un médico olvidó un pedazo de pan en una ventana del hospital.

Llovió. Pasaron muchas horas. Cualquier enfermera descuidada, cualquier ayudante de limpieza, cualquier otra persona, al encontrar de nuevo el pan, lo hubiera echado a la basura sin mayor trámite.

Pero el médico lo observó. Y descubrió algo extraño. Que había moho de diferentes colores. Y que pasadas unas horas, el moho amarillo proliferaba más que el negro. Y que en ese moho había una fuerza secreta oculta a los ojos de los distraídos.

El Dr. Fleming inició así el descubrimiento de la penicilina. Observó, no sólo vio o miró. Observó y en un relámpago intuitivo, transformó la manera de combatir las infecciones en nuestro siglo. La observación lo comenzó todo. La Observación.

Tú y yo podemos ver un paisaje, podemos mirar una flor. Pero también podemos observar una abeja. La vista es amplia, generosa. La mirada es terminante y selectiva. La observación es concentrada e inteligente. Observando fue como Galileo intuyó que la Tierra era la que se movía y no el Sol. Una observación condujo al holandés Lewenhoek a inventar el microscopio. Porque era buen observador, Franklin descubrió la electricidad de la atmósfera y dio con el pararrayos. Varias observaciones condujeron a Julián Carrillo a lograr su mundialmente célebre "Sonido 13".

Parece ser que existe una extraña comunicación entre el ojo y el cerebro. La pupila asimila y el cerebro analiza. La creatividad brota de una serie de asociaciones maravillosas. Para quien observa el mundo es, cada instante, una increíble aventura. Decidámonos hoy mismo a ser buenos observadores.

Descubriremos en lo que es para otros sólo una cotidiana realidad, todo un tesoro de sabiduría y de belleza. La observación es la madre de la ciencia, del progreso, de la poesía, de la música interior.

Y también de las revelaciones misteriosas.

Los ejercicios que se sugieren en este capítulo parten de la percepción visual para llegar a la práctica escrita. Se pretende que el alumno redacte mediante un método distinto que no utiliza reglas ni memorización, sólo la simple observación. El proceso parte de la observación del objeto. Debe captarse de él lo que se percibe en la primera impresión, así como lo que hay detrás, es decir, lo que subyace. Para lograrlo se requiere también el desarrollo de nuestra imaginación. Este sencillo procedimiento enfatiza algunos aspectos del lenguaje que se manejan a diario en forma inconsciente. Nos referimos a los diversos procesos comunicativos en los que necesariamente se utilizará el lenguaje oral. Cuando no hay una conciencia definida de la práctica oral, ésta ocasiona dificultades en la comunicación escrita. La organización de las ideas en nuestra mente es el requisito indispensable para que se logre una escritura con orden lógico. En resumen, hay que realizar una traducción de las imágenes que se observan en los signos de escritura; de ahí que la meta de este capítulo sea llegar al texto descriptivo a través de la comunicación verbal.

Cuando se mira o se ve algo, por lo general, se ejecuta una acción de tipo mecánico que afecta a un solo sentido: la vista. En este caso, el proceso de interiorización es diferente cuando se observa con detenimiento lo percibido (objeto, persona o suceso). Por esta razón, en este curso, el estudiante debe observar los elementos comunes en una serie de materiales semejantes que le proporcione el maestro (transparencias, objetos, hechos) y analizar las características de éstos. Para llevar a cabo este ejercicio no es necesario seguir ninguna regla o tener algún antecedente, sólo hay que utilizar los pasos de la lógica de la observación y después expresar lo que se observa por medio de la descripción.

LÓGICA DE LA OBSERVACIÓN

Percibir a través de los sentidos objetos, personas, situaciones y otros signos importantes.

Interiorizar y ordenar mentalmente lo percibido.

Traducir lo percibido al escrito.

Seleccionar, ordenar y desarrollar el punto de vista con base en un procedimiento lógico causa-efecto, efecto-causa, análisis-síntesis, analogía y otros: **estructurar** las ideas.

Revisar y corregir el texto. Evitar repeticiones, términos mal empleados, falta de concordancia.

Dar **forma** al texto.

Como en diversas actividades de la vida universitaria y profesional se nos pedirá información escrita respecto a nuestras observaciones ya sea para valorar, juzgar o concluir sobre ellas, tendremos que formular ENUNCIADOS DE OBSERVACIÓN, DE INFERENCIA Y JUICIOS DE VALOR.

Los enunciados de *observación* suponen la *identificación* y/o *clasificación* mientras que la *inferencia: identificación, clasificacion, juicios de valor* o *solución de problemas*. Los siguientes ejemplos y características de cada uno de los enunciados ilustran lo anterior:

Enunciados de observación por identificación
- Veo personas.
- Allí hay automóviles.

Enunciados de observación por clasificación
- Veo personas de diferentes estaturas.
- Hay automóviles de distintos tamaños y colores.

Inferencias
- Me parece que esas personas preparan un mitin de protesta.
- Creo que los automóviles pequeños son más baratos y gastan menos combustible.

Juicios de valor
- Parece inadecuada la forma de protesta de esas personas, me gustaría que lo hicieran de una manera más organizada.
- Es conveniente comprar autos compactos porque gastan menos combustible, ocupan menos lugar, son más baratos y si la familia no es numerosa dan el mismo servicio que los de lujo.

Características de los enunciados de observación.

- Implican identificación y clasificación únicamente.
- Sólo pueden formularse *a posteriori* de la observación.
- No trascienden lo observado.
- Preferentemente usan palabras denotativas, pocas veces connotativas.
- Tienden a informar.
- Se apegan totalmente a la realidad (son certeros).

Características de los enunciados de inferencia.

- Implican asunciones.

- Pueden formularse antes, después, durante y aun sin la observación.
- Trascienden lo observado.
- Indistintamente utilizan palabras denotativas y connotativas.
- Tienden a interpretar.

Características de los enunciados de valor.

- Implican asunciones.
- Pueden formularse en cualquier momento.
- Trascienden lo observado.
- Frecuentemente usan palabras connotativas.
- Pueden tener alto o bajo porcentaje de aceptación.
- Usan valores y preferencias.

Es importante considerar que las observaciones pueden ser *exactas*, cuando se reproduce fielmente lo percibido, e *inexactas*, cuando la información contradice lo percibido. En cambio, las inferencias se pueden hacer por elementos que no aparecen en lo percibido, a través de interpretaciones (asunciones o valoraciones). Las asunciones se buscan en los conocimientos previos que el sujeto posee.

Las fallas más frecuentes en la percepción-observación se pueden dar por: *limitaciones sensoriales* y por *percepción selectiva*. Las limitaciones sensoriales nos remiten a problemas como: daltonismo, miopía, ruido involuntario. En la percepción selectiva sólo vemos lo que queremos ver y oímos lo que queremos oir. Generalmente se trabaja con el primer nivel al que aludimos en el inicio de esta unidad, el de *ver*. En la percepción selectiva se selecciona antes que la información sea procesada. Por esta razón se eliminan algunos elementos importantes. En la selección influyen dos aspectos: las experiencias y los estados psíquicos del receptor (alteraciones nerviosas o emocionales).

La descripción es la forma escritural más recomendable para captar lo que tenemos frente a nosotros. Describir es como pintar con palabras lo que se observa: veamos el siguiente texto.

> Casamiquela y colaboradores descubrieron una localidad del Jurásico superior, que testimonia la presencia de dinosaurios pequeños y de un mamífero, en el nordeste de la provincia de Santa Cruz. Se trata de un conjunto de magníficas huellas, perfectamente conservadas, impresas en una arenisca gris verdosa. Aún hoy pueden verse en el piso de la cantera las filas de huellas de cuatro especies distintas que se entrecruzan en diversas direcciones.
>
> JOSÉ F. BONAPARTE

Los conceptos de forma y estructura también son dos elementos muy importantes en el desarrollo de la observación. FORMA es lo que se ve y ESTRUCTURA es lo que subyace. Si analizamos una esquela, una noticia, un telegrama y un poema con tema necrológico, observaremos cómo las cuatro manifestaciones son formas distintas que estructuran una idea semejante y, a la vez, nos muestran la trasformación lingüística de un texto en cuanto a forma y estructura:

ANTIER

En la Cd. de Mazatlán, Sinaloa, a las 19.00 hrs. dejó de existir el Sr.

ARQ. JESÚS ESTRADA MONÁRREZ

(q.e.p.d.)

A la edad de 47 años.

Habiendo vivido siempre en el seno de la Santa Iglesia Católica, Apostólica y Romana, confortada su alma con los Santos Sacramentos. Su esposa: Blanca Graciela González de Estrada, hijos: Blanca Graciela, Claudia Ivette, Alejandro Jesús y Cordelia Estrada González, su madre: Dionisia M. Vda. de Estrada, hermanos, hermanos políticos, sobrinos y demás familiares lo participan a usted con profundo dolor y le ruegan eleve a Dios Nuestro Señor las oraciones que su piedad le dicte por el eterno descanso de su alma.

El duelo se recibe en la Cd. de Mazatlán, Sinaloa.

Monterrey, N.L., a 27 de septiembre de 1990.

Fallece Alberto Moravia

ROMA, 26 (AP).- Alberto Moravia, el célebre escritor italiano cuyos libros provocaron la ira del gobierno fascista y la Iglesia Católica, falleció hoy de un ataque cardíaco en su hogar en esta ciudad. Tenía 82 años de edad.

Moravia, a quien se considera generalmente como el principal escritor italiano del siglo 20, enfermó alrededor de las 8 de esta mañana y falleció segundos más tarde, dijo su médico, Antonio Severini. Moravia tuvo un examen médico hace un par de días y lo declararon en buen estado de salud.

Los restos del autor fueron trasladados al Campidoglio, o colina capitolina, donde el presidente senatorial Giovanni Spadolini y el alcalde romano Franco Carraro se encontraban entre los que presentaron sus respetos. El funeral fue fijado para el viernes, y la sepultura será en la tumba familiar de los Moravia.

TELENALES

SOLICITUD DE TELEGRAMA

PARA USO EXCLUSIVO DE TELENALES							
CANAL	NÚM. DE ROL	MONOGRAMA OPERADOR	HORAS DE TRANSMISIÓN	NÚM. DE TELEGRAMA	MONOGRAMA EXPEDIDOR	TARIFA
CLAVE DE DESTINO		BUP COP HOF HSF PRIORIDAD		NÚM. DE PALABRAS	HORA DE DEPÓSITO	SEGUNDO PRECIO

MARQUE CON UNA "X" LA CLASE DE SERVICIO DESEADO

ORDINARIO [ ] URGENTE [X] CONTESTACIÓN PAGADA [ ] ACUSE DE RECIBO [ ]

PROCEDENCIA **Cd. Camargo, Tamps.** A **3** DE **octubre** DE 19**90**

DESTINATARIO **Lic. Leopoldo Sáenz Tapia** TELÉFONO **40-10-12**
NOMBRE Y APELLIDOS COMPLETOS

DOMICILIO **Zaragoza # 138**
CALLE, NÚMERO, COLONIA, DELEGACIÓN O MUNICIPIO

DESTINO **Monterrey, N.L. 64700**
POBLACIÓN, ESTADO, CÓDIGO POSTAL

TEXTO **Infórmote tío Juan falleció en Hospital Metropolitano,**
causa diabetes.
Acude de inmediato.

REMITENTE **Rosina Sáenz Tapia**
NOMBRE Y APELLIDOS COMPLETOS

DOMICILIO **Villagrán # 1432, Col. Fabriles, Cd. Camargo, Tamps.**
CALLE, NÚMERO, COLONIA, DELEGACIÓN O MUNICIPIO

TELÉFONO **40-03-17** FIRMA ____________

LA MUERTE DEL NIÑO HERIDO

Otra vez es la noche... Es el martillo
de la fiebre en las sienes bien vendadas
del niño. –Madre, ¡el pájaro amarillo!
¡Las mariposas negras y moradas!
–Duerme, hijo mío. Y la manita
oprime
la madre junto al lecho. –¡Oh flor de fuego!
¿Quién ha de helarte, flor de sangre, dime?
Hay en la pobre alcoba olor de espliego:
fuera la oronda luna que blanquea
cúpula y torre a la ciudad sombría.
Invisible avión moscardonea.
–¿Duermes, oh dulce flor de sangre
mía?
El cristal del balcón repiquetea.
–Oh, fría, fría, fría, fría, fría!

ANTONIO MACHADO

La esquela proporciona información dispuesta dentro de ciertos lineamientos convencionales que responden a las preguntas: ¿cuándo?, ¿dónde?, ¿quién?
En ocasiones las esquelas admiten citas bíblicas o de otra índole, alusivas a la muerte.

La noticia, por su carácter informativo, es más amplia e incluye datos que responden a las siguientes preguntas: ¿qué?, ¿quién?, ¿cómo?, ¿dónde?, ¿cuándo?, ¿por qué? y en ocasiones ¿para qué?

El telegrama trasmite una información breve. Sin embargo, también responde a estas preguntas: ¿quién?, ¿qué?, ¿cuándo?, ¿cómo?, ¿dónde?

El poema es una forma de comunicación literaria donde el autor transfigura la realidad por medio del lenguaje metafórico. Tiene la capacidad de concreción ya que en la poesía hay que leer más allá de la letra impresa para intuir el significado en el universo de las imágenes.

Las preguntas que resultan claras en los ejemplos anteriores, en este caso, están ocultas dentro de la magia del lenguaje figurado.

La forma responde en cada ejemplo a: **esquela, noticia, telegrama y poema**. La estructura, a la disposición de los elementos lingüísticos y al manejo del lenguaje.

Lo mismo sucede si observamos un edificio: la forma es lo que vemos externamente y la estructura la constituyen los cimientos, columnas, pisos, muros y demás elementos que la sostienen.

Figura 1. **Forma**

Figura 2. **Estructura**

Otro punto relevante en el análisis textual es la detección de palabras clave en un escrito. Éstas nos aclaran, por una parte, el significado del texto y, por otra, revelan la base estructural sobre la que está construido el discurso. Las PALABRAS se clasifican en dos tipos: LLENAS Y VACÍAS. Las primeras (verbos, sustantivos, adjetivos y adverbios) tienen significado; las segundas (artículos, conjunciones, preposiciones) tienen valor posicional y sirven como enlaces. Las interjecciones para algunos autores son palabras semillenas, por la carga expresiva que manifiestan. Esto se puede ver claramente en el lenguaje literario y en algunas formas coloquiales: ¡ah!, ¡oh!, ¡huy!, ¡ay!, ¡ojalá!, etcétera.

Si analizamos las palabras, llenas y vacías, encontraremos las características gramaticales y también la función comunicativa de un texto discursivo, así como la concordancia que guardan ambos tipos de palabras entre sí para lograr la coherencia lingüística y la claridad en el párrafo, como se ilustra en el siguiente ejemplo:

"El 22 de mayo de 1985 se celebraba fastuosamente el centenario de la muerte de Víctor Hugo. Como yo me había sumergido dócilmente en sus obras, releí con la mayor admiración *El águila del casco*, un poema de alrededor de cuatrocientos versos que forma parte de la *Leyenda de los siglos.*"

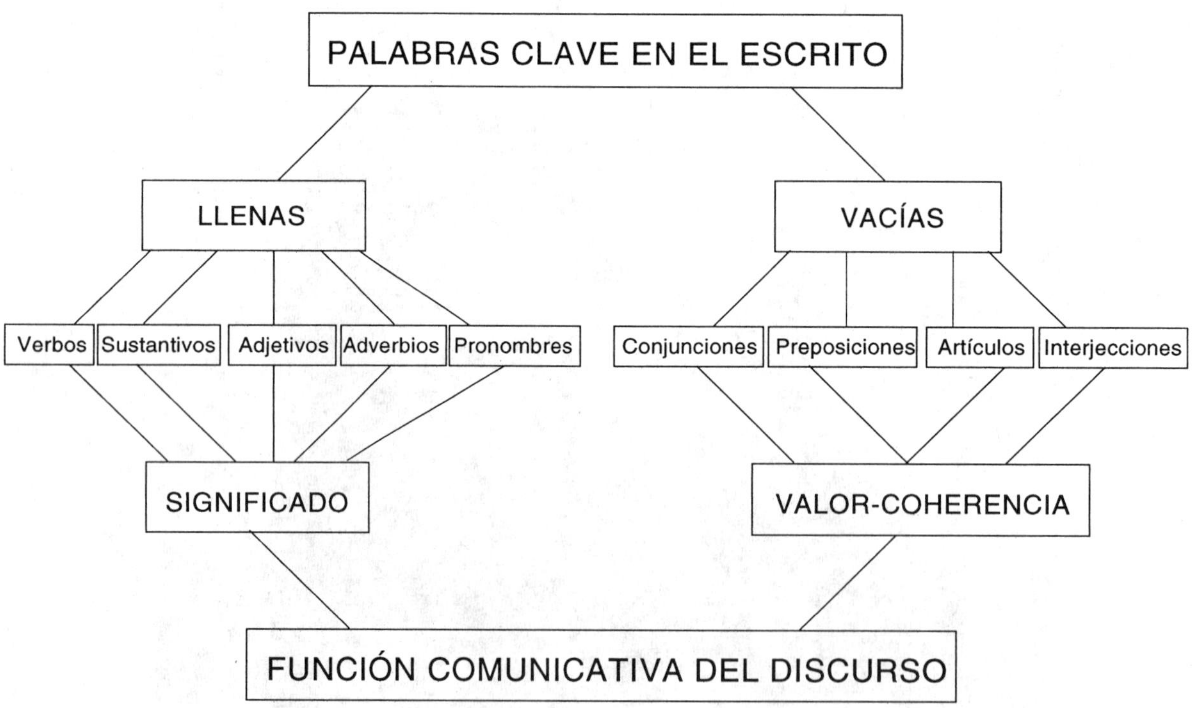

SUSTANTIVOS	**VERBOS ADVERBIOS**	**ADJETIVOS**
mayo	celebraba	22
	fastuosamente	
centenario	había sumergido	1985
	dócilmente	
muerte	releí	sus
	alrededor	
Víctor Hugo	forma	mayor
obras		cuatrocientos
admiración		
El águila del casco		
poema		
versos		
parte		
Leyenda de los siglos		

PRONOMBRES

se
me
yo
que (relativo)

ARTÍCULOS	**PREPOSICIONES INTERJECCIONES**	**CONJUNCIONES**
el	de	como
un	de	
el	de	
la	en	
la	con	
el	de	
del (de + el)	de	
la	de	
los	de	

La BASE ESTRUCTURAL se determina por el tipo de palabras que predominan EN UN TEXTO DISCURSIVO. La función comunicativa se infiere por el empleo de las mismas, como puede verse en el ejemplo anterior, donde sobresalen los SUSTANTIVOS que reafirman el carácter informativo del escrito.

En otros textos encontraremos que algunas veces dominan los VERBOS, los ADJETIVOS o los ADVERBIOS. La base estructural en el primer caso sería verbal y la comunicación se referiría a acciones activas o pasivas. En el segundo, la base sería adjetival y la función comunicativa modificadora o descriptiva, y en el tercero, adverbial, con cualesquiera de las funciones que se deriven de esta categoría: espacial, temporal, modal u otras, como lo ilustra el siguiente esquema:

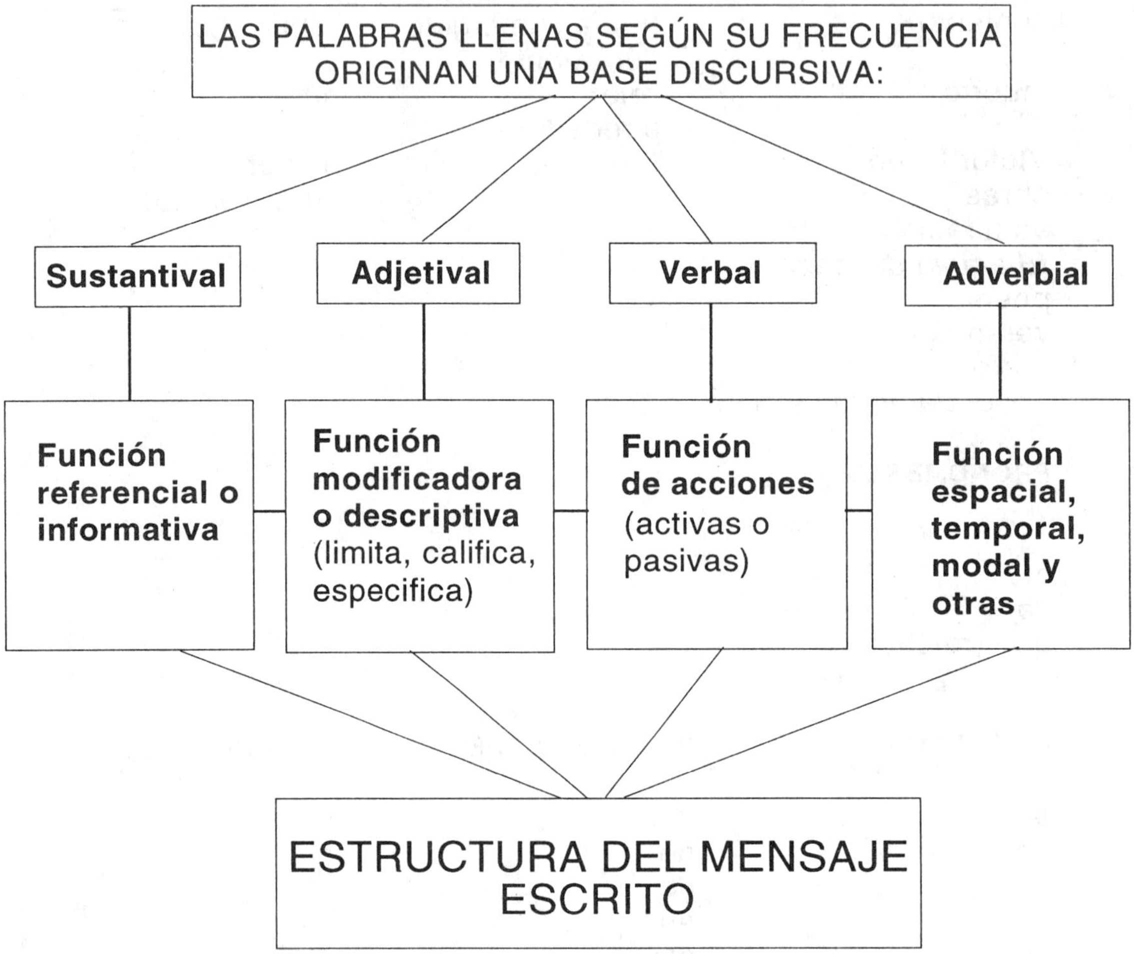

El desarrollo de la observación es el elemento indispensable para lograr una buena redacción. Mediante su empleo, ésta se convertirá, en poco tiempo, en una práctica sencilla, agradable y útil.

Cuando leemos un escrito y utilizamos la observación y el análisis, detectamos fallas tan comunes como: errores ortográficos, alteraciones del sujeto, uso inadecuado de vocablos, repeticiones inútiles y algunos otros aspectos que oscurecen el mensaje escrito.

Como parte esencial de esta actividad es necesario manejar diversos diccionarios. Se recomiendan aquellos que incluyen raíces griegas y latinas porque no sólo ayudan a la escritura correcta de las palabras sino también a conocer prefijos y sufijos, que son elementos básicos en el método que proponemos. El significado etimológico de prefijos y sufijos facilita, en gran parte, la construcción de palabras, aumenta en forma notable el vocabulario y nos permite una mejor comprensión del texto.

Todos sabemos que el ser humano percibe mediante sus cinco sentidos: vista, oído, olfato, tacto y gusto. Cada uno de ellos es canal de sensaciones que se pueden interiorizar, según impacte la percepción al individuo. Para nuestros objetivos, en realidad, interesan todos los sentidos pero particularmente el canal visual, el auditivo y el táctil en lo que a la escritura se refiere. Los ejercicios y dinámicas de grupo sugeridos en este primer capítulo se orientan hacia el desarrollo de la percepción visual y auditiva que, como consecuencia, conducirán a la producción del escrito. Los demás canales sensoriales se utilizarán en la medida en que sean necesarios, del mismo modo como se utilizan la percepción visual y la auditiva.

Generalmente estamos acostumbrados a actuar en forma automática. Este curso pide una actitud distinta de parte del alumno: la de *observar* y *pensar* antes de que se ejercite una actividad escrita. De este modo la redacción dejará de ser sistemática y se convertirá, muy pronto, en una práctica comunicativa de primer orden para la vida profesional.

Esta metodología es diferente a la de otros cursos de redacción. La diferencia radica en que se hace hincapié en lo visual antes de llegar a lo escrito. El fundamento teórico nos remite constantemente a la semántica y a la lingüística. Nuestra intención es que el alumno aprenda a redactar con un lenguaje estándar que se ajuste a cada propósito de comunicación según se requiera. La semántica nos auxiliará en el análisis contextual y la lingüística en lo referente al lenguaje estándar, sus desviaciones y los diferentes niveles discursivos.

En ningún momento trabajaremos con fórmulas o listas de palabras sin sentido. El objetivo es utilizar el lenguaje en contexto y en situaciones reales, no con paradigmas de escritores de siglos pasados o actuales que si bien son ejemplos respetables, tienen poco que ver con los procesos comunicativos a los que nos sometemos cotidianamente. En la literatura contemporánea existen numerosos autores que han reivindicado variados aspectos de la práctica oral y los han incluido en la práctica escrita. En este caso, la oralidad en la escritura persigue un fin estilístico. Prueba de ello son algunas obras de Vargas Llosa, Puig, Zapata y otros escritores actuales.

Lectura 1

HACIA UN FUTURO CONSENTIDO

En los próximos veinte años pasaremos un umbral en la historia de la civilización humana y en la vida del planeta. Sabremos entonces si sus procesos seguirán siendo conducidos por los hombres y las mujeres o continuarán un curso arbitrario con consecuencias irreversibles.

¿Cómo definir este cambio que vislumbramos ya pero a través de un espejo humeante? Con ánimo de empezar por lo simple, la conciencia del cambio global, se dice, tuvo su origen hace algunos años en los ojos asombrados de quienes vieron por primera vez la imagen de satélite del planeta que habitamos. Una esfera azul jaspeada con blancas volutas, solitaria en el espacio sideral, nuestro planeta. Imagen que entrega de inmediato los verdes y ocres de la geósfera y la biósfera. Pero ¿y de la sociósfera? ¿La experiencia humana, años y siglos de agitación y movimiento, aparece? Nos dicen que sí, y qué reveladores resultan los principales sucesos que allí aparecen.

Según reportes, se ven desde el espacio, durante el día, la contaminación de la ciudad de México, y durante la noche el resplandor eléctrico de la costa este de Estados Unidos y, en el corazón de Sudamérica, los incendios como piras funerarias de la selva amazónica. A estas imágenes hay que añadir los datos recabados sobre el adelgazamiento de la capa de ozono, el efecto de invernadero y la pérdida de la biodiversidad, que juntos perfilan un umbral que no tiene precedente histórico.

El escándalo en la historia ha sido siempre la muerte personal y el horror profetizado, la extinción de la especie humana. Hoy, de pronto, surge otro espectro: la muerte del planeta. O al menos de aquella parte que sustenta nuestras vidas. Y ¿si el planeta muere, a dónde irán nuestras almas inmortales, nuestras civilizaciones, nuestra conciencia tan arduamente construida?

Ante esta posibilidad, hay quienes miran hacia el pasado, para reinstaurar certidumbres fundamentalistas; hay quienes, en cambio, acaban por imbuir de una vida autónoma al planeta vivo. Son demasiados los signos de milenarismos y de angustias que buscan olvido en las drogas, el alcohol o la violencia, como para no reconocer que hay una búsqueda febril para obtener seguridades. Sin embargo, para quienes hemos optado por la razón y la ciencia, por la libertad y el poder autónomo de decisión, no hay más que reconocer que todo depende de nosotros.

Y es este nosotros el que no acaba de perfilarse con nitidez en la actualidad. ¿Nosotros los poderosos, nosotros los pobres? ¿Nosotros los mexicanos, nosotros los latinoamericanos, nosotros los ciudadanos globales? Percibimos que hay que pensar el mundo de una manera distinta y que ésta requiere de nuevas formas de entender la identidad, la nacionalidad, el Estado, el mercado, el género y el medio ambiente natural. En esto resulta importante una diferencia fundamental en el método de reflexión entre quienes parten de una perspectiva social y política del mundo, y quienes toman el enfoque de las ciencias de la tierra.

Los primeros mencionan la globalización de la economía, la transnacionalización de las comunicaciones o la centralización de las decisiones políticas, como algo que se va construyendo por peldaños, de lo micro a lo macro a lo global. En cambio, para los científicos naturales lo global es primordialmente lo planetario llevado, posteriormente, a sus partes constitutivas. Examinemos un poco esta diferencia.

Si nos ceñimos a la definición estricta de que son globales sólo aquellos fenómenos que afectan a la humanidad entera, quedarían comprendidos como tales únicamente los que integran los ciclos biogeoquímicos, tales como el cambio climático, el hoyo de ozono, la transformación de la cobertura vegetal de la tierra, y la destrucción de las especies animales. Se reconoce, sin embargo, que la mayoría de estos cambios ambientales globales, digamos el 80%, es causada por acciones humanas, además de que no hay duda de que el 100% de las soluciones a los problemas derivados de esos cambios depende también de las acciones humanas. Así, resulta que los fenómenos biogeoquímicos globales en su gran mayoría son antropogénicos, y las respuestas que hay que dar a ellos, en forma por demás urgente, necesariamente pasan por las decisiones y las acciones de los individuos y las sociedades. No pueden, por tanto, separarse las dimensiones ambientales naturales de las dimensiones humanas del cambio global.

Sin embargo, para ser justos, habría que hacer notar lo contrario. Que ya bastantes problemas sociales reciben un impacto del deterioro ambiental, basta con pensar en la contaminación, en la erosión de tierras antes cultivables y en la escasez de agua y los cambios de microclimas como para no reconocer, en forma creciente, que no pueden separarse los problemas sociales y políticos, a largo plazo, de los problemas del medio ambiente natural.

Faltaría hacer notar que, así como hay un 20% de fenómenos globales causado exclusivamente por procesos biogeoquímicos, como por ejemplo una glaciación, de la misma manera existen procesos sociopolíticos que no tienen que ver con la ecología. Dicho de otra forma, además del bienestar humano que depende del bienestar del planeta, existe un bienestar humano que depende principalmente del desarrollo económico, social y político. Así, hay que reconocer también que existen elementos en las sociedades actuales que no son ni social ni culturalmente sustentables, por ejemplo, la drogadicción, el alcoholismo y el aumento de crímenes violentos de diversos tipos, en distintas sociedades. Y que, por tanto, el mundo enfrenta hoy un problema de sustentabilidad con relación al medio ambiente, pero también con respecto a su continuidad social y cultural.

Estos deslindes tienen por objeto evitar un malentendido y tres falacias. El malentendido se construye diciendo que los problemas ambientales y los sociales son harinas de dos costales diferentes y que, por tanto, pueden seguirse dando los debates usuales por separado en cada uno de esos dos costales.

La primera falacia es pensar que pueden existir soluciones técnicas a los problemas ambientales; no hay tal. Toda solución técnica está cortada con tela de las relaciones jurídicas, políticas y culturales en y entre las naciones y los grupos.

La segunda falacia consiste en pensar que se puede seguir debatiendo el futuro político del orden mundial sin integrar cabalmente los efectos del agotamiento selectivo de recursos naturales primordiales para la agricultura y la industria, la producción de gases contaminantes y elementos tóxicos, la pérdida de la biodiversidad, y la simultaneidad contradictoria de la pérdida y revitalización de la diversidad cultural. Dicho de otra manera, la *polis* ya no son los sistemas de partidos políticos y sus ideologías; intervienen en cambio nuevos actores y nuevos movimientos sociales. Hoy, la *polis* es el planeta entero, en su dimensión de mundo y en su dimensión de planeta.

En cuanto a esta *polis,* se repite sin cesar que el mayor riesgo es el encaminarnos no hacia "un mundo" como propone la Comisión Brundtland, sino hacia "varios mundos" a la deriva. Algunos de estos mundos serían islas de prosperidad, con altos muros de proteccionismo económico y migratorio; otros sólo compartirían pobrezas convertidas en miserias de nuevo milenio. Un esquema globalizador, en este contexto, puede servir para dar énfasis a la necesidad de lograr un desarrollo equilibrado y con equidad para todas las regiones y naciones, incluyendo las minorías étnicas.

La tercera falacia consiste en creer que el proceso de reproducción social de la sociedad puede dejarse en los márgenes del debate económico y político. Es necesario reconocer que este proceso ya no es un dado, como lo fue hasta los sesenta, una "externalidad" más de los modelos económicos. Y me refiero, por una parte a la cuestión de población, tema polémico pero en el que no puede ya negarse que vamos hacia un desequilibrio grave entre población y recursos naturales en muchos países del mundo. Y por otra, al hecho de que todo el ámbito de la reproducción social se está modificando porque la mujer, como bien dijo Eric Hobsbawn, se ha movilizado y tiene un papel ya muy distinto, que rompe con las dicotomías de producción/reproducción, privado/público, intelectualización/sentimentalización. Todo ello libera fuerzas y sentidos que, entreverados a los nuevos procesos sociales, son un componente importante para la transformación de las sociedades hacia el siglo XXI.

Hemos hablado de un umbral y apuntaríamos a tres de sus características principales.

Primero, la escala a la que ocurren los cambios globales es totalmente nueva en la historia humana. Estamos hoy en algún lugar de la frontera de los 5 mil millones de habitantes en el mundo y todos serán afectados por cambios globales que no entendemos cabalmente todavía. Ningún acontecimiento o proceso de la historia humana había llegado a tener el potencial de afectar tantas vidas. Segundo, vale recordar que el manejo ecológico inadecuado de los recursos naturales por parte de pueblos o civilizaciones ha ocurrido también en el pasado; en consecuencia, cayeron, para mencionar sólo a dos, las antiguas ciudades de Sumeria y, según varios investigadores, algunas ciudades mayas. Acto seguido, sus habitantes tomaron sus pertrechos y se fueron a otros lugares para reiniciar nuevas culturas. Sólo que hoy, en nuestro mundo, ya no hay otros lugares a donde ir. Tercero, a las desigualdades ya existentes en la distribución geográfica de los capitales naturales se han sumado las desigualdades provocadas por el funcionamiento injusto del sistema financiero y comercial entre las naciones del Norte y del Sur y por políticas internas en los propios países. Resulta irónico que ambos polos de esta desigualdad estén asociados al deterioro ambiental. Los países ricos y las élites en países pobres, por un sobreconsumo que genera gases que producen el efecto de invernadero, desechos tóxicos, y productos químicos que envenenan a la tierra y a sus habitantes. Los países pobres porque, al seguir transfiriendo recursos a países del Norte, no les queda más que aumentar la autoexplotación de los recursos naturales propios.

Pero seamos justos, reconozcamos el notable progreso realizado en muchos campos durante este siglo y, en particular, en décadas recientes, en desarrollo humano. A nivel mundial, la esperanza de vida aumentó de 54.9 en 1950 a 61.5 en 1985 (World Resources Institute, 1990: 256). En los países en desarrollo la mortalidad infantil decreció de cerca de 200 muertes por 1,000 nacidos vivos, a alrededor de 80 en las décadas de 1950 a 1988, "un logro que le tomó a los países industriales casi un siglo para alcanzarlo" (UNDP, 1990: 2). Y, a pesar de que se añadieron 2 mil millones de gentes a la población de los países en desarrollo, el aumento en la producción de alimentos logró mantener este incremento de población *(ibid.).*

Todo esto era necesario, pero no es suficiente, ya que en 1985, más de mil millones de habitantes de países del Sur viven en la pobreza extrema, con algunos grupos de indigentes que viven en países desarrollados (UNDP, 1990: 22-23). Ya varios autores han mencionado que el ingreso de habitantes de países industrializados es 18 veces más alto que el de los de países del Sur. Pero en 12 de los 23 países del Sur para los que existen estos datos, el ingreso del grupo más rico es 15 veces más alto que el del grupo más pobre, en particular en América Latina *(ibid.).*

Si de mirar de cerca la pobreza se trata, concluyó un estudio reciente que entre 500 y mil millones de mujeres rurales pobres de países del Sur son las que sufren las condiciones de mayor deprivación, "para ellas, casi no ha habido progreso en los últimos treinta años", concluye el Reporte sobre Desarrollo Humano de Naciones Unidas *(ibid.*: 33).

Quisiera recalcar algo que se menciona con frecuencia pero sólo en la superficie y que es la pérdida de la diversidad cultural. En el libro titulado *Lenguas en peligro,* se enumera una muy larga lista de idiomas que están por desaparecer. En el artículo de Beatriz Garza Cuarón y Yolanda Lastra, se dan los nombres de 13 idiomas indígenas que tienen menos de 500 hablantes en México, desde el pima-papago, el varohio, el ocuilteco, el ixcateco y nueve más. Hoy se nos están perdiendo idiomas, filamento esencial de culturas. Pero nadie las incluye en las listas de especies en extinción en los periódicos. Vale preguntar, ¿qué significan estas pérdidas culturales?

Son distintas a las pérdidas biológicas, porque estas últimas llevaron un proceso de evolución de millones de años; las lenguas, de menos de dos milenios. Una cosa está clara: no nos ha sido concedido el don de la recreación de complejas órdenes y especies de animales y plantas. Sí lo tenemos, en cambio, para recrear lenguajes y culturas. ¿Pero cuál es aquí el equilibrio que buscamos?

Al hablar de un umbral histórico, nos referimos a que un proceso cambia su naturaleza al provocar transformaciones muchas veces irreversibles. El reto y el temor es éste: no sabemos cuáles serán las consecuencias, por ejemplo, de llegar a una población de 8 mil millones en el año 2010; no sabemos qué costo pagaremos por la desaparición de tantas especies animales y vegetales; no sabemos, tampoco, cómo nos afectará la pérdida de la diversidad cultural.

Lo que sería vital comprender es que, pasado este umbral, el orden global no es la suma de sus elementos locales y regionales sino que tiene otro principio de operación. La complejidad de esta distinta forma de operar es enorme, pero puede ilustrarse preguntando: ¿por qué se están quedando ciegos los pastores de Punta Arenas en Chile? Según reportes, las ovejas ya sufren esa pérdida, y los pastores y campesinos de las aldeas buscan quiénes les expliquen este inusitado y grave giro en sus vidas.

Y la explicación es como un mecanismo de relojería: la capa de ozono sobre la Antártida se está adelgazando, por el uso de clorofluorocarbonos, entre otras cosas, por el uso de aerosoles en Tokio, en Chicago y en París, y otras ciudades de países del Norte y por el uso ampliado de refrigeradores en China, India y el resto de países del Sur. El desechar gradualmente el uso de los *cfc* involucra la reconversión de un sector industrial con su consecuente repercusión, tal vez, en desempleo, y pérdida de dinámica económica; implica también un cambio en el consumo suntuario de ciertos productos en el Norte, un pequeño ajuste, pero en países del Sur significa segar las expectativas de consumo de bienes básicos como lo son los refrigeradores, lo que signiflcaría una amarga e injusta condena. Se requiere entonces, aceleradamente, de una nueva tecnología que sustituya a los *cfc* en la fabricación de refrigeradores. ¿Cómo y dónde se va a desarrollar esa nueva tecnología y qué patentes, pagos y distribución tendrá? Y sobreviene entonces toda la disputa política por quién va a pagar el costo de la reconversión hacia la utilización de sustitutos para los *cfc*. Así, las espirales de efectos concatenados en todos los ámbitos sociales aparecen como ramificaciones sin fin que cruzan fronteras ya obsoletas pero cuyo costo y ajuste nadie quiere pagar.

Así podría hablarse del encadenamiento de efectos ambientales, políticos, económicos y sociales de otros fenómenos, como los gases que producen el efecto de invernadero, la deforestación, la lluvia ácida que amenaza, ya no a Europa, sino a los labrados en piedra de los sitios olmecas y mayas en México, y de muchos fenómenos más.

En este mundo que va hacia la globalización pero que se encuentra fracturado, las negociaciones a lo largo de miles de estos mecanismos de relojería dejan avizorar un gigantesco programa de auscultaciones y concertación. Y la pregunta que muchos formulan, en especial los jóvenes que tendrán que vivir este proceso, es ¿quién se va a encargar de la organización de este vasto programa de negociación?

Hay, infelizmente, custodios de los privilegios que, al contrario, rehúsan la negociación y quieren ahondar esa fractura. Pretenden construir un Muro del Trópico, como bien dijo Carlos Fuentes, de bambú y de otros materiales, a lo largo del Mediterráneo, Asia Central, incluyendo el río Bravo.

Se murmura que la caída de la Unión Soviética dejó a Europa y a Estados Unidos en el desamparo político porque la ruina del adversario es espejo de su propia mortalidad, por lo que se aprestan a construir a un nuevo adversario: el Sur. Sólo que en esto no habría equilibrio y alguien decía hace poco que la estabilidad sólo se puede lograr mediante el equilibrio, o la dominación. Lancemos pues nuestra apuesta por el equilibrio.

Se va haciendo cada vez más claro que no puede haber un único plan maestro para resolver los problemas que plantea el cambio global; serán las miles de acciones que tomen las comunidades, activas y conscientes, acerca de estos problemas las que resolverán, con miras al futuro, los problemas. Esto significa que los sistemas sociales de evaluación, negociación y manejo de los recursos humanos y naturales a nivel local es decir, lo que ancestralmente hacían todas las culturas tradicionales, tienen que ser revitalizados y fortalecidos.

El desarrollo sustentable empieza a ese nivel. Allí se definirán los niveles deseables de calidad de la vida, los ajustes entre comportamiento reproductivo y expectativas sustentables de vida, y las negociaciones con otros grupos locales, regionales o nacionales, para un manejo tal de los recursos naturales que algo les llegue a nuestros hijos y nietos.

En efecto, es esencial que vayamos más allá de lo que ocurre hoy, más allá de estrechos y provincianos marcos ideológicos para ver este umbral como parte de un milenario proceso antropológico que nos da la medida para movernos con toda la incertidumbre a cuestas, hacia un futuro consentido. Nuestra prioridad debe ser la sustentabilidad y el desarrollo humano. Para establecer esa prioridad necesitamos establecer una jerarquía de valores en este nuevo contexto global. Una que hoy todavía se basa en las realidades de la "riqueza de las naciones" pero que tiene que aprender a comprenderla en el contexto de una "riqueza de la humanidad".

LOURDES ARIZPE

Ejercicios

1. Escribe el significado de cada una de las palabras según:
   a) Lo que ésta te sugiera.
   b) Su contexto.
   c) El diccionario.

PALABRA	SIGNIFICADO SUGERIDO	SIGNIFICADO CONTEXTUAL	SIGNIFICADO DE DICCIONARIO
umbral			
arbitrario			
reinstaurar			
febril			
nitidez			
peldaño			
glaciación			
deslinde			
falacias			
migratorio			
dicotomía			
indigentes			
inusitados			
suntuario			
auscultaciones			

2. Subraya en la lectura otros términos que desconozcas y coméntalos en clase.

3. Analiza los fragmentos de la lectura que te señale el maestro y subraya las palabras clave en cada uno de ellos.

4. Deriva un tema de la lectura y transfórmalo de acuerdo con los conceptos de forma y estructura.

5. Este ejercicio deberá desarrollarse en dos fases. El maestro decidirá trabajarlo de manera individual o en grupos.
   Fase a) Sensibilización – imaginación. Ejercita la percepión de tus sentidos en objetos, personas, situaciones y otros signos importantes (sonidos, olores, etcétera).
   Fase b) Traduce los signos al escrito. Utiliza los pasos de la lógica de la observación. Coméntalo con el maestro para su evaluación.

6. Anexa una nota periodística reciente y analízala de acuerdo con los tipos de enunciados que se explican en este capítulo.

7. Clasifica los enunciados que te proporcione el maestro. Emplea la O para Observación, la I para Inferencias y JV para Juicios de Valor. Justifica tu respuesta.

Justificación

Justificación

Justificación

Justificación

Justificación

Justificación

Justificación

Justificación

Justificación

8. Con base en un tema que se derive de la lectura, redacta un texto donde trabajes con Inferencias y Juicios de Valor: emplea la estructura IDC.

ORACIÓN SIMPLE Y ORACIÓN COMPUESTA

Oración simple = sujeto + **un verbo conjugado** + complementos

Oración compuesta = sujeto(s) + **dos o más verbos conjugados** + complementos

Los verboides: **participio, gerundio e infinitivo no son verbos conjugados**

Observa cómo en el siguiente párrafo se combinan oraciones simples y compuestas:

Oración Compuesta	"Adolfo Castañón ofrece (**verbo**) un libro de reflexiones obsesivas y concisas en torno a un solo tema nunca presentado (**verboide**) de cuerpo entero, pero conjurado (**verboide**) en todas las páginas: la política cultural donde "la única patria es (**verbo**) la lengua".
Oración Simple	Una cultura –y su país– en crisis; a ellos se enfrentan (**verbo**) las consideraciones sobre una sociología de la creación y consumo culturales; suma y yuxtaposición de nuestro presente cultural inmediato.
Oración Simple	El Mediterráneo señalado (**verboide**) por el índice del autor es (**verbo**), pues, el mediocre panorama de nuestros \`medios´ (libros, revistas, películas, programas de televisión, discursos, proyectos institucionales educativos...).
Oración Simple	Sobre lo anterior, más que qué hacer (**verboide**), el autor se pregunta (**verbo**) por qué."

9. Identifica las oraciones simples y compuestas en un párrafo que seleccione el maestro.

10. Busca un texto periodístico reciente (puede ser en "El país" o en "La jornada") y analiza las oraciones simples y compuestas y los tipos de enunciados.

Etimologías

Esquema No. 1

PREFIJO	ORIGEN	SIGNIFICADO	EJEMPLOS
enea-	griego	de ennea: nueve	eneágono, eneasílabo
ano-	griego	arriba	ánodo, anoopsia
deca-	griego	de deka: diez	década, decálogo
apó-	griego	alejamiento, negación, intensidad	apócope, apogeo
cuadro(i-u-)	latino	cuatro	cuadriga, cuadrante
cripto-	griego-kryptein	ocultar	cripta, criptografía
cosmos-	griego	mundo	cósmico, cosmogonía
contra-	latino	contra, opuesto a, frente a	contracción, contradecir
con(co)-	latino	con, unión, junto con, igualdad	congénito, coherente, coterráneo
tre-, tri-	latino-griego	tres	trece, triángulo
ob(o)-	latino	fuera de, delante de, frente a	obcecar, obligar

SUFIJO	ORIGEN	SIGNIFICADO	EJEMPLOS
-tipia, -tipo	griego	figura, imagen, molde, reproducción	arquetipo, prototipo, fototipia
-tomía	griego	corte, extirpación	traqueotomía, dicotomía
-tropo	griego	vuelta, movimiento	hidrotropo, psicotrópicos
-bundo	latino	inclinación, proximidad, aumento	furibundo, meditabundo
-ario	latino	ocupación, persona a cuyo favor se hace algo, sitio donde se guardan cosas, relativo a	veterinario, beneficiario, osario, pecuario

Ejercicios

Consulta el esquema etimológico No. 1 y encuentra la palabra que complete cada enunciado.

1. Cervantes y Shakespeare fueron coetáneos mas no ________________

2. El restaurante se localiza en el piso ________________ del edificio central.

3. El ____________ para el ejecutivo moderno presenta los principios esenciales para alcanzar la excelencia.

4. El oftalmólogo recomendó practicar una cirugía para corregir la ____________ del ojo izquierdo del paciente.

5. Las ________________ romanas encabezaban el regreso triunfal del ejército.

6. San es el ____________ de santo.

7. La ____________ es el arte de escribir en clave secreta.

8. A la reproducción de imágenes a través de la luz se le conoce con el nombre de ____________________.

9. La ________________ entre las ideas del filósofo lo hacían parecer inconsistente.

10. Los contratos de los seguros de vida solicitan el o los nombres de los ____________ como un requisito indispensable.

11. Guardaron los restos del escritor en un ________________ de plata.

NOTA: El maestro proporcionará otros ejercicios para practicar las etimologías.

USO DE PREPOSICIONES

> Las preposiciones son enlaces que establecen relaciones de subordinación entre núcleos y términos.

Núcleo	**Preposición**	**Término**
Voy	a	México
Caja	para	regalo

Preposiciones más comunes

"a"

La preposición *a* expresa:

- **Movimiento material o figurado:**
  Voy *a* París.
  Miro *al* cielo.
  Libro dedicado *a* mis padres.

- **Proximidad**:
  Se sentaron *a* la lumbre.
  Se sentaron *a* la mesa.

- **Lugar y tiempo:**
  A la derecha.
  A fin de mes.

- **Modo o manera:**
  A tu estilo.
  A la mexicana.

- **Valor condicional:**
  A no ser por ti, me hubiera ido.

- **Móvil o fin:**
  A propósito de.
  A instancias del juez.

- **Instrumento con que se ejecuta algo:**
  Quien *a* hierro mata, *a* hierro muere.
  Lo mataron *a* golpes.

- **Sirve para formar muchas frases y locuciones adverbiales:**
  A obscuras.
  A regañadientes.
  A ciegas.
  A hurtadillas.

USO INCORRECTO	USO CORRECTO
Acto *a* realizarse	Acto *por* realizarse
De acuerdo *a*	De acuerdo *con*
A nivel de	*En* nivel de
En relación *a*	En relación *con*
Mirarse *al* espejo	Mirarse *en* el espejo
A cuenta de	*Por* cuenta de
Ejecutar *al* piano	Ejecutar *en* el piano
Al instante de salir	*En* el instante de salir
En honor *al* maestro	En honor *del* maestro
Conforme *a*	Conforme *con*
En concordancia *a*	En concordancia *con*
Heredó *a* su padre	Heredó *de* su padre
A colores	*Con* colores
Se vende *al* por mayor	Se vende *por* mayor
Acapulco, *a* 2 de mayo	Acapulco, 2 de mayo

“bajo”

La preposición *bajo* expresa:

- **Situación inferior:**
  Vive *bajo* el mismo techo.
  Paseaba *bajo* sus balcones.

- **Sujeción o dependencia** (se aplica a la relación de jerarquía):
  Libertad *bajo* palabra.
  Vive *bajo* la amenaza del vecino.

USO INCORRECTO	USO CORRECTO
Bajo el punto de vista	*Desde* el punto de vista
Bajo el gobierno	*Durante* el gobierno

“con”

La preposición *con* significa:

- **Medio, modo o instrumento:**
  Aplaqué su ira *con* un grito (medio).
  Con tu esfuerzo lo lograrás (modo).
  Los lastimó *con* un martillo (instrumento).

- **Compañía:**
  Ayer hablé *con* mis tíos.
  Ve *con* Juan.

- **Si se antepone a un infinitivo equivale a gerundio:**
  Con llorar nada se consigue (llorando nada se consigue).
  Con leer se aprende mucho (leyendo se aprende mucho).

- **Circunstancias en que se ejecuta o sucede alguna cosa:**
  Trabaja *con* ganas.
  El invierno entró *con* fuerza.
  Me mira *con* indiferencia.

USO INCORRECTO	**USO CORRECTO**
Contar *con* los dedos	Contar *por* los dedos
Basta *con* verlo	Basta verlo

"de"

La preposición *de* indica:

- **Posesión o pertenencia:**
  Estos son los terrenos *de* mi hermano.
  La inteligencia *de* Ismael.

- **Materia de la que está hecha una cosa:**
  Hoja *de* papel.
  Botas *de* piel.

- **Origen o procedencia de cosas o personas.**
  Planta *de* Brasil.
  Vino *de* París para conocerte.

- **Asunto o materia de que se trata:**
  Libro *de* física.
  ¿Habla usted *de* mi país?

- **Modo de hacer o suceder de algunas cosas:**
  Nos vimos *de* frente.
  Los dos presidentes conversaron *de* pie.
  Le dieron *de* golpes.

- **Tiempo:**
  Es *de* noche.

- **Realce de una cualidad o característica:**
  Hombre *de* valor.
  Entrañas *de* fiera.

- **Naturaleza o condición de una persona o cosa:**
  Es una muchacha *de* buen corazón.
  Es un mueble *de* finísima madera.

- **Ilación o consecuencia:**
  De esto se sigue...
  De aquello se deduce...

- **Aposición:**
  La calle *de* Alcalá.
  Las calles *de* Madero y Juárez.

- **Condición** (ante un infinitivo):
  De haber estado allí, lo hubiera visto.

USO INCORRECTO	USO CORRECTO
Quedó *de* venir	Quedó *en* venir
Gusto *de* conocerlo	Gusto *en* conocerlo
Lo dice *de* verdad	Lo dice *en* verdad
Estoy seguro que triunfará	Estoy seguro *de* que triunfará
Respecto este tema	Respecto *de* este tema
No dudo que así es	No dudo *de* que así es
Se acordó que lo tenía	Se acordó *de* que lo tenía
Quizá deberá estar cansado	Quizá deberá *de* estar cansado
Viajan *de* a miles	Viajan *a* miles (= *por*)
El año *de* 1988	El año 1988
Lo hace *de* ex profeso	Lo hace ex profeso
Actuó *de* motu propio	Actuó motu proprio*
A menos *de* que venga	A menos que venga
Hagamos *de* cuenta	Hagamos cuenta

* Por uso lingüístico es más común escuchar propio que proprio. Se podría aceptar la primera forma porque no altera el significado.

Lectura 2

LA CIUDAD EN UNA NUEZ

La ciudad fue la obra de un Huitzilopochtli urbanista, al ordenar que su Templo fuera el centro de Tenochtitlan y de él partieran los caminos que deberían limitar sus cuatro barrios, divididos a su vez en otros barrios dotados de sus propios adoratorios. La traza obedeció tanto a una concepción clásica como a una parcelación orientada hacia los cuatro rumbos cardinales, que correspondía a la rigurosa parcelación del cielo y del inframundo. Por consiguiente el Templo Mayor y su recinto sagrado suponían una *imago mundi*, un verdadero centro del universo sacralizado y la pieza maestra de una concepción mística.

La misma traza ya establecía una rígida jerarquización social. Fuera del recinto destinado a reactualizar las hazañas creadoras de los dioses donde se guardaban las armas, los libros de horóscopos y los objetos del culto, figuraban en primer término los vastos palacios del emperador.

Los barrios o calpullis tenían sus propios dioses tutelares, sus sacerdotes y autoridades, incluido el muy importante barrio de los comerciantes. Unas calles eran todas de agua y otras una mitad de agua y una mitad de tierra, a lo largo de las cuales se ordenaban las casas de los macehuales y las chinampas, pequeños huertos flotantes o anclados en las orillas que proveían de verduras, flores y semillas a la ciudad. No sabemos con exactitud si los artesanos se hallaban agrupados o cada calpulli disponía de los suyos, pero estos barrios debieron ser en gran parte autosuficientes. Por los canales circulaban millares de canoas, y el agua potable venía a través de acueductos.

De cualquier modo se trataba de una pequeña isla en continua expansión, de una ciudad lacustre a medias protegida con notables obras de ingeniería –diques y albarradones–, una ciudad que llevaba una vida de insectos siempre atareados, siempre cargando bultos a la espalda, pues eran desconocidos los caballos, las mulas o los toros y por lo tanto los carros y las carretas.

A las masas –según escribe Bonet Correa– como a las mujeres, había que darles fiestas, ofrendas, guerras, botines y ciertamente no se les regateaban. Los veinte meses del año la Plaza Mayor ofrecía una serie de ceremonias grandiosas en las que el pueblo participaba.

Nada más alejado de la sociedad renacentista y barroca establecida por los blancos y, sin embargo, nada más cercano a la traza de la nueva ciudad, a su jerarquización política y social, a sus fiestas y a su idea de dominio, pues las respuestas del hombre a las múltiples interrogaciones que les plantea su vida son limitadas.

Fuera del recinto sagrado, pero en su vecindad, se encontraban los palacios del emperador, de algunos de los grandes sacerdotes y las residencias de los huéspedes del imperio. Bernal Díaz del Castillo, desde su lejana Guatemala medio siglo después de realizada la Conquista, se lanza a la búsqueda del tiempo perdido y entra al palacio de Moctezuma. El emperador era "de hasta cuarenta años y bien proporcionado, cenceño, y pocas carnes, y el color ni muy moreno, sino el propio color y matiz de indio; traía los cabellos no muy largos sino cuanto le cubrían las orejas, y pocas barbas, prietas y bien puestas y ralas, y el rostro algo largo y alegre, y los ojos de buena manera, y mostraba en su persona, en el mirar por un cabo amor y cuando era menester gravedad".

Aunque Bernal era un soldado que cuidaba de obedecer las órdenes de su capitán, recobra el tiempo como el más extraordinario cronista de Indias y se convierte en el duende de palacio. Descubre que el gran Moctezuma se bañaba todas las tardes y se cambiaba a diario de ropa y aún averigua que tenía muchas amigas, hijas de señores, y dos esposas y, si usaba de ellas, lo hacía tan secretamente que no lo alcanzaban a saber sino algunos de sus servidores. Doscientos principales componían su guardia y cuando hablaban con él se quitaban sus ricas mantas y entraban descalzos, vestidos pobre y limpiamente, con los ojos bajos, diciéndole: "Señor, mi señor, mi gran señor", y al ser despedidos retrocedían sin darle las espaldas y los señores venidos de lejanas tierras también llegaban descalzos y humildes, sin séquito, rodeando el palacio, casi como mendigos pues entrar de "rota batida teníanlo por desacato".

Sus cocineras le guisaban trescientos platos puestos en braseros chicos debajo para que no se enfriasen. Bernal oyó decir que le servían carnes de muchachos de poca edad, pero no echó de ver si era carne humana porque cotidianamente le guisaban "gallina, gallos de papada, faisanes, perdices de la tierra, codornices, patos mansos y bravos, venado, puerco de la tierra, pajaritos de caña y palomas, y liebres y conejos y muchas maneras de aves y cosas que se crían en esta tierra, que son tantas que no las acabaré de nombrar tan presto".

Comía en un asentadero bajo y blando y cuatro mujeres hermosas y limpias le daban agua a manos y otras dos le traían las tortillas. Al comenzar, le ponían delante un biombo pintado de oro a fin de que no lo vieran comer y lo acompañaban cuatro viejos. A veces les daba uno de sus platos favoritos y lo comían de pie sin mirarle la cara. Su vajilla era de Cholula. Sus guardias, entre tanto, guardaban silencio. Le ofrecían todas las frutas de la tierra y copas de oro rebosantes con la espuma del chocolate. Algunas veces entraban unos indios corcovados, muy feos, enanos, chocarreros, y otros que debían ser truhanes pues decían gracias, cantantes y bailarines ya que Moctezuma era aficionado a placeres y cantares. Terminada la comida volvían a darle aguamanos, fumaba de sus pipas tabaco con liquidámbar y luego se adormía.

FERNANDO BENÍTEZ

Ejercicios

1. Subraya las ideas principales en la lectura y clasifícalas de acuerdo con los enunciados de observación, inferencia y juicios de valor.

___

___

___

___

2. Parafrasea un tema de la lectura.

___

___

___

___

___

___

___

___

3. Subraya las palabras llenas en tu escrito y clasifícalas según su forma (verbos, sustantivos, adjetivos, adverbios).

VERBOS	SUSTANTIVOS	ADJETIVOS	ADVERBIOS
______	______	______	______
______	______	______	______
______	______	______	______
______	______	______	______
______	______	______	______
______	______	______	______
______	______	______	______
______	______	______	______
______	______	______	______
______	______	______	______
______	______	______	______

4. Analiza la base estructural en el texto que proporcione el maestro (ver pág. 26).

5. Busca información en medios electrónicos sobre los indígenas de México. Redacta un texto que se derive de esa información. Utiliza enunciados de inferencia y juicios de valor.

Etimologías

Esquema No. 2

PREFIJO	ORIGEN	SIGNIFICADO	EJEMPLOS
hemi-	griego	medio, mitad	hemiciclo, hemisferio
hepta-	griego	siete	heptágono, heptasílabo
hetero-	griego	otro	heterogéneo, heterodoxo
hexa-	griego	seis	hexágono, hexámetro
circum-	latino	alrededor	circunloquio, circunstancia
cir-, quiro-	griego	mano	cirugía, quirófano
piro-	griego	fuego	pirotecnia, piromanía
prim-	latino	primero	primigenio, primado
quin-	latino	cinco	quinquenio, quíntuple
novem-	latino	nueve	novena, noviembre
des-, de-	latino	alejamiento, separación, punto de partida, intensidad	delinquir, desvincular, derivar, devaluar

SUFIJO	ORIGEN	SIGNIFICADO	EJEMPLOS
-polis	griego	ciudad	acrópolis, necrópolis
-bulo, -blo	latino	lugar, medio o instrumento	patíbulo, vocablo, venablo
-ble	latino	posibilidad, capacidad	factible, amable
-iatra	griego	médico	pediatra, geriatra
-scopia	griego	ver, observar, examinar (la forma-scopio designa un instrumento)	cefaloscopía, necroscopía, oftalmoscopio

Ejercicios

Consulta el esquema etimológico No. 2 y selecciona la opción correcta de acuerdo con el significado de cada prefijo o sufijo.

1. depredar ( )
   a) saquear con violencia
   b) desear el mal a alguien
   c) aprehender a un delincuente
   d) robar los frutos de una huerta

2. hemicardio ( )
   a) poco cordial
   b) infarto súbito
   c) hemofilia
   d) cada mitad del corazón

3. circunloquio ( )
   a) lugar común
   b) coloquio
   c) ambages o rodeos en la expresión
   d) circunflejo

4. necrópolis ( )
   a) oscuridad
   b) muerte
   c) nota luctuosa
   d) cementerio

5. venablo ( )
   a) arma
   b) acuático
   c) venia
   d) venado

6. geriatra ( )
   a) vitamina de germen natural
   b) especialista en enfermedades de la vejez
   c) pediatra
   d) germanista

7. quinquenio ( )
   a) lámpara
   b) izquierdo
   c) lustro
   d) quince

8. heterodoxo ( )
   a) cotidiano
   b) etéreo
   c) ecléctico
   d) de distinta opinión

NOTA: El maestro proporcionará otros ejercicios para practicar las etimologías.

USO DE PREPOSICIONES

"en"

La preposición *en* indica:

- **Lugar:**
  Estuve *en* casa todo el día.
  Julia vive *en* Venecia.

- **Tiempo:**
  Ramiro nació *en* 1952.
  Entonces estábamos *en* invierno.
  En mayo llovió mucho.

- **Modo, y entra en algunas frases adverbiales:**
  Hablaron *en* secreto.
  Estábamos *en* confianza.
  Lo hizo *en* broma.
  Salió *en* mangas de camisa.
  Sólo trabajando *en* orden se produce en serie.

- **Medio o instrumento:**
  Le encanta viajar *en* tren.
  Conversaron *en* francés.

- **Causa:**
  Se le notaba *en* la manera de expresarse.

- **Si antecede a un infinitivo significa "por":**
  Te conozco *en* el andar.

- **Precediendo a ciertos adjetivos, da origen a locuciones adverbiales:**
  En general, *en* particular, *en* absoluto; estas expresiones equivalen a los adverbios: generalmente, particularmente, absolutamente.

USO INCORRECTO	USO CORRECTO
Voy *en* casa de mis padres	Voy *a* casa de mis padres
Salí *en* dirección a Saltillo	Salí *con* dirección a Saltillo
Sentarse *en* la mesa	Sentarse *a* la mesa
Estatua *en* bronce	Estatua *de* bronce
Quedó *que* así lo haría	Quedó *en* que así lo haría

"hasta"

La preposición *hasta* significa:

- **Término o límite espacial:**
  Caminaremos *hasta* la casa.
  Piensa navegar *hasta* el Caribe.

- **Término o límite temporal:**
  Quédate *hasta* la noche.
  Está desde las nueve *hasta* las doce.

- **Término o límite cuantitativo:**
  Ofrece *hasta* cien mil pesos por el libro.
  Llena el vaso *hasta* el borde.

- **Número:**
  Corrigió *hasta* cien cuartillas.

USO INCORRECTO	USO CORRECTO
El autobús da vuelta *hasta* la esquina	El autobús no da vuelta *hasta* la esquina (da vuelta en la esquina)
Hasta el jueves saldrán los viajeros	*Hasta* el jueves no saldrán los viajeros (El jueves saldrán)
Hasta el año próximo empezaré a estudiar	*Hasta* el año próximo no empezaré a estudiar (El año próximo empezaré)

"para"

Para significa:

- **Dirección, destino o fin de una acción o un objeto:**
  Voy *para* México.
  Un regalo *para* Javier.
  Este es propio *para* adolescentes.
  Compré un cuaderno *para* iluminar.
  Estudio *para* saber.

- **Tiempo o plazo:**
  Lo dejaremos *para* mañana.
  Me caso *para* el 10 de febrero.

- **Proximidad de algún suceso:**
  Está *para* titularse.
  Está *para* llover.

USO INCORRECTO	USO CORRECTO
Pastillas *para* el mareo	Pastillas *contra* el mareo
Jarabe *para* la tos	Jarabe *contra* la tos
Veneno *para* las ratas	Veneno *contra* las ratas

"por"

Por indica:

- **Un lugar indeterminado:**
  Pasear *por* la playa.

- **Tiempo o lapso aproximado:**
  Por aquellos años.
  Por la tarde.
  Por el mes de mayo.

- **Causa:**
  Lo hizo *por* miedo.

- **Modo:**
  Le pedí *por* favor.
  Lo vi *por* televisión.

- **Equivalencia o substitución:**
  Firmó *por* nosotros.
  Tu hijo vale *por* muchos.

- **Concesión** (seguido de adjetivo o adverbio de cantidad y la conjunción "que"):
  Por mucho que lo repitas, no te creo.

- **Finalidad:**
  Fui *por* agua a la fuente.

USO INCORRECTO	**USO CORRECTO**
Tiene afición *por* las ciencias	Tiene afición *a* las ciencias
Por orden del presidente	*De* orden del presidente

"tras"

La preposición *tras* expresa:

- **Posteridad en el espacio, con verbos de reposo o movimento:**
  Dejó *tras* sí un intenso aroma.
  Salimos corriendo *tras* el ladrón.
  Tras la tempestad llegó la calma.

- **Expresa aspiración o deseo:**
  Va *tras* la gloria.
  Anda *tras* un empleo.

- **Añadidura:**
  Tras la pobreza, la enfermedad.
  Tras la ociosidad, el vicio.

Ejercicios

Ejemplo:

Todos los estudiantes van *tras* un objetivo legítimo –concluir la carrera– *hasta* que lo logran *en* el tiempo establecido, *para* beneficio propio y también *por* el bien del país.

1. Selecciona las preposiciones que le den coherencia al siguiente texto: *sobre, de, por, a, de, con, de, de, entre, de, por, en, de.*

   ___ el descubrimiento ____ que ciertos cánceres deben su aparición ___ virus, la idea ___ que puedan resultar contagiosos ha permeado las ideas populares ___ esta enfermedad, aunque hoy sabemos que no existen probabilidades ___ adquirir un neoplasia ___ esta vía. Fueron los avances ___ la biología molecular los que pusieron al descubierto la relación ____ el material genético y los mecanismos celulares. ___ 1951, un biólogo neoyorkino, Ludwik Gross, demostró mediante procedimientos ___ laboratorio que la leucemia ___ la rata era provocada ___ un virus.

2. Busca dos textos diferentes y analiza en ellos el uso de las preposiciones.

   a) ____

   ____

   ____

   ____

   ____

   ____

   b) ____

   ____

   ____

   ____

   ____

   ____

Capítulo dos

DESCRIPCIÓN Y MODIFICACIÓN DE UNA ESTRUCTURA LINGÜÍSTICO-DISCURSIVA

Para modificar o transformar una estructura lingüístico-discursiva, es preciso conocer los niveles sintáctico, semántico y léxico, con el fin de utilizarlos en forma práctica dentro de la redacción de textos y lograr una comunicación escrita sencilla y eficaz. Los conceptos de forma y estructura, que se estudiaron en el capítulo anterior, son indispensables para llegar a la transformación.

Una estructura lingüística se puede transformar, en primera instancia, por ADICIÓN —aumento de palabras— o por SUSTRACCIÓN —disminución de palabras—, lo básico es que no se pierda la idea principal en ambos casos. Si tomamos un refrán popular: "el que mucho abarca poco aprieta" y lo transformamos por adición, podemos obtener lo siguiente:

> La persona que participa en muchas empresas y quiere estar en todas partes, por la ambición desmedida de crecer, descuida la calidad de lo que hace y termina siendo más débil e insegura que la que camina a paso lento pero firme y decidido.

La idea que encierra el refrán nos condujo a un texto donde todos los enunciados que se generaron amplían, explican y reafirman el sentido original de los opuestos *mucho-poco*, *abarca-aprieta*. Además, es importante señalar cómo de seis palabras iniciales llegamos a 44. Si empleamos el mismo análisis de palabras llenas y vacías que se utilizó en el capítulo anterior para determinar la base estructural, obtendremos la función de las partes discursivas y su frecuencia en el texto transformado. A través de las palabras clave, resulta más fácil aproximarnos al núcleo significativo del escrito.

TEXTO ORIGINAL
(Palabras clave)

El que mucho abarca poco aprieta

mucho — poco: Adverbios (opuestos)

abarca — aprieta: Verbos (opuestos)

TEXTO TRANSFORMADO
(Palabras clave)

La persona

Adjetivos	*Sustantivos*	*Verbos*
muchas	empresas	participa
todas	partes	quiere estar
desmedida	**ambición**	crecer
débil	calidad	descuida
insegura	paso	hace
lento		termina siendo
firme		camina
decidido		

Las columnas de adjetivos y verbos, ocho términos en la primera y siete en la segunda, determinan la base estructural como adjetival-verbal. La transformación en este texto, se hizo en torno a la idea de *ambición*; sin embargo, se puede modificar en diferentes direcciones temáticas enfatizando cualquier otro aspecto que se desee destacar y por supuesto, cambiando el orden de las ideas.

Veamos ahora la transformación por sustracción en los ejemplos que se tomaron del libro *Escriba mejor* de Díaz de Cossío, Díaz Ruiz y Schumacher:

Texto original:

Agradeciendo de antemano sus finas atenciones, le reitero mi más alta y distinguida consideración. (14 palabras)

Texto transformado:
Agradezco sus atenciones. (3 palabras)

Otra transformación más simple:
Atentamente. (1 palabra)

Texto original:

A partir del conocimiento y análisis de la población derechohabiente, en sus diferentes variables, se determina la demanda potencial específica por tipo de servicio y prestaciones, considerando esto como la demanda que pudiera derivarse de la utilización de los servicios por el total de la población en sus diferentes grupos, permitiendo de esta manera hacer las prestaciones a corto y largo plazo de las acciones institucionales. (66 palabras)

Texto transformado:

El conocimiento de la demanda potencial específica por tipo de servicio permite programar las prestaciones que la institución otorgará a corto y largo plazo. (24 palabras)

En el primer ejemplo, se redujo el número de palabras sin alterar el sentido original y en el segundo, se desechó la información irrelevante, confusa y mal estructurada que oscurecía el mensaje.

Hay que tomar en cuenta que en ambos procedimientos –adición o sustracción– las palabras clave son importantes porque refuerzan la carga semántica y el valor comunicativo del escrito.

Mientras que la técnica de adición se puede utilizar para adecuar, ampliar, explicar, especificar, comparar y definir el mensaje –entre otras funciones importantes–; la técnica de sustracción concreta lo que se quiere comunicar y, al mismo tiempo, evita ambigüedades.

Otro procedimiento para transformar un texto es a través de lo opuesto. Si retomamos el refrán: "El que mucho abarca poco aprieta" y lo transformamos a partir de la idea contraria, los enunciados tendrán que expresar lo positivo de la ambición desmedida de abarcar, que surgió de los contrarios: *abarca-aprieta*:

La persona que es desmedidamente ambiciosa triunfa mientras que la que va a paso lento y seguro, fracasa.

Este nivel de transformación tiene que ver con el tono del escrito y depende, en gran parte, de lo que queramos lograr con nuestra redacción. Si observamos el texto anterior, el juego de opuestos inicial se conserva pero con un tono o intención distintos.

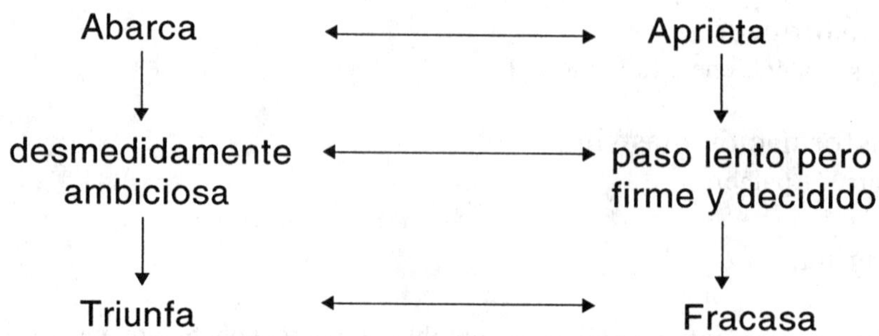

El tono es la intención que el autor desea imprimir en su escrito. Los TIPOS más comunes DE TONO son:

- Informativo
- Humorístico
- Científico
- Irónico
- Sarcástico
- Filosófico
- Ponderado
- Agresivo
- Cordial
- Persuasivo
- Otros

Ejemplos:

1. Estimado señor Rodríguez:

¡Vaya manera de dirigir una empresa! Hace tres meses, antes de salir de vacaciones, di instrucciones a su repartidor de que no me dejara la revista hasta nueva orden. Al regresar he encontrado 12 números amontonados en el jardín de la casa, el cual se ve desde la calle. Su repartidor debe de ser un imbécil, ya que eso equivale a gritar a los cuatro vientos que no hay nadie en la casa. De milagro no me robaron. Me niego a pagar esas revistas. Si se pusiera usted listo despediría al idiota de su repartidor.

(tono agresivo)

2. Estimado señor Rodríguez:

La magnífica organización de su empresa no cesa de asombrarme. Su eficiencia es tanta que nada ni nadie logra detenerla. Antes de salir de vacaciones, por tres meses, le dejé dicho a su repartidor que no entregara la revista hasta nueva orden. Pero hoy, al regresar, he encontrado 12 números amontonados en el jardín a la vista de todos. ¡Cuánta inteligencia desperdiciada! Comprendo que el repartidor tendría que ser un genio para darse cuenta que no hay nadie en casa o para ponerse a pensar que el verlas allí, pudiera atraer a algún ladrón. Renuncio a este tesoro, señor Rodríguez. Puede usted pasar a recogerlo el día que guste y agregarlo a su preciosa colección de obras maestras.

(tono sarcástico)

3. Estimado señor Rodríguez:

Hace tres meses le pedí a su repartidor que no dejara en casa la revista que ustedes me envían, explicándole que yo estaría fuera todo ese tiempo. Pero hoy, al regresar, he encontrado doce números amontonados en el jardín. Considero que este hecho pudo poner en peligro la seguridad de mi casa. Por otro lado, confío en que me eximirán ustedes de pagar el importe de esos ejemplares, que para mí carecen de interés por haber perdido actualidad.

(tono ponderado)

Una estructura lingüística también se puede transformar por el objetivo y el orden de los enunciados dentro del marco discursivo, según se requiera. Para esto es necesario, adecuar el mensaje a partir del análisis del receptor que se expone en el siguiente esquema.

ANÁLISIS DEL RECEPTOR Y OBJETIVO DEL MENSAJE

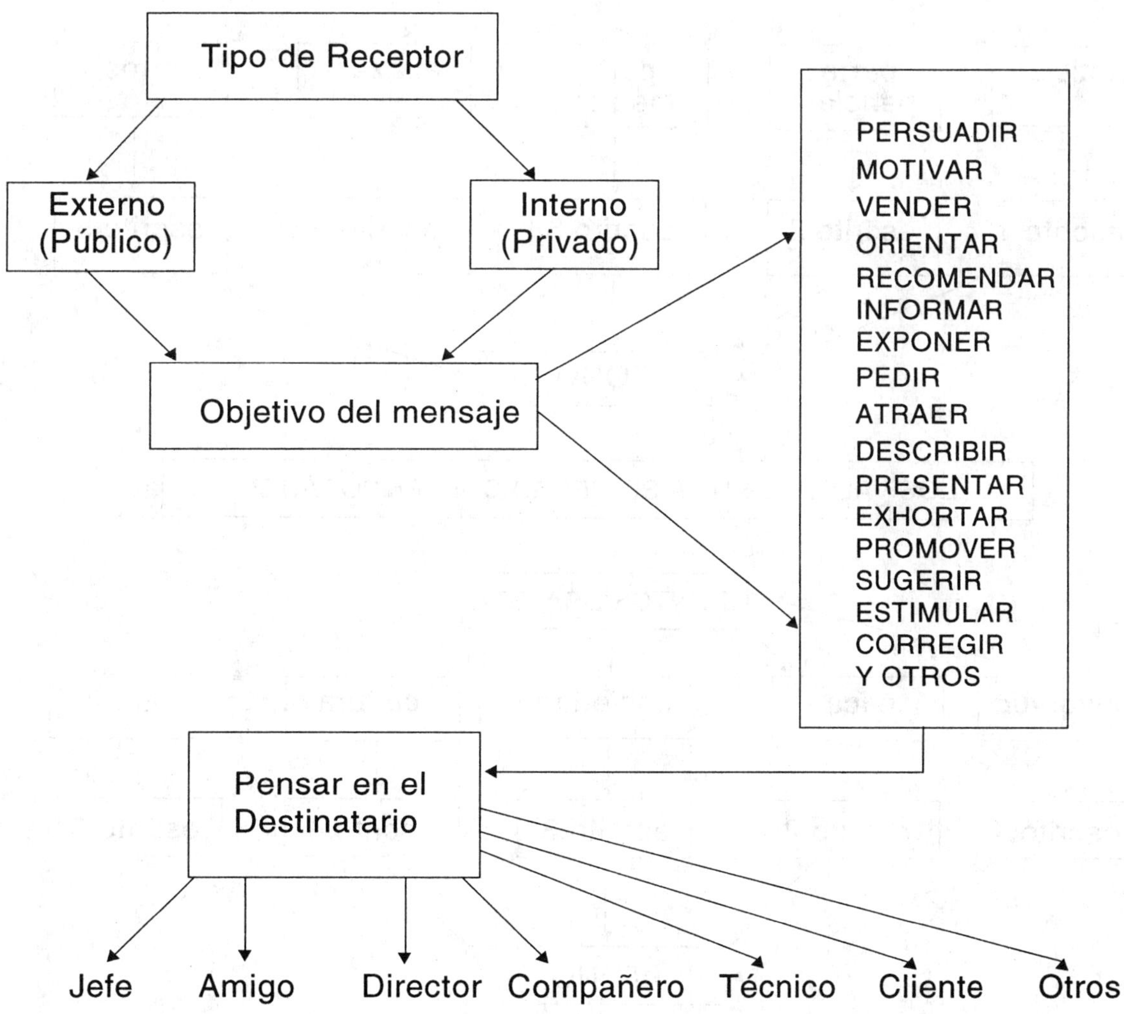

Como actividades para los estudiantes sugerimos redactar las transformaciones de un mensaje, tomando en cuenta diferentes PUNTOS DE VISTA. Un accidente automovilístico se puede describir desde la perspectiva de la nota periodística, el parte médico, el parte pericial, la filosofía del azar y otros enfoques. El tema de los valores que tanto nos preocupa en el momento actual, puede transformarse a partir de distintos puntos de vista o bien, utilizando diversos tipos de comunicación, sin olvidar el qué, el cómo, el cuándo, el dónde, el por qué y el para qué. Lo importante es que veamos cómo se va modificando el mensaje en cada texto y también cómo cambia el orden de los enunciados en relación con la forma y la estructura:

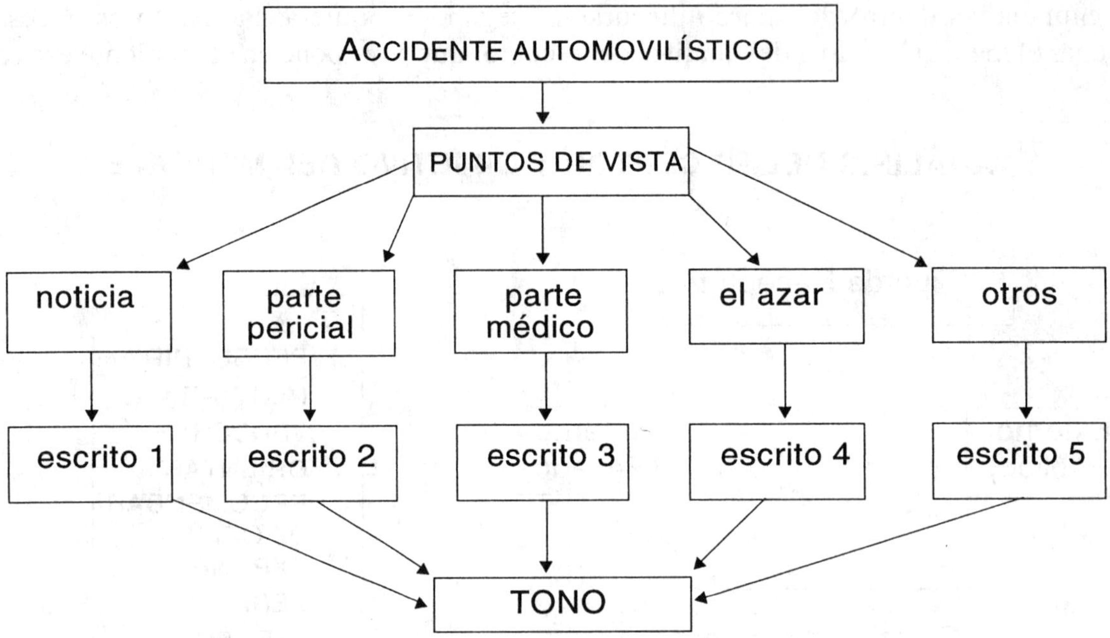

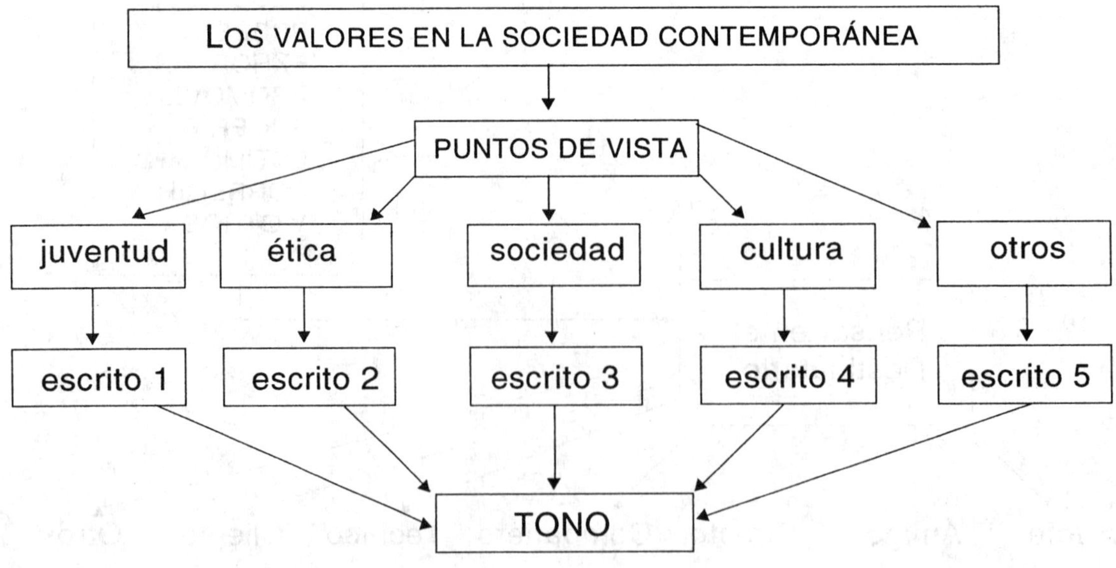

Asimismo, se puede hablar de la transformación por diferenciación y comparación que se emplea en diversos textos. Esta técnica consiste en analizar las diferencias y puntos de contacto entre dos o más sucesos, objetos, sujetos, etcétera, para fundamentar el punto de vista que se expone a través de las ideas.

Los NIVELES SINTÁCTICO, SEMÁNTICO Y LÉXICO que trataremos en este capítulo nos permitirán tener una redacción más lógica y significativa. Además, nos facilitarán el proceso de adaptación del mensaje de acuerdo con:

- El propósito comunicativo
- El orden lógico de las ideas
- La jerarquía de las mismas
- Las opciones sintácticas más lógicas
- La claridad en los conceptos
- El tono adecuado
- La variedad en el léxico

Aunque en la práctica resulta difícil separar morfología de sintaxis, partiremos de que la morfología se ocupa de la estructura de las palabras o partes de la oración y la sintaxis, de la relación entre esas partes de la oración en unidades como la frase, la oración o el párrafo. La morfología importa en tanto que nos reafirma la función y la frecuencia de las palabras en un texto, la base estructural del mismo, las diferentes acepciones de la palabra y la formación de palabras a partir de raíces, prefijos y sufijos.

El nivel sintáctico pide la observación minuciosa del comportamiento grupal de las palabras, porque al discurso hay que entenderlo como una suma organizada y orgánica de muchos signos simples y signos complejos. El signo simple es una palabra como **vaso**, que se convierte en complejo cuando se le suman otros signos (palabras), por ejemplo: **vaso con leche**. En este enunciado complejo, evidentemente sólo tenemos el nivel denotativo y no se expresa un juicio que pueda ser falso o verdadero; en cambio, si decimos: **Ayer recordé el vaso con leche fría que tomé mientras estaba esperándote en el café cercano a la librería, donde compraste el último libro de Umberto Eco**, el discurso se complica porque ahora tenemos cadenas de signos combinados o aserciones que pueden ser falsas o verdaderas. El hecho de recordar el vaso con leche se asocia con la espera y la acción simultánea referente a la compra del libro.

Otros SIGNOS que ayudan a darle forma al mensaje, por la relación que tienen con el significado son: UNÍVOCOS, EQUÍVOCOS, PLURALES Y VAGOS.

- **Unívocos**: Signos que deberían tener un solo significado, como los signos aritméticos. Un exceso de univocidad lo produce la sinonimia: cuando dos signos se refieren a un mismo significado. Ejemplos: pistola = revólver, filón = barco.

- **Equívocos**: Signos que pueden tener dos o más significados, todos ellos considerados como válidos. Un exceso de equivocidad lo puede producir la homonimia, en la que un mismo signo tiene dos significados distintos. Ejemplos: El niño del pantalón *corto* produjo el *corto*. Le explotó una *granada* mientras comía la *granada*.

• **Plurales**: Son plurales los signos donde a partir del primer significado se genera otro. En este caso hay que tomar en cuenta la connotación, la metáfora, los dobles sentidos. Ejemplo: Uñas largas = ladrón. Juan es un uñas largas, equivale a Juan es un ladrón.

• **Vagos**: Signos imprecisos que pueden tener significados plurivalentes porque mantienen una relación vaga y alusiva con una serie imprecisa de significados. Ejemplo: El círculo tiene variados significados dependiendo de la cultura, la historia o el autor. Para Jorge Luis Borges el círculo es símbolo del universo y para el Budismo Zen es símbolo de armonía.

La concordancia y el orden lógico son dos aspectos esenciales en el nivel sintáctico. La concordancia obedece a las interrelaciones de las palabras en un enunciado o conjunto de enunciados –párrafo–. Éstas pueden ser de género, número, caso, tiempo, persona y modo. El orden lógico obedece a la construcción normal de los enunciados y al uso apropiado de sus diversas partes. Enunciado-ideas. Las partes de un escrito pueden alterarse en función del punto de vista, pero cuidando la lógica del sentido.

La estructura de un texto puede alterarse o transformarse siempre y cuando se respete la idea principal o se adecue a cada propósito comunicativo. El orden enfatizará en el sujeto, el objeto, la acción, la cualidad, el modo, el tiempo, el lugar u otros aspectos de importancia. Todo depende de lo que se quiera comunicar. Veamos el siguiente ejemplo:

Estábamos todos muy contentos adquiriendo diversos artículos en un almacén de reconocido prestigio.

Todos muy contentos, estábamos adquiriendo diversos artículos en un almacén de reconocido prestigio.

Muy contentos todos, estábamos adquiriendo diversos artículos en un almacén de reconocido prestigio.

Adquiriendo diversos artículos, en un almacén de reconocido prestigio, estábamos todos muy contentos

En un almacén de reconocido prestigio, estábamos todos muy contentos adquiriendo diversos artículos.

Diversos artículos estábamos adquiriendo en un almacén de reconocido prestigio, todos muy contentos.

El orden lógico resulta un poco forzado en ciertos casos aunque, en el lenguaje periodístico contemporáneo, frecuentemente se utilizan alteraciones para destacar algún aspecto específico, sobre todo en los encabezados e inicios de algunas notas como la siguiente:

PONEN A BAILAR SUS RECUERDOS

Chicago hizo anoche que 10 mil regios bailaran sus recuerdos.

La banda se presentó en el Estadio de Beisbol Monterrey y logró combinar sus éxitos del ayer con los más recientes, a través de un diálogo musical que sus seguidores disfrutaron plenamente.

El espectáculo, de unas dos horas de duración, inició a las 20:10 horas y demostró que el sonido Chicago sigue siendo la "inspiración" de miles de personas.

Dieron muestras de su capacidad musical con más de 20 canciones que lograron hacer que el público se le entregara plenamente y los hiciera regresar cuatro veces cuando intentaban despedirse.

En punto de las 20:10 horas las luces del estadio se apagaron y el grupo apareció en el escenario, enmedio de los gritos del público.

Ciertamente el encabezado, que se repite en la primera línea de la noticia con cuatro elementos informativos más —Chicago, anoche, 10 mil y regios—, conserva el sentido figurado más propio de la literatura. De acuerdo con la lógica los recuerdos no bailan, se puede observar cómo reaccionan las personas ante los recuerdos motivados por algo o bien, cómo vienen y van los recuerdos en la mente a través de respuestas verbales y no verbales. Precisamente, es a lo que se refiere la nota sobre la banda de música Chicago, que trajo a los regios recuerdos a través de las diferentes interpretaciones y esto, sin duda, sí puede captarse a través de las reacciones del auditorio. Lo que se intenta con este tipo de notas informativas es llegar al lector mediante un rudimentario empleo del lenguaje figurado y la metáfora.

Lo mismo sucede con este otro titular:

LOGRAN CALLAR A GARCIA LORCA

En realidad el dramaturgo y poeta español enmudeció para siempre cuando perdió la vida. Lo que permanece vivo entre nosotros son sus obras y sus inolvidables personajes como *Bernarda Alba*. La nota de ese encabezado hace referencia a un trabajo teatral que Yugoslavia presentó, dentro del Festival Cervantino Nuevo León 91, donde se aprecia un proceso de traducción del lenguaje verbal creado por Lorca, a la expresión corporal. "Los yugoslavos de 'Bitef Teatro' lograron recrear *La casa de Bernarda Alba* cambiando la poesía de Lorca por una sorprendente expresión corporal."

En resumen, podemos decir que el nivel sintáctico se ocupa del comportamiento grupal, de las interrelaciones y oposiciones de las palabras que forman una estructura discursiva. Ducrot y Todorov en el *Diccionario enciclopédico de las ciencias del lenguaje* expresan que: "Los problemas de que se ocupa la sintaxis se refieren al orden de las palabras, **reacción** (concordancia o **régimen**) —es decir, la manera en que ciertas palabras imponen a otras variaciones de caso, número, género—."

Las posibilidades resultan más variadas en un **discurso complejo** y en el **lenguaje literario**, donde, sin duda, se abren por la cantidad de recursos estilísticos que se manejan, y por los diferentes niveles de lectura y aproximación al texto. En el discurso literario se mezclan el ludismo, el ritmo, el sentido, la polisemia y otros elementos que le dan una dimensión más amplia al lenguaje. En cambio, en la redacción estándar no se puede perder de vista al receptor para precisar la estructura del mensaje. Veamos la lógica en los siguientes ejemplos tomados de la realidad:

Batas para niñas importadas.
En este ejemplo las importadas (calificativo) son las batas (sustantivo) y no las niñas. Por lo tanto, el orden lógico correcto es: Batas importadas para niñas.

Rento cuarto para señorita con cocina atrás.
Seguramente, es el cuarto el que tiene la cocina atrás, no la señorita. Lo correcto sería:
Rento, para señorita, cuarto con cocina atrás, o bien, rento cuarto con cocina atrás para señorita.

Rento señorita honorable independiente $800,000.00.
Este ejemplo, como muchos otros que aparecen en los avisos de ocasión, informa que lo que se renta es la señorita honorable e independiente, no una habitación o departamento independiente, para señorita honorable.

Solicito vendedora de teléfono. Comunicarse al teléfono...
Cuando se lee: Solicito vendedora de teléfono, definitivamente pensamos en un aparato telefónico, no en una persona para que realice ventas por teléfono. De seguro, se quiso decir: Solicito personal femenino para hacer ventas por teléfono.

Crema para manos de tortuga.
En este ejemplo, la crema es la de tortuga por supuesto, no las manos.

SE SOLICITA

Comprador y encargado de tienda de ropa masculina para local de Plaza Fiesta San Agustín.

REQUISITOS:
Ambos sexos
Estudios mínimos preparatoria.
Experiencia mínima dos años.
Experiencia en compra de ropa de moda para caballero.
Se ofrece: ... etcétera, etcétera, etcétera.

Lo que sucede en este texto es muy interesante y también es un problema de lógica del sentido, pero con rasgos muy particulares. Se lee en los requisitos que el candidato debe tener ambos sexos o sea, que debe ser forzosamente hermafrodita si no, no puede aspirar al empleo. Lo anterior no deja de ser impresionante. Quizá se quiso decir: Solicito personal de ambos sexos para atender...

VENDO MOLINO
Para moler carne marca Biro 3 HP cabezal 32 con trasmisión...
Aquí se entiende que el molino sólo muele carne marca Biro 3 HP cabezal 32 con trasmisión. Probablemente se trata de una carne muy rara, a menos que se refiera a un molino marca Biro 3 HP cabezal 32 con trasmisión, para moler carne.

VÁMONOS COMUNICANDO
Este texto, propaganda de un partido político nacional, raya en lo coloquial. Implica la acción simultánea de los dos verbos. Lo más correcto sería: vamos a comunicarnos, comuniquémonos o dialoguemos.

El nivel semántico se refiere al significado de las palabras. Todo concepto tiene una o varias esferas donde se desplaza. El significado contextual lo determinan los términos que anteceden y preceden a la palabra, y el denotativo, el diccionario. Por esto, esta metodología recomienda trabajar con palabras clave. De este modo resultará más fácil derivar el sentido y las relaciones de las mismas en el texto. El esquema de LOS SIETE SIGNIFICADOS DE LEECH ilustra muy bien este aspecto:

Significado **conceptual**: denotativo.*
Padre: el que tiene uno o varios hijos.

Significado **connotativo****: lo que se comunica en virtud de aquello a lo que se refiere el lenguaje.

Juan es *la cabeza* de la familia.

Significado **estilístico**: lo que se comunica sobre las circunstancias sociales del uso del lenguaje.

Todo el sueldo se lo da a su *jefe*.
Su *papá* vendrá a la fiesta hoy.

Significado **afectivo**: lo que se comunica sobre los sentimientos y actitudes del que habla o escribe.

¡La edad no tiene años, *papacito*!

Significado **reflejo**: lo que se comunica gracias a la asociación con otro sentido de la misma expresión.

El *padre* corrió hacia el lugar del accidente (¿padre o sacerdote?).

Significado **conlocativo**: lo que se comunica gracias a la asociación con las palabras que suelen aparecer en el entorno de otra palabra.

El pobre *padre*, lloraba por la enfermedad de su hijo.
El *padre* pobre, decidió buscar otro trabajo.

Significado **temático**: lo que se comunica por la forma en que el mensaje está organizado de acuerdo con el orden y el énfasis.

El *padre* castigó a Gerardo.
Gerardo fue castigado *por su padre*.
Castigó a Gerardo *el padre*.

* Denotación: significación objetiva que posee una palabra para cualquier hablante de una lengua.
** Connotación: conjunto de valores secundarios que rodean a una palabra en el sistema de cada hablante. Propiedad que poseen los signos de agregar un segundo (o tercero, etcétera) significado al denotativo que es inmediatamente referencial.

Detrás de cada discurso, semánticamente, existe un universo donde cada palabra tiene una función y uno o múltiples sentidos, sobre todo en un ámbito donde la información se transforma en comunicación y entra al mundo de la polisemia.

Existe un vínculo muy estrecho entre el plano sintáctico y el semántico que se refleja a través de la estructuración de las ideas. La posición de los núcleos sintácticos –enunciados– en una estructura discursiva, se estudia de acuerdo con el orden, la jerarquía y las relaciones que estos núcleos tienen entre sí y con las oraciones principales semánticas. La oración principal semántica es aquella cuyo significado es importante pero no expresa necesariamente una relación directa con la idea principal, aunque en algunos casos sí sucede.

La oración principal semántica, en ocasiones, se localiza en el inicio del escrito pero también en la parte media o en el final. Si se altera el orden de los enunciados, sin duda, cambia el orden de la oración principal semántica.

La idea principal y las ideas secundarias son importantes porque nos sirven para estructurar el párrafo y como consecuencia, el escrito. Por lo general recomendamos a nuestros estudiantes utilizar la estructura IDC: –introducción, desarrollo y conclusión– en la redacción de sus primeros escritos. Más adelante podrán experimentar las demás posibilidades de escritura a través de lo que se expone en esta unidad. Los siguientes esquemas ejemplifican la estructura del párrafo, la organización del texto por ideas y la estructura IDC.

ESTRUCTURA DEL PÁRRAFO

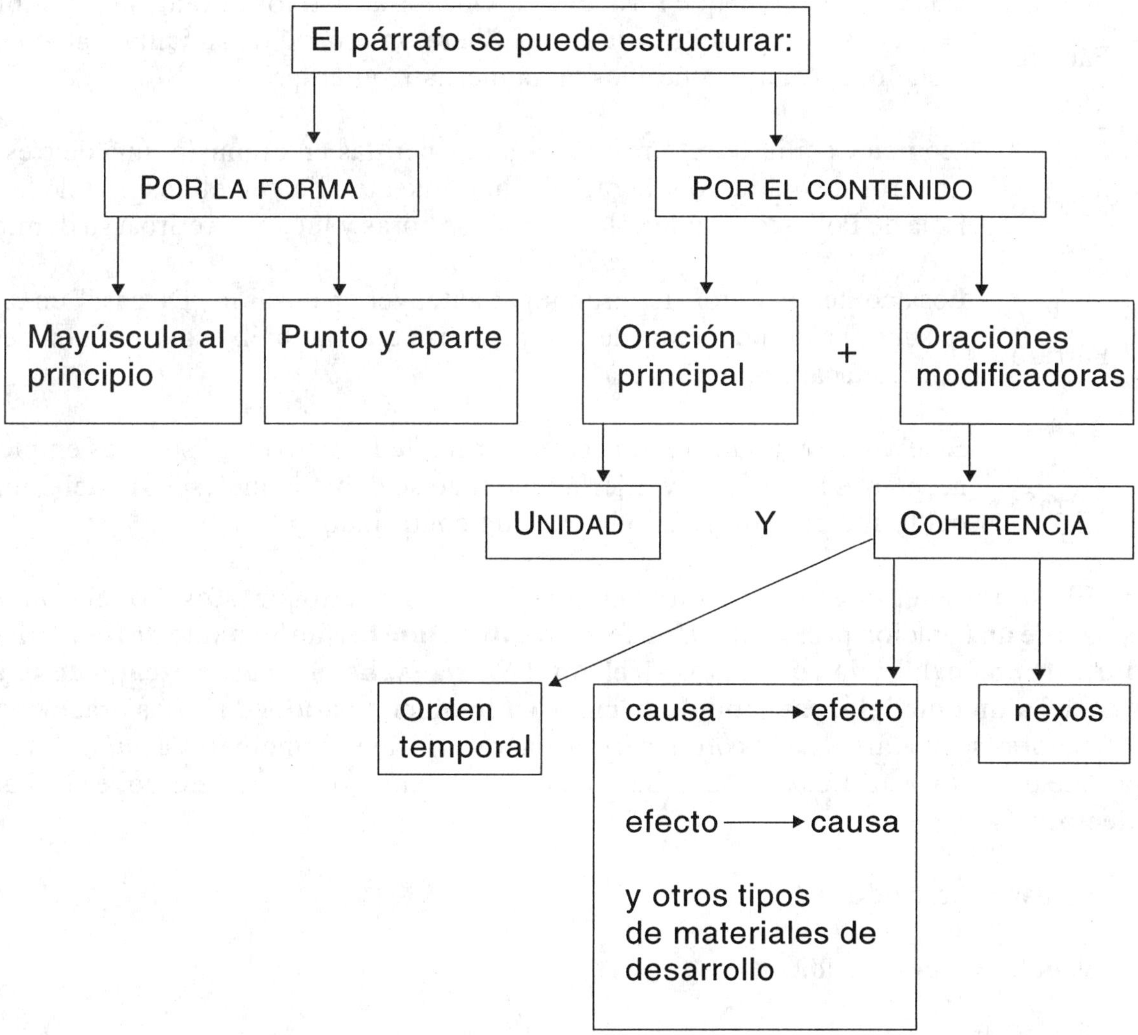

Ejemplo de párrafo estructurado por la forma:

A tres años del quinto centenario del arribo de Cristóbal Colón a las playas de América, España organiza para el 92 una conmemoración espectacular en lo ceremonioso pero cuidadosa y diplomática en su manejo.

Ejemplo de un texto estructurado por la forma y por el contenido:

Párrafo 1	Una feroz pantera que formaba parte de los atractivos durante una exhibición de modas en el hotel María Isabel Sheraton escapó de su jaula y atacó a una modelo, causándole heridas en la pierna izquierda.
Párrafo 2	Mónica Cecilia García resultó con dos heridas en el muslo, una de tres centímetros de diámetro y la otra de uno. Fue atendida en el hospital de la Cruz Roja de Polanco, donde sólo estuvo dos horas y luego se retiró a su domicilio.
Párrafo 3	Los acontecimientos tuvieron lugar anteayer en el salón "De casa" en el que, se supo, había no menos de 100 personas que también estuvieron en peligro de ser atacadas por la fiera.
Párrafo 4	En el hotel María Isabel, nadie informó de lo ocurrido y sólo los empleados aceptaron los hechos y dijeron que todo se debió a un descuido del domador del felino pero que "todo había sido controlado".

El escrito anterior está estructurado por la *forma*, en cuatro párrafos. Por el *contenido*, consta de una oración principal: "**Una feroz pantera que formaba parte de los atractivos durante una exhibición de modas en el hotel María Isabel Sheraton escapó de su jaula y atacó a una modelo, causándole heridas en la pierna izquierda**". Las oraciones modificadoras secundarias de los otros párrafos apoyan la idea principal. La *unidad* se logra porque todos los párrafos se relacionan. La *coherencia*, lógica en este caso, es de causa a efecto.

Causa = descuido

Efecto = mujer herida

Los siguientes tipos de material de desarrollo facilitan la estructuración de párrafos en un escrito.

TIPOS DE MATERIALES DE DESARROLLO

Analogía: Paralelo entre dos cosas que tienen alguna semejanza; lo desconocido explicado a partir de algo familiar.

Comparación: Similitudes entre dos o más ideas o cosas.

Contraste: Diferencia entre dos o más ideas o cosas.

Definición: Establecimiento de un significado preciso, importancia o explicación de un objetivo clave, de una palabra, de una frase o de términos; fija los límites dentro de los cuales se puede usar un tema o un término.

Detalles y particulares: Enumeración de hechos o puntos específicos (interrogantes).

Clasificación: Arreglo u organización de acuerdo con especies, categorías, características, etcétera.

Análisis: Ruptura de un tema amplio en partes; relación entre las partes y el todo, separación del todo en partes; determinación de la composición de una entidad o un sistema completo.

Causa-Efecto: Enunciado de las fuerzas que producen una situación; enunciado de los resultados producidos por una fuerza.

Gran parte de las fallas que se presentan en la estructuración de ideas ocurren por errores de razonamiento. Es por esto que insistimos en la lógica de la observación antes de llegar a la práctica escrita.

Si tenemos cuidado con las DEFINICIONES, los SILOGISMOS, las INCOHERENCIAS y las FALACIAS, sin duda lograremos una redacción más clara y objetiva.

Definición: Explicación, delimitación y descripción de un objeto, concepto o situación para no confundirlo con otros semejantes.

Características de la definición:

- Debe analizar la naturaleza de lo que se define.
- Debe ser breve.
- Debe ser clara.
- Lo definido no debe ser parte de la definición.
- La definición debe convenir exclusivamente a lo definido.
- La definición debe ser dada en términos de género próximo y diferencia específica.
- La definición no debe ser dada en términos negativos.
- Es necesario eliminar ambigüedades en el lenguaje así como exceso de tono figurativo, emotividad, tecnicismos o ejemplificaciones.

El **silogismo** es un razonamiento que tiene en su forma perfecta dos premisas y una conclusión. Por lo tanto, toda conclusión en un escrito debe ser una consecuencia de las dos premisas que la originaron. Si existe una premisa falsa, no se puede llegar a un juicio válido.
Las **incoherencias** se presentan en tres formas:

1. **La contradicción**. Ernesto es buen político y no es buen político.

2. **La incompatibilidad de predicados**. Juan es mexicano y auténtico italiano. Lo correcto es: Juan es de nacionalidad mexicana pero en sus ideas es un auténtico italiano.
3. **Falta de continuidad**.

"Subdirección de Asuntos Jurídicos
Dictamen
En relación al oficio señalado con el No. 3 turnado a la suscrita de fecha 3 de abril de 1987 y con número de oficio 437-2-5423, que sugiere la redacción del mismo en forma adecuada visto que se está refiriendo a un Fideicomiso, el cual no se agrega y no contiene los objetivos del mismo para someterlo a la consideración de la suscrita, que igualmente se percató de errores en cuanto a forma y fondo.
...

En virtud de la confusión y de la ausencia de la suscrita, autora del incomprensible documento, primero trataremos de adivinar qué quiso decir.

1. Que la suscrita no pudo dictaminar sobre el oficio No. 3.
2. Que las razones son:
   - el documento está mal redactado.
   - no le enviaron el texto del fideicomiso al que se refiere el documento.
   - que sin embargo ella, la suscrita, se percató de errores en cuanto a forma y fondo.

Aunque no comprendemos cómo alguien con la confusión mental de nuestra autora puede percatarse de errores en cuanto a forma y fondo, trataremos de analizar la redacción del ejemplo.

Lea el principio del párrafo. Por innecesaria se puede suprimir la expresión *señalado con*.

Más adelante aparece: *la suscrita de fecha 3 de abril de 1987,* idea que sin duda relaciona la fecha con la suscrita. ¿Nació ese día? La lógica elemental permite deducir que la fecha se refiere al documento, aunque el texto diga lo contrario.

Observe con atención: *que sugiere la redacción del mismo en forma adecuada.*

Subdirección de Asuntos Jurídicos
Dictamen
En cuanto al documento No 3, de fecha 3 de abril de 1987, número de Oficio 437-2-5423, turnado a la suscrita para su análisis, se sugiere que sea redactado nuevamente y se anexe el texto completo del fideicomiso a que se hace referencia, ya que es imposible dictaminar sobre documentos incompletos.

Subdirección de Asuntos Jurídicos
Dictamen
Es imposible dictaminar sobre el documento No. 3, fecha 3 de abril de 1987, número de oficio 437-2-5423, turnado a la suscrita, ya que su redacción es confusa y no se anexó el texto del fideicomiso a que se hace referencia.
...

La primera duda surge del pronombre *que,* el cual no sabemos a qué se refiere: ¿el oficio sugiere? ese *que* carece de antecedente. Después aparece el pronombre *mismo*. Ese *mismo*

¿a qué o a quién se refiere? Como se puede observar, la suscrita, autora y censora de documentos, no tiene sentido común. El texto dice a continuación:

visto que se está refiriendo a un Fideicomiso, el cual no se agrega y no contiene los objetivos del mismo.

De nueva cuenta aparece otro *mismo* cuyo antecedente también se desconoce. A continuación afirma: *para someterlo a la consideración de la suscrita.*

Otra vez, de nueva cuenta, otro pronombre: lo (someter-lo). Definitivamente el lector más aguzado no sabe a qué se refiere *lo, mismo* y *que.*

Recuerde que un pronombre sustituye a un nombre. El pronombre debe estar lo más próximo al nombre. Debe saberse exactamente a qué o a quién está sustituyendo.

Finalmente, de manera rotunda y contundente, la autora: *se percató de errores en cuanto a forma y fondo.* El juego del espejo se hace evidente, parece que ella estuviera leyendo su propio oficio.

La **falacia** es una forma de argumento no válida que impacta tanto en el lenguaje oral como en el escrito. Las falacias de equívoco o anfibología consisten en usar vocablos o expresiones que se pueden emplear en dos o más sentidos:

Ejemplo: **El agente puso infracciones a varios automóviles en estado de embriaguez**

¿El estado de embriaguez se refiere al agente o a los automóviles? Definitivamente al agente; sin embargo, como está redactado se entiende que a los automóviles.

ORGANIZACIÓN DEL TEXTO POR IDEAS

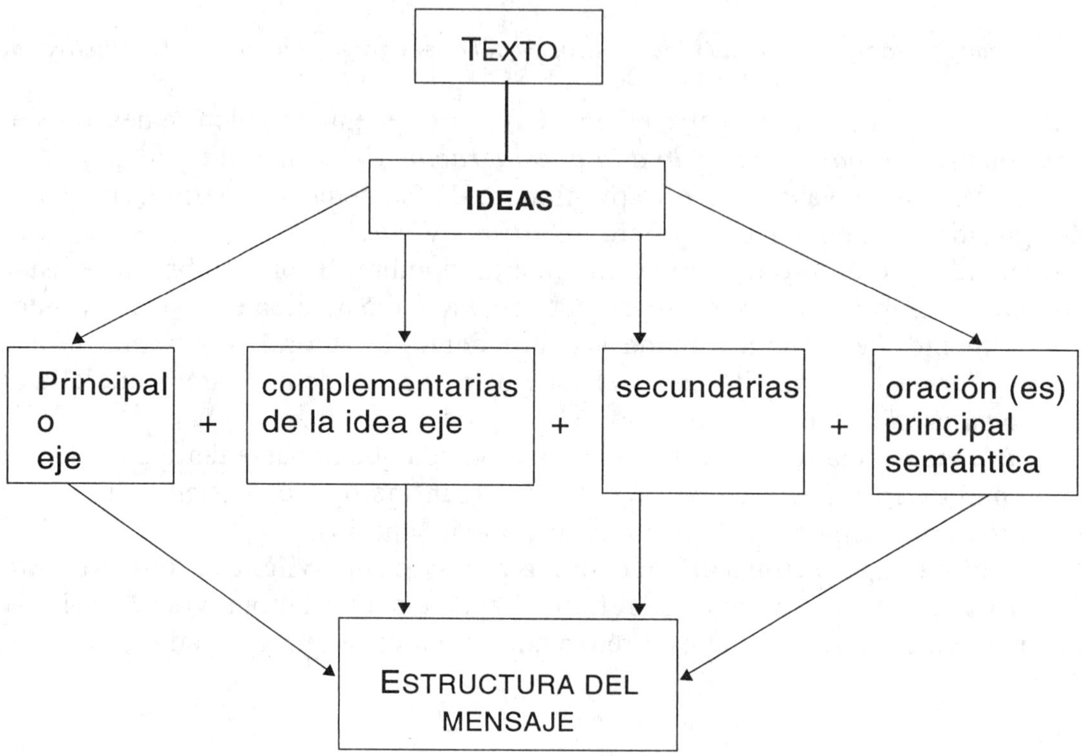

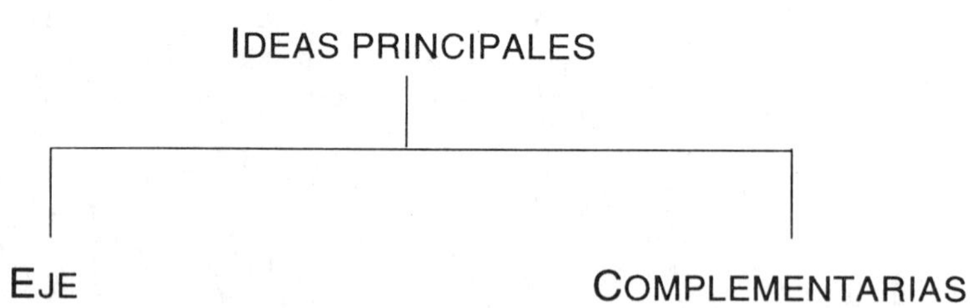

Existen varios usos del término "crisis" cuando es aplicado a la filosofía.

Por ello, cuando hablamos de una "crisis de la filosofía", no siempre podemos tener la seguridad de ser entendidos.

ESTRUCTURA IDC

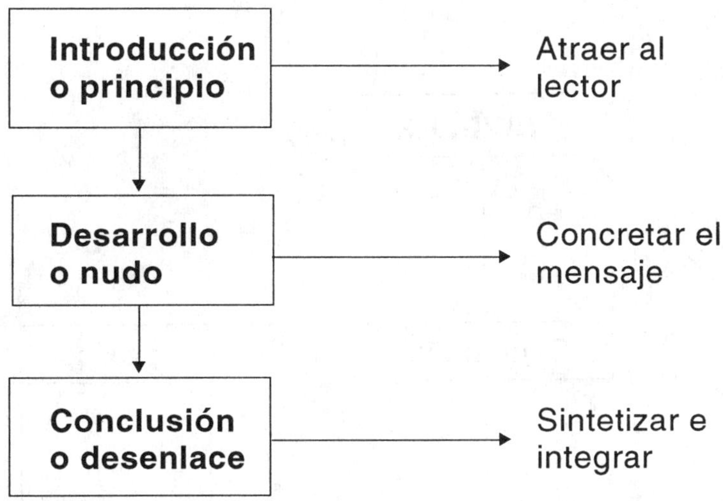

Desde el punto de vista semántico, los términos médicos, científicos, de computación, economía o cualquier otra disciplina se mueven dentro de un campo restringido a su radio de acción, donde el signo lingüístico debe ser preciso y unívoco. En cambio en el lenguaje literario, en el coloquial y en cierto modo en el periodístico, las posibilidades se multiplican y son cada vez más diversas.

El nivel léxico se puede analizar desde dos aspectos: el lexicográfico y el lexicológico. El primero atiende a fechas, variantes y acepciones y el segundo a los componentes formales de la palabra, lexema y a los formantes que se unen a éste. Los dos aspectos nos interesan porque deseamos aumentar el léxico y la formación de palabras a través de sufijos y prefijos. Si comprendemos bien estos aspectos y desarrollamos el hábito de la lectura, con seguridad podremos realizar una práctica escritural más clara, consciente y efectiva en cuanto al manejo del lenguaje. Veamos los siguientes ejemplos:

Laboriosidad es un derivado de **labor** y **español** es un derivado de **España**. Su derivación **labor-laborioso** (adjetivo)— **laboriosidad** (sustantivo). **España-español** (adjetivo). **Signo** (sustantivo)— **significar** (verbo) —**significativo** (adjetivo). La derivación ofrece abundantes muestras: sufijación doble en: **labor-ios-idad.** Prefijación como en: **ensartar** y, ambas a la vez en **impermeable.** En **apasionadamente** tenemos: **a**-prefijo, **pasio**-raíz, **nada**-sufijación adjetival, **mente-**sufijación adverbial. **Amoral**: **a**-prefijo, **mor**-raíz, **al**-sufijo.

En el análisis léxico también es importante tener en cuenta el origen. En el caso del español la base del léxico es el latín. Todo elemento léxico que tenga un origen anterior es un elemento léxico de sustrato, en cambio todos los que se introducen al español posteriomente son considerados como préstamos. Éstos pueden ser muy variados en cuanto a origen y épocas, por ejemplo: **préstamos** del vasco “chistera”, hasta galicismos y anglicismos más modernos como *boutique* y *pub*.

Gráficamente se puede resumir la importancia de los tres NIVELES DEL LENGUAJE de la siguiente manera:

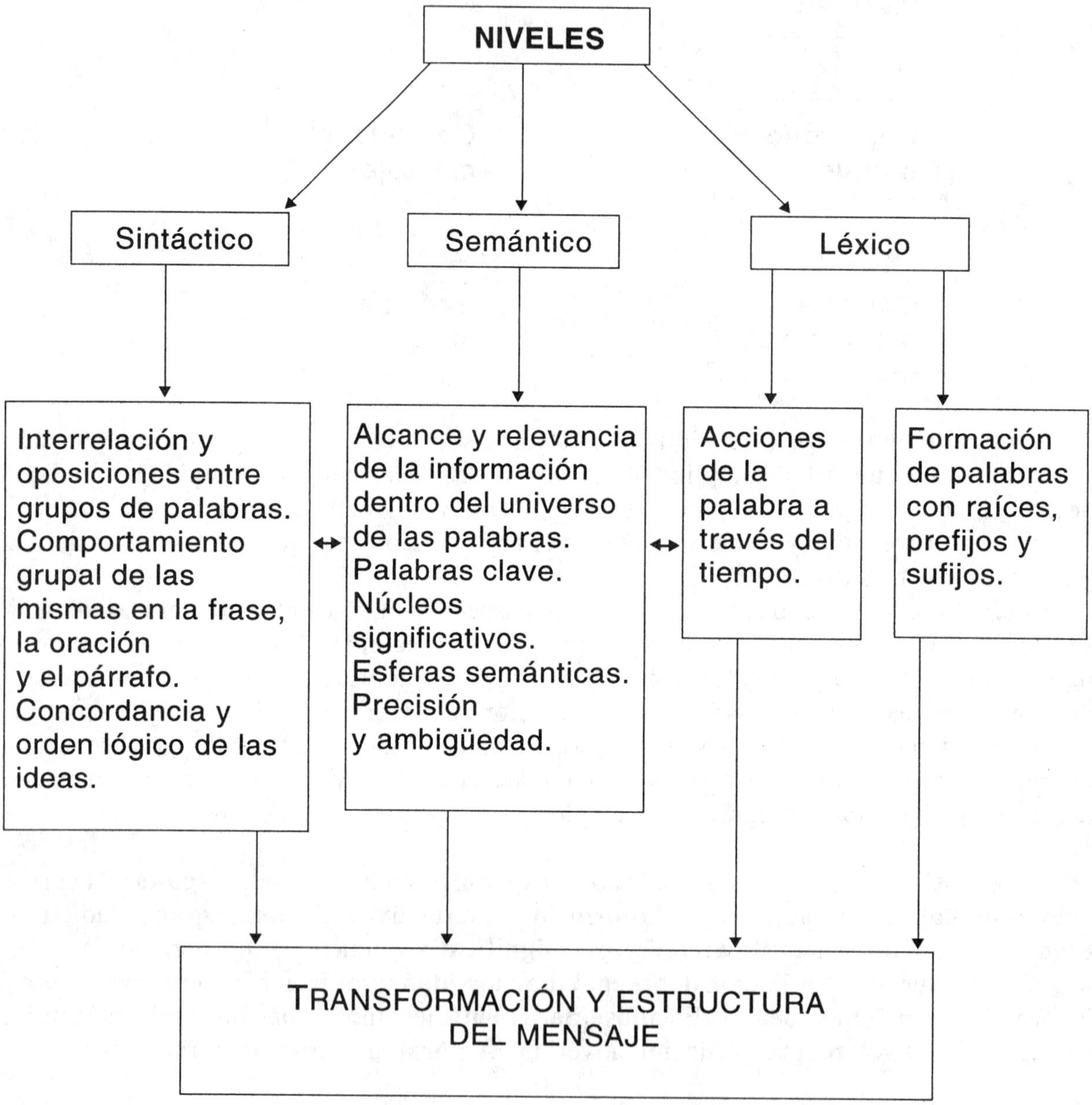

Lectura 3

MIRADA CRÍTICA DE LA ICONÓSFERA CONTEMPORÁNEA

Tras este recorrido pormenorizado a lo largo de las tecnografías icónicas inventadas por el ser humano desde la aparición de la fotografía, se imponen algunas reflexiones globales acerca de la significación sociocultural de la imagen en la civilización contemporánea.

La sociedad moderna está integrada en un ecosistema comunicacional que constituye un sistema cerrado de interacciones no aleatorias entre los medios, y entre ellos y sus audiencias, a la búsqueda de un equilibrio comunicacional entre las ofertas de los diferentes medios y las demandas de sus audiencias. En este sentido, el ecosistema comunicacional constituye un modelo de interacciones dinámicas, y relativamente inestables, estructurado idealmente por flujos informativos que se disputan el mercado comunicacional, según el principio de los usos y gratificaciones proporcionados por los mensajes. Así, por ejemplo, el auge y expansión actual de la imagen privada de la televisión, a expensas de la imagen pública del cinematógrafo se explica, tratándose de dos formas similares de espectáculo audiovisual, por la superior gratificación aportada por la primera en virtud de la ley del mínimo esfuerzo físico y económico. Este ecosistema comunicacional puede ser contemplado, utilizando un léxico contemporáneo, como una *mediasfera* omnipresente, que se ha constituido, junto a la bioesfera arcaica del hombre, como su complementaria corteza cultural en las sociedades industrializadas. En este artificial caparazón *massmediático* que envuelve al actual hombre urbano, la iconosfera (término acuñado por el filmólogo francés Gilbert Cohen-Séat) constituye una de las capas, probablemente la principal y la más densa, de la mediasfera contemporánea.

Así como los carburantes de origen fósil fueron la savia de la sociedad industrial victoriana, la información se ha convertido en el principal carburante intelectual de la sociedad postindustrial, verdadera energía de valor sémico utilizada en un *hardware* comunicacional que tiene las grandes virtudes de requerir un bajísimo consumo energético, no ser contaminante y superar por ello los defectos de las viejas tecnologías duras, las de la era de las chimeneas y del motor de explosión. Ya en 1949, en la prehistoria de la sociedad de la información, David Riesman escribió que " la era de la abundancia y la declinación demográfica incipiente necesita el trabajo de hombres cuya herramienta es el simbolismo". En aquella época, la sociología no hablaba todavía de las "industrias del imaginario", de ese capital semiótico sobre el que operan los trabajadores de las industrias del conocimiento, cuya tarea es la de producir y manipular símbolos, al punto de que resulta legítimo encuadrarlos en el sector económico de la "producción simbólica", del ámbito económico terciario o de servicios.

Un principio biológico bien conocido establece que todo organismo vivo necesita encontrar en su medio sus fuentes energéticas e informacionales. Pero en la actual sociedad postindustrial, que es el entorno artificial creado por el *homo informáticus*, la información adopta cada vez más la forma de flujos de energía, de energía eléctrica o electromagnética, que desembocan sensorialmente en producciones gráficas (símbolos) visualizadas en una pantalla fosforescente, esa pantalla polifuncional que ha expandido las limitadas funciones del viejo televisor doméstico, pasivo y monodireccional.

Pero si en la sociedad postindustrial la información se ha convertido en la principal materia prima, es menester recordar que la información es simulacro o abstracción de objetos, fenómenos o procesos del mundo real. En ciertas ocasiones, como en las transferencias bancarias, la sustitución del objeto real (los billetes de banco) por su signo no entraña daño alguno, ni para el objeto ni para su usuario. Pero en otros niveles de la comunicación simbólica, como los que se dan en la iconosfera, no siempre puede afirmarse lo mismo, pues los iconos artificiales (símbolos) que reemplazan a los objetos son a veces perversiones ontológicas comparables a la flor de plástico y sin aroma que ha reemplazado a la flor natural en el decorado urbano actual. Jerry Mander, en sus polémicas *Cuatro buenas razones para eliminar la televisión*, ha dedicado una extensa parte de su libro, titulada "la mediación de la experiencia", a demostrar que la imagen en la pantalla del televisor, como simulacro simbólico y duplicación imperfecta del referente (bidimensional, intangible, inolora, etcétera), usurpa el estatuto ontológico de la realidad representada y constituye una verdadera deprivación sensorial. Las implicaciones sensoriales y pedagógicas de esta suplantación pueden ser importantes para la psicología infantil en su fase formativa y para la sensibilidad del adulto.

ROMÁN GUBERN

Ejercicios

1. Después de leer detenidamente la lectura anterior, subraya y escribe el significado de los siguientes conceptos. Apóyate en el contexto y en un diccionario especializado:

   Tecnografías icónicas

   ____

   ____

   ____

   Ecosistema comunicacional

   ____

   ____

   ____

   Léxico contemporáneo

   ____

   ____

   ____

   Bioesfera arcaica

   ____

   ____

   ____

   Origen fósil

   ____

   ____

   ____

Valor sémico

Tecnologías duras

Declinación demográfica

Capital semiótico

Ámbito económico terciario

Homo informáticus

Pantalla polifuncional

Abstracción de objetos

Comunicación simbólica

Perversiones ontológicas

Simulacro simbólico

Duplicación imperfecta

Deprivación sensorial

---

2. Elabora un escrito sobre la influencia que ejercen los medios masivos de comunicación (televisión, radio, cine, prensa) en la vida del hombre contemporáneo. El texto deberá tener las siguientes características:

a) Título
b) Estructura IDC
c) Coherencia y concordancia

d) Puntuación y ortografía correctas
e) Observaciones, inferencias y juicios de valor

3. Localiza en la lectura algunas palabras que tengan prefijos o sufijos. Genera en los espacios otras palabras con los prefijos y sufijos que encontraste.

PREFIJO	PALABRA	SUFIJO	PALABRA

4. Utiliza en contexto las palabras que formaste. Subráyalas.

5. Observa los siguientes ejemplos de transformación y resuelve el ejercicio.

"La vida es demasiado corta para hacerla pequeña", expresó Disraeli. (10 palabras)

Por adición:
"El conocido escritor Benjamín Disraeli influyó notablemente en los conceptos sociales del siglo pasado. En cierta ocasión expresó una idea en la que deberíamos meditar. Dijo que el correr de la existencia se presenta de muy escasa duración para dejarla transcurrir dentro de la pequeñez". (45 palabras)

"Espero que tenga a bien perdonarme si me permito dirigirme a usted para llamarle la atención acerca de..." (18 palabras)
Por sustracción:
Perdone que le advierta sobre este asunto. (7 palabras)

Transforma el siguiente texto por adición y por sustracción. Utiliza diferentes tipos de enunciados (observación, inferencia y juicios de valor).

"Frente a la injusticia, los pueblos luchan por derechos civiles, sociales y humanos. El pragmatismo reinante no puede asfixiar a la humildad. El verdadero hombre rechaza la depredación y ama su tierra. Por eso los mapas cantan, además de señalar".

HORACIO GUAJARDO

6. Revisa los prefijos y sufijos del ejercicio número 1 y elabora con ellos un crucigrama.

7. Transforma el refrán que te proporcione el maestro:

a) Por *adición*.

____
____
____
____

b) Determina la base estructural de tu transformación a partir de las palabras llenas.

SUSTANTIVOS	ADJETIVOS	VERBOS	ADVERBIOS

c) Analiza la idea sobre la cual gira el texto transformado.

____
____
____

d) A partir del texto transformado genera otro. Cambia el eje temático y el orden de las ideas.

____
____
____

8. Transforma por *sustracción* el texto que te proporcione el maestro.
Número de palabras del texto original ________

____
____
____

Número de palabras del texto transformado _______

9. Retoma el texto que transformaste por sustracción y modifícalo de manera que exprese la idea contraria. Enfatiza en el tono.

____

____

____

10. De acuerdo con el esquema del análisis del receptor, revisa el objetivo del mensaje en los textos que te proporcione el maestro y cambia el punto de vista en cada uno de ellos.

    (Se sugiere emplear textos de diferentes tipos: cartas, notas periodísticas, informes, fragmentos de artículos y otros.)

Texto A:

____

____

Objetivo del mensaje: _______________________________

Punto de vista:

____

____

Texto B:

____

____

Objetivo del mensaje: _______________________________

Punto de vista:

____

____

Texto C:

____

____

Objetivo del mensaje: _______________________________

Punto de vista:

11. Analiza el orden lógico de las ideas en el párrafo de la lectura que te señale el maestro.

12. Cambia el orden lógico del enunciado que te señale el maestro.
(Se sugiere tomar enunciados de la lectura.)

13. Analiza el nivel sintáctico en el párrafo que te señale el maestro:
a) orden lógico
b) concordancia

14. Anexa un texto periodístico o de divulgación que presente errores sintácticos. Corrígelo y explica las correcciones de acuerdo con el contenido que se expone en el capítulo dos.

____

____

____

____

____

____

____

15. Busca cinco titulares y cinco anuncios de periódico donde se presenten alteraciones lógicas. Escríbelos en los espacios y redáctalos en forma correcta.

Titulares

1. ____

Forma correcta ____

2. ____

Forma correcta ____

3. ____

Forma correcta ____

4. ____

Forma correcta ____

5. ____

Forma correcta ____

Anuncios

6. ____

Forma correcta ____

7. ____________________

Forma correcta ____________________

8. ____________________

Forma correcta ____________________

9. ____________________

Forma correcta ____________________

10. ____________________

Forma correcta ____________________

16. Aplica el esquema de los siete significados de Leech a la palabra que te proporcione el maestro.

Palabra ____________________

1. ____________________
2. ____________________
3. ____________________
4. ____________________
5. ____________________
6. ____________________
7. ____________________

17. Redacta un texto con las siete palabras que te proporcione el maestro. Aplica un significado de Leech a cada uno de ellos. Evita la repetición de significados.

18. Analiza los tres niveles del lenguaje, sintáctico, semántico y léxico, en los párrafos de la lectura que te señale el maestro:

19. En el texto que te indique el maestro señala las ideas principales, complementarias y secundarias. Identifica si hay observaciones, inferencias o juicios de valor. Justifica tu respuesta.

NOTA: Recuerda que para algunos ejercicios puedes bajar información de los medios electrónicos. Procura que esta información sea reciente y respete los protocolos para su uso.

Etimologías

Esquema No. 3

PREFIJO	ORIGEN	SIGNIFICADO	EJEMPLOS
magni-	latino	grande	magnate, magnificencia
homo-	griego	semejante, igual, común	homogéneo
neo-	griego	nuevo	neologismo, neófito
nomen-	latino	nombre	nomenclatura, nómina
ana-	griego	de abajo hacia arriba, hacia atrás, relación, conforme a, semejante a	anacoreta, análogo, ánodo
filo-	griego	amante	filantropía, filósofo
fos-, foto-	griego	luz	fotogenia, fósforo
eso-	griego	dentro	esodermo, esotérico
jus-, juris-	latino	derecho	jurisprudencia, justo
kilo-, quilo-	griego	mil	kilogramo, quilópodo

SUFIJO	ORIGEN	SIGNIFICADO	EJEMPLOS
-grafía	griego	escritura, descripción	ortografía, radiografía
-ia, -tia	latino	cualidades abstractas	avaricia, angustia
-dico	latino	decir	fatídico, verídico
-metría	griego	medida, medición, -metro designa el aparato o instrumento con que se hace la medición	fotometría, barómetro, antropometría, extensómetro

Ejercicio

Investiga los prefijos y sufijos de las siguientes palabras en el esquema etimológico No. 3 y escribe el número en el paréntesis correspondiente.

1. anagrama	2. fotografía	3. homónimo	4. quilópodo	5. neolítico
6. etnografía	7. magnitud	8. sacarímetro	9. jurisdicción	10. protervia
11. filatelia	12. nominal	13. síndico	14. esotropismo	

( ) grande
( ) nombre
( ) mil
( ) amante
( ) decir
( ) hacia atrás
( ) luz

( ) derecho
( ) semejante, igual
( ) cualidad abstracta
( ) dentro
( ) nuevo
( ) medición
( ) descripción

NOTA: El maestro proporcionará otros ejercicios para practicar las etimologías.

USO DE CONJUNCIONES Y NEXOS

Partículas que sirven para enlazar palabras u oraciones con el mismo o diferente valor gramatical.

Palabra	**Conjunción**	**Palabra**
Ir	y	venir
Emilio	e	Ismael

Conjunciones más comunes

"y"

- **Enlaza dos elementos equivalentes en la oración:**
  José *y* Pedro comentaron el tema (dos sustantivos).
  Me saludó cordial *y* efusivamente (dos adverbios).

- **Enlaza dos oraciones afirmativas o una afirmativa y otra negativa:**
  Conocí a tu maestro *y* me ha parecido inteligente (dos oraciones afirmativas).
  Llovió toda la tarde *y* no pudimos ir de compras (una oración afirmativa y otra negativa).

- **Cuando la palabra siguiente empieza con "*i*" o "*hi*" se emplea "*e*" en lugar de "*y*":**
  Padres *e* hijos.
  Juan *e* Isabel.

"ni"

- **Enlaza palabras o frases con sentido negativo. Si el verbo va antes de esta conjunción, deberá antecederle un adverbio de negación (no, nada, nunca):**
  No hice la tarea *ni* fui al colegio.
  Nada necesito *ni* te pido nada.
  Nunca lo hizo *ni* intentó hacerlo.
  Ni uno *ni* otro.

"que"

- **Conjunción de mayor uso en español.**
  Deseo *que* estés bien.
  Pedro es mejor estudiante *que* tú.
  ¿Quieres *que* vayamos al cine?

- **Frases conjuntivas con *que*:**
  La palabra "que", unida a adverbios y preposiciones, forma muy diversas frases con valor conjuntivo:

  así *que*
  a fin de *que*
  con tal de *que*
  luego *que*
  mientras *que*
  en tanto *que*
  por más *que*
  a pesar de *que*
  siempre *que*

  Luego *que* termines, te espero.
  Te lo doy *con tal de que* estudies.
  Siéntate *mientras que* regresan.
  Por más que trató, no pudo hacerlo.

"o", "u", "ya", "ora", "ahora", "bien"

- **Expresan diferencia, alternativa o separación entre objetos, ideas o personas**:
  Tarde *o* temprano vendrá.
  Me quedaré *bien* con la una, *bien* con la otra.
  Mujer *u* hombre (la *u* se usa en lugar de *o* cuando la palabra siguiente empieza con *o* u *ho*).

Frases conjuntivas y vocablos que indican causa o razón

supuesto que
ya que
puesto que
pues que
pues
porque
como
como que

Te voy a dar permiso, *puesto que* lo pediste.
Supuesto que no hubiera opción, díselo.
Tal vez convenga, *pues* es igual.
Lo hizo, *ya que* se lo pedí.

Frases conjuntivas y vocablos que expresan la idea de requisito o condición

con tal que
con tal de que
así que
siempre que
si
así
dado que

Si lo has decidido, te respeto.
Te daré el libro *con tal de que* vengas.
Dado que no llegaste, nos fuimos.
Lo aceptaré, *siempre que* estén de acuerdo.

Conjunciones que expresan oposición o contrariedad

mas
pero
aunque
sino

Mario es culto *pero* no inteligente.
Quiero que vengas, *mas* no ahora.
No fue Luis *sino* Antonio.
Hizo lo que le pedí, *aunque* no le agradó.

Conjunciones y frases conjuntivas que se usan para continuar la oración o el párrafo

pues
así que
por consiguiente
por tanto
por lo tanto
así pues

No te lo voy a decir, *así que* tú decides.
¿Va a venir? –*Pues* no sé.
Así pues, puede definirse.
Por lo tanto, tendrás que volver.

"como", "así como"

- **Se utilizan para enlazar términos de una comparación.**
  Ayúdalo *como* él lo hizo contigo.
  Sé bueno con ella *así como* ella lo ha sido contigo.

Frases conjuntivas que indican un fin propuesto

para que	a fin de que

Ojalá que lo veas *para que* te decidas.
Conviene que ahorres, *a fin de que* puedas establecerte.

Conjunciones y frases conjuntivas que se usan para unir un hecho con su consecuencia

por consiguiente	luego
conque	pues

No habrá vacaciones, *por consiguiente* no iré a México.
"Pienso, *luego* soy"
¿*Conque* eso te dijo?

"con tal de", "con tal que", "con tal de que"

- **Con tal de, sólo se antepone a un verbo en infinitivo:**
  Con tal de obtener lo que quiere, es capaz de todo.
- **Con tal que, siempre va antes de un verbo en subjuntivo:**
  Te prestaré mis libros *con tal que* los leas.
- **Con tal de que, equivale a con tal que.**

Nexos comunes

sin embargo	por lo tanto	ciertamente
pues	por consiguiente	a decir verdad
en efecto	puesto que	seguramente
asimismo	por lo demás	aunque
por ejemplo	ahora bien	por otra parte
luego	en definitiva	además de
por su parte	por otro lado	pero

> Se les llama nexos a los elementos de relación entre oraciones. Si no se utilizan, el estilo resulta incoherente. Cuando se emplean en exceso o en forma repetida, se convierten en muletillas.

Ejercicios

1. En los espacios en blanco coloca los nexos que le den coherencia al escrito:

"El filósofo quiere poseer la palabra, convertirse en su dueño. El poeta es un esclavo; se consagra y se consume en ella. ________ lo que le cuesta trabajo a María Zambrano es tener que reconocer la injusta condena de Platón a los poetas, de la que ni siquiera Homero se salva. Y termina su exposición con una paradoja al asentar que, ___________, la poesía es inmoral, tan inmoral como lo pueda ser la carne misma. _____________, declara la terrenalidad de la poesía y el don que proviene más allá de la justicia: su eterna generosidad."

2. Busca un texto de un periódico o de una revista reciente y analiza el empleo de los nexos:

Nexos más comunes en el texto:

_____________________ _____________________ _____________________

_____________________ _____________________ _____________________

_____________________ _____________________ _____________________

_____________________ _____________________ _____________________

ADVERBIOS

> Los adverbios son palabras que modifican a los verbos, a los adjetivos o a otros adverbios. En muy pocos casos modifican a un sustantivo.

El adverbio debe ir lo más cerca posible de la palabra que modifica, por ejemplo: *Se viste impecablemente. Tenemos más posibilidades.*

Un adjetivo se transforma en adverbio agregándole el sufijo *mente* (claro, claramente); sin embargo, esto tiene como desventaja la monotonía y la cacofonía producidas por el abuso. Cuando los adverbios de este tipo son consecutivos se aplica la terminación "mente" sólo al último: *Me lo dijo simple y llanamente. Vivíamos cómoda y holgadamente.*

Otra forma de evitar este defecto es utilizar como adverbios, siempre que sea posible, otras palabras: *Responde rápidamente = responde con rapidez* .

Adverbios en "mente" y equivalentes

Comúnmente	=	Por lo común, en forma habitual
Minuciosamente	=	Con minucia, o de manera minuciosa
Cabalmente	=	En forma cabal, con perfección
Orgullosamente	=	Con orgullo, de modo orgulloso
Altamente	=	Con altura, en forma elevada
Generalmente	=	Por lo general, en forma general

Ejercicios

1. Subraya los adverbios en el siguiente texto y sustitúyelos por equivalentes sin que se altere el significado del mismo.

   Las recientes marchas y paros magisteriales desarrollados fundamentalmente en la Ciudad de México han vuelto a poner en evidencia las dificultades crecientes del sistema político para enfrentar positivamente los graves deterioros provocados por la crisis. Una vez más asistimos al espectáculo de una movilización multitudinaria que difícilmente podría tener banderas más justas, y que, sin embargo, se topa con el profundo anquilosamiento de las estructuras sindicales e institucionales, que vuelven extremadamente complicado y hasta políticamente explosivo lo que es pretensión y nunca una realidad. Ningún gobierno concreto ha logrado realmente resolver las contradicciones de la división social –básicamente la división entre las clases, pero no exclusivamente– que le permiten ser tanto de derecho como de hecho, la expresión de la voluntad de todos.

ADVERBIOS	EQUIVALENTES
______________________	______________________
______________________	______________________
______________________	______________________
______________________	______________________
______________________	______________________
______________________	______________________
______________________	______________________
______________________	______________________

2. Analiza el texto que te proporcione el maestro y explica la función de los adverbios.

   ____

   ____

   ____

   ____

   ____

   ____

Lectura 4

TREN DE SEGUNDA

En México, como en la India y en China –por más de un concepto tan semejante a nuestra vieja tierra–, sólo hay dos extremos para vivir y, ya que viene al caso, para viajar: el de la ostentosa y hasta insolente comodidad de quienes todo lo tienen y el de la deprimente miseria de quienes no tienen nada. Los viajes de un político encumbrado o un simple magnate, suelen revestir magnificencias dignas de un maharajá. El pueblo, en cambio, viaja en condiciones de una también aparatosa humillación.

En España y en Francia, la tercera clase del ferrocarril es decorosa y está hecha para gentes; en México, la segunda es un vil cuchitril en el que legítimamente no deberían viajar sino las bestias. Sin embargo, allí se instala, sin una protesta, el pueblo, paliando la dureza de las bancas de madera con sarapes y almohadas, con charlas y canciones que, a poco andar, forman verdaderos orfeones.

El mexicano no sabe viajar y si monta, en las pardas estaciones de árboles fantasmales e invariable y renegrido tinaco de agua, en el vagón de segunda, ni es por su gusto ni va muy lejos. Viaja el norteamericano y estupendamente, sin sufrir el más leve menoscabo ni en sus costumbres ni en su noción de la vida; el mexicano peregrina como un romero. Por eso el viaje de segunda tiene tanto de romería, de patética fatalidad religiosa.

Poco sabe de los suyos, no obstante, el que no haya hecho, alguna vez, una travesía larga en tren de segunda. El que dormido en su litera, no haya vivido una noche en el henchido y sucio vagón en que afloran los más empozados sentimientos del mexicano. Tan empozados, que no se manifiestan sino a pujos de apreturas, de un pleito o varios tragos de alcohol.

La segunda mexicana del ferrocarril es un efusivo, un monumental bazar nacional, un rodante jirón de genio vernáculo. El *pullman* carece de carácter, como un *porche* o un *breakfast* de residencia capitalina, y si alguna impresión despierta entre el pobrerío que lo mira pasar desde algún andén pueblerino, es la de un inasequible palacio en el cual sólo viajan los potentados y se aburren los trotamundos de ojos vacíos y metálicos y rubias pelambres.

El mismo vagón de primera carece de personalidad, ya que su mundo se compone de esa pequeña burguesía que calca servilmente el aburrimiento de los pasajeros del *pullman*, y de unos cuantos ricachones provincianos que se ahorran, dormitando sobre los sillones de terciopelo, los doce o quince pesos de la cama alta.

La algazara, el humorismo genial y melancólico de los de abajo, las tonadas, las guitarras, la pendencia y, antes que nada, esa caliente solidaridad que se despierta en todo sitio en que se congrega el pueblo de México, son privativos del tren de segunda, como la mugre, los piojos y los humores del mezcal y las fritangas.

La despedida de dos viejos, en cualquier andén de una estacioncilla del Bajío, primero mueve a hilaridad, de tan consternada; después molesta y subleva, según se prolonga con desgarramientos de aventura trasatlántica, y acaba siempre conmoviendo. Un simple viaje de treinta kilómetros asume espantables proporciones de amputación o de catástrofe. En cada pueblajo montan seres que dejan hijos y mujer y van una hora de ferrocarril adelante –de Cortázar a Silao, de Encarnación de Díaz a Santa María de los Lagos, de Charo a Acámbaro, de Ocotlán a La Piedad...– y derriten la estación, entre la abigarrada bullanga de los vendedores de antojitos, con sus adioses y sus lágrimas. Virtud del suelo que tira hondamente a sus hijos de la entraña y los arraiga, como a árboles, en su calor.

Por la mañana, el sol de la meseta golpetea en las paredes de madera del vagón y gana el sopor a los viajeros que resienten la llamarada; pero, una vez que cede el mediodía, los del lado opuesto se defienden inútilmente del letargo calcinador de la siesta que se abate como un plomo derretido y hace gemir el maderamen y lo agrieta como un ocote. "Dura la calor", dirá una mujer, cualquier mujer, invariablemente con un chico en brazos. Y un viejo le responderá, asintiendo gravemente con la cabeza: "Esta canícula se va, a lo mejor, sin agua. En Rincón de Romos hace dos meses que no llueve..." Y está hecha la comunión. Dos que acaban de conocerse, se despiden con efusiones punto menos que de consanguíneos.

MAURICIO MAGDALENO

3. Escribe un sinónimo para cada una de las siguientes palabras:

Letargo ______________________________

Vernáculo ______________________________

Ocote ______________________________

Canícula ______________________________

Empozados ______________________________

Abigarrada ______________________________

Pujos ______________________________

Jirón ______________________________

Henchido ______________________________

Inasequible ______________________________

4. Describe en un mínimo de tres párrafos, con estructura IDC, al mexicano que, según Mauricio Magdaleno, viaja en *tren de segunda.* Incluye en tu escrito los sinónimos que anotaste en el número anterior y subráyalos. Cada párrafo deberá tener las siguientes características:

   a) oración principal y oraciones secundarias,
   b) coherencia entre las oraciones,
   c) ortografía y puntuación correctas.

5. Busca información sobre el mexicano de los 90, sus valores, el cambio, la modernización y la política, y redacta un texto de una cuartilla. Cuida la estructura. Utiliza medios electrónicos para la búsqueda y cítalos debidamente.

6. Modifica el texto anterior.

Etimologías

Esquema No. 4

PREFIJO	ORIGEN	SIGNIFICADO	EJEMPLOS
dia-	griego	a través de, separación, entre	diáfano, diámetro
paqui-	griego	grueso	paquidermo, paquímero
taxi-	griego	orden	taxidermia, taxonomía
sin(m)-	griego	con, unión, armonía, coordinación, acompañamiento, simultaneidad	simbiosis, simpatía, sincrónico
taqui-	griego	ligero, rápido	taquigrafía, taquímetro
super-	latino	sobre	superflua, superlativo
hagio-	griego	santo, sagrado	hagiografía, hagiógrafo
tatara-	griego(tetra)*	cuarto	tatarabuelo, tetrágono
alo-	griego	otro	alergia, alópata
supra-	latino	sobre, arriba	supraocular, suprarrenal

SUFIJO	ORIGEN	SIGNIFICADO	EJEMPLOS
-genesia, -génesis, -genia	griego	origen, formación(la forma -geno indica agente productor)	eugenesia, filogénesis, patógeno
-algia	griego	dolor	nostalgia, cefalalgia
-faciente	latino	hacer	estupefaciente
-estesia	griego	sensibilidad	anestesia, hiperestesia
-ancia	latino	algo habitual, estado permanente	constancia, abundancia

* **de tétartos**: Cuarto, tatarabuelo (avus=abuelo) tercer abuelo, correspondendiente a cuarto grado de consanguinidad.

Ejercicios

Consulta el esquema etimológico No. 4 y completa cada enunciado con la palabra correcta.

1. No sólo puede decirse _______________ sino también claro, transparente, cristalino.

2. _______________ es un elefante pero también un hipopótamo, tapir, cerdo.

3. El _______________ se encarga de disecar, preservar y momificar animales.

4. A la reunión, asociación o unión de organismos se le denomina _____________.

5. Como el texto estaba escrito en _______________ sólo la estenógrafa o la secretaria podían traducirlo.

6. Le dije que el tratamiento del tema era _______________ por no calificarlo de excesivo, prolijo, vacuo.

7. Los cambios de estaciones en el año proporcionan cierto tipo de _______________, sensibilidad, reacción o erupción.

8. El germen _______________ ha preocupado a los investigadores que se interesan por lo infeccioso, contagioso o nocivo.

9. A veces los alumnos sienten _______________ por distintos motivos. A algunos los aflige la melancolía, la tristeza o el recuerdo.

10. El adormecimiento, la inconciencia y la sedación son formas de _____________.

NOTA: El maestro sugerirá otras actividades para practicar las etimologías.

SINÓNIMOS

> Vocablos que tienen igual o muy parecida significación.

Ejercicios

1. Relaciona la siguiente lista de palabras con su o sus sinónimos correspondientes:

	PALABRA		SINÓNIMOS
Ejemplo:	ANTITÉTICO	________________	OPUESTO
	alojamiento	________________	raza
	anular	________________	resistente
	caries	________________	libreta
	cariz	________________	suprimir
	carnet	________________	picadura
	dictamen	________________	mareo
	dinastía	________________	estío
	duro	________________	desorden
	grotesco	________________	ridículo
	vértigo	________________	hospedaje
	sentencia	________________	aspecto
	trastorno	________________	informe
	verano	________________	juicio

2. Localiza un texto y subraya en él diez palabras. Busca sus sinónimos.

PALABRA	SINÓNIMO

3. El maestro te dictará una serie de palabras para que encuentres su sinónimo.

ANTÓNIMOS

Vocablos que expresan ideas opuestas.

Ejercicios

1. Relaciona la siguiente lista de palabras con su antónimo:

	PALABRA		ANTÓNIMO
Ejemplo:	AVECINARSE	____________	ALEJARSE
	apropiado	____________	condenarse
	alabarse	____________	incapaz
	candente	____________	provisional
	capaz	____________	confirmar
	compadecerse	____________	frío
	definitivo	____________	inadecuado
	deleite	____________	florido
	envidiable	____________	conocido
	facilitar	____________	elegante
	galantería	____________	dificultar
	harapiento	____________	molestia
	ignorado	____________	aborrecible
	lacónico	____________	desaire
	objetar	____________	alegrarse

2. Del ejercicio anterior toma cinco palabras con sus respectivos antónimos y escribe cinco oraciones en las que utilices ambos.

Ejemplo:

Este escrito es *provisional;* espero el *definitivo* dentro de un mes.

a) ______________________________

____

b) ______________________________

____

c) ______________________________

____

d) ______________________________

____

e) ______________________________

____

PALABRAS CON DOBLE ACENTUACIÓN

Términos que en español admiten grafía con o sin acento escrito.

Ejemplos:

amoniaco	____________	amoníaco
austriaco	____________	austríaco
alveolo	____________	alvéolo
cantiga	____________	cántiga
cardiaco	____________	cardíaco
demoniaco	____________	demoníaco
dinamo	____________	dínamo

etiope	____________	etíope
egida	____________	égida
futbol	____________	fútbol
gladiolo	____________	gladíolo
ibero	____________	íbero
olimpiada	____________	olimpíada
omoplato	____________	omóplato
osmosis	____________	ósmosis
periodo	____________	período
poliglota	____________	políglota
policiaco	____________	policíaco
reuma	____________	reúma
torticolis	____________	tortícolis

Ejercicio:

1. De la lista anterior localiza en el diccionario el significado de las palabras de doble acentuación que desconozcas.

____________________ ____________________
____________________ ____________________
____________________ ____________________
____________________ ____________________
____________________ ____________________
____________________ ____________________
____________________ ____________________
____________________ ____________________
____________________ ____________________
____________________ ____________________

Capítulo tres

EL PROCESO DE LA COMUNICACIÓN

Con mucha frecuencia le atribuimos a la comunicación el éxito o el fracaso de nuestra actuación en los diferentes roles que asumimos en la vida diaria. El trabajo, los negocios, la sociedad, la política, los amigos, la familia y el estudio son algunos de los aspectos que sin duda, nos obligan a emitir y recibir mensajes orales y escritos.

A pesar de que en los últimos años se ha escrito demasiado sobre los avances de la comunicación, no debemos olvidar que el lenguaje es el instrumento que nos permite comunicarnos con los demás al enviar y recibir mensajes. Podemos decir que existen dos tipos de comunicación: la verbal y la no verbal. Dentro de la primera situamos a la comunicación oral y a la escrita y en la segunda, todo lo referente al lenguaje corporal, gestual y al de algunas manifestaciones del arte como la pintura, la escultura, la danza y la arquitectura.

Si observamos lo que sucede en una conversación real o le pedimos a dos estudiantes que inicien una charla informal dentro del salón de clase, estaremos ante un acto ilocutivo o acto de habla que permite el intercambio entre emisor y receptor. Lo mismo sucede si analizamos el siguiente diálogo:

– Buenos días Javier, ¿a dónde vas tan temprano?
– Buenos días, señor González, voy a recoger a mis padres que llegan hoy de su viaje por Europa.

En esta simple conversación tenemos un emisor, un mensaje y un receptor. Los actos de habla ocurren incluso en enunciados como: *¿vendrás?*, *te prometo*, porque la enunciación constituye de por sí un acto. Cuando escuchamos un noticiario por la radio o cuando lo vemos por el televisor también nos enfrentamos a un acto de habla.

En todo PROCESO COMUNICATIVO intervienen los siguientes COMPONENTES: *emisor-mensaje-receptor*, aun cuando el emisor y el receptor es una misma persona, como sucede en el monólogo.

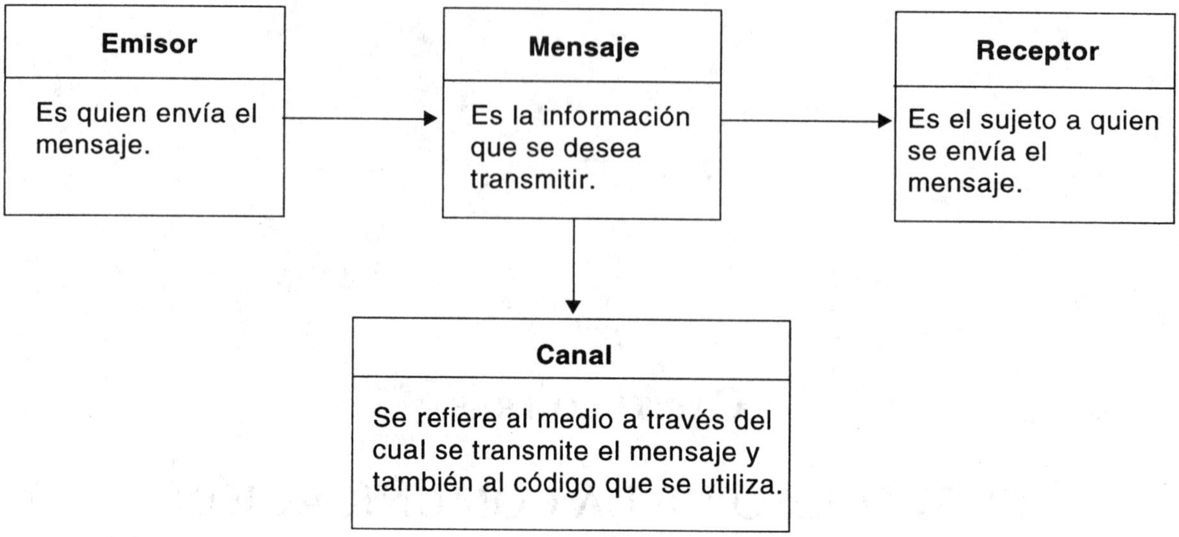

En este proceso hay factores psicológicos y físicos: sentimientos, actitudes, temperatura, comodidad y número de personas, entre otros, que influyen en el mismo. Los aspectos que hemos mencionado hasta este momento son importantes, sin embargo, para que realmente se logre una comunicación efectiva es necesario que el emisor y el receptor empleen el mismo código y tengan el mismo nivel de comprensión y conocimiento de lo que se habla. Sólo de esta manera podrá darse la retroalimentación.

El siguiente esquema nos muestra el modelo isomórfico. En él se destaca el flujo de información de la fuente al destino y la retroalimentación. Este modelo se considera como el que tiene el menor grado de interferencia. Sus elementos son:

Fuente: Da al significado forma de mensaje.

Trasmisor: Tiene la función de encodificar.

Canal: Medio a través del cual se transmite el mensaje.

Receptor: Descifra o decodifica.

Destino: Interpreta el significado del mensaje.

Ruido: Interferencias que pueden darse en el medio o en el desplazamiento del mensaje.

MODELO ISOMÓRFICO

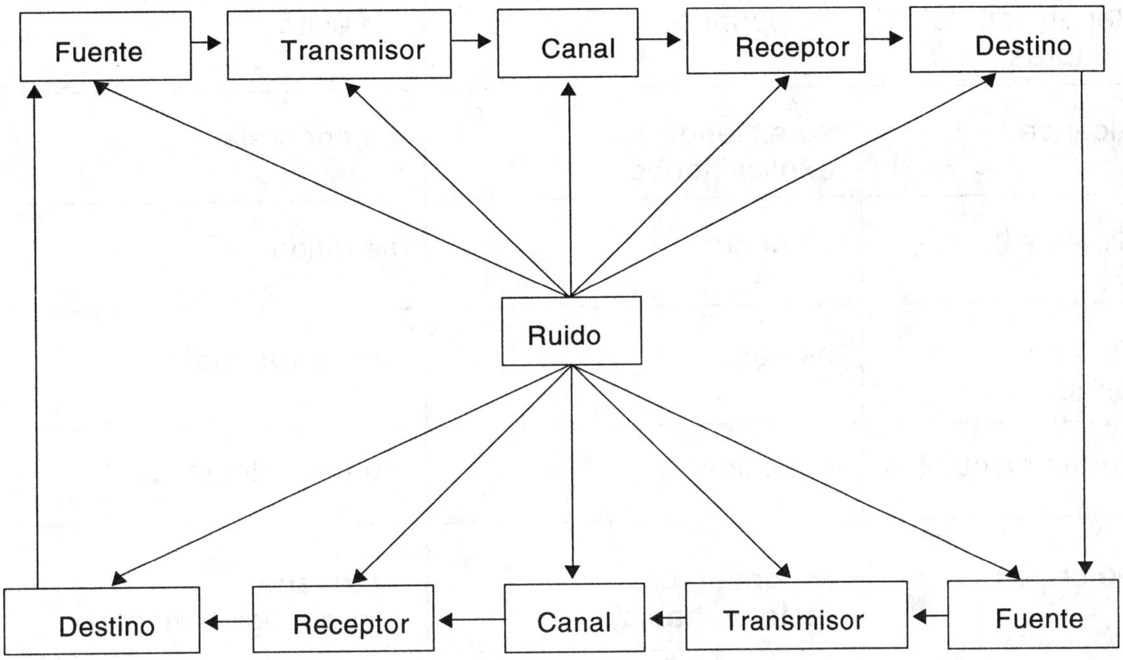

Antes de centrarnos en la comunicación escrita veremos las diferencias que existen entre los dos tipos de comunicación verbal, con el fin de conocer las características de cada una de ellas. En la primera columna se establecen los criterios para la comparación mientras que en la segunda y la tercera ubicamos la COMUNICACIÓN ORAL y la ESCRITA.

CRITERIOS	COMUNICACIÓN ORAL	COMUNICACIÓN ESCRITA
Repetición de palabras	se permite	se evita
Alcance	se extiende en explicaciones	se concreta
Sintaxis	se altera	se cuida
Tipo de lenguaje	es personal	es impersonal
Forma discursiva	dinámica	se hace dinámica
De origen	espontáneo (acto de habla)	razonado (orden lógico mental)
Nivel de rectificación	se puede hacer en el momento	se dificulta una vez que se envía el mensaje
Giros idiomáticos	se emplean siempre que se desee	se emplean sólo en el lenguaje literario
Uso del lenguaje corporal	sí	no

Después de analizar detenidamente el esquema anterior advertimos que la comunicación escrita requiere de una elaboración interna previa al proceso escritural. No obstante, como el pensamiento es mucho más rápido que la palabra, recomendamos que se sujete el orden de las palabras al orden de las ideas en el escrito.

Además, es necesario señalar que en todo proceso comunicativo se presentan tres estadios fundamentales: la PERCEPCIÓN, la INTERNALIZACIÓN y la EMISIÓN DEL MENSAJE. El primero tiene que ver con los sentidos y sus funciones, el segundo con la aprehensión y comprensión de lo percibido y el tercero con los tipos de comunicación: oral, escrita o corporal como puede apreciarse en el siguiente esquema:

PERCEPCIÓN

1

Sentido	Función
ojos	ver
oídos	oír
nariz	oler
paladar	gustar
tacto	tocar

↓

INTERNALIZACIÓN

2

La relación entre lo percibido y el cerebro nos permite:

- Identificar
- Clasificar
- Elaborar juicios
- Solucionar problemas
- Almacenar o recuperar información

↓

EMISIÓN

3

A través de la comunicación:

Oral
Escrita
Corporal y Gestual

No cabe duda que los innumerables avances científicos y tecnológicos, la rapidez con que viaja la información, los inusitados y constantes cambios en la historia y la geografía mundiales, son algunos de los aspectos que han propiciado una amplia y variada bibliografía sobre el tema de la comunicación y su impacto en las diferentes esferas de la vida moderna. Sin embargo, en este fin del milenio donde la robótica y los sistemas digitales son cada vez más fascinantes no podemos negar la importancia que sigue teniendo la comunicación escrita.

En nuestro trabajo diario como estudiantes o profesionistas se nos pedirá que expresemos nuestras ideas por medio de la escritura. Por esta razón solicitamos a los alumnos que asuman diferentes roles de conducta ante distintos problemas que se deriven de un contexto real y que traten de resolverlos a través del empleo adecuado de los diferentes tipos de comunicación escrita empresarial: carta, memorándum, aviso y circular.

El objetivo de las dinámicas que se proponen en este capítulo se enfoca tanto al trabajo en equipo como a la comunicación funcional. Ésta hay que entenderla como una comunicación adecuada a cada situación y a cada problema comunicativo específicos.

Actualmente existen muchos manuales de redacción comercial donde se incluyen estos temas. Sin embargo, es fácil constatar que gran parte de éstos ejemplifican con modelos que poco se apegan a la realidad y no sugieren la asunción de roles ni la solución de problemas.

Habrá tal vez quienes piensen que cuando ocupen un puesto como jefes o directores en una empresa podrán delegar todo el trabajo de redacción empresarial a otras personas. Esto es muy válido pero, de acuerdo con los estándares de calidad que exigen las instituciones de hoy, es imposible que concibamos la idea de un ejecutivo de alto nivel con una comunicación escrita escasa y deficiente.

Al estudiar este capítulo el maestro pedirá a los alumnos que formen grupos de cinco o seis estudiantes y presentará a cada uno de ellos un problema de redacción con varias incógnitas por resolver. Los estudiantes deberán leer con atención el problema, discutirlo, precisar las interrogantes y solucionarlo mediante la forma de comunicación empresarial que consideren adecuada. Se recomienda que las dinámicas se cierren en la misma sesión con el fin de retroalimentar a los diferentes equipos.

Los problemas deben partir siempre de situaciones reales. Por ejemplo, con una nota periodística actual sobre la epidemia del cólera en México se solicita al equipo que asuma los siguientes roles: gerente de una cadena de restaurantes, jefe de compras, supervisor de higiene de la misma, un médico especialista en enfermedades gastrointestinales, un profesionista que acostumbra comer tres o cuatro veces por semana en restaurantes y un laboratorista clínico-biólogo. El grupo deberá discutir el problema y enviar un comunicado al secretario de Salubridad y Asistencia del país, con el fin de solicitar información y recomendaciones sobre este asunto.

En ese mismo tema se pueden cambiar los roles, por ejemplo: un especialista en epidemiología o en salud pública, un experto en ingeniería sanitaria, el presidente de los expendedores de productos marinos, dos padres de familia y un periodista. Sin lugar a dudas los cambios generarán otros puntos de vista en el escrito.

Los grupos deberán realizar las siguientes actividades en la dinámica:

- Leer el texto.
- Asumir los roles que se les indiquen.
- Discutir con observaciones, inferencias y juicios de valor apegados a cada rol.
- Fijar metas de acuerdo con los propósitos de la discusión (en este caso generar un escrito).
- Despejar las incógnitas.
- Seleccionar la forma de comunicación escrita empresarial adecuada a esta situación específica y justificarla.

- Redactarla utilizando todo lo que se ha estudiado en los capítulos anteriores.
- Presentarla al maestro y al resto de los equipos para la discusión y la retroalimentación.
- Corregir los errores que se marquen.

El siguiente esquema nos interesa porque muestra el flujo de información oral y escrita para lograr una mejor captación y comprensión del mensaje. Sin duda nos ayudará en las dinámicas que se realicen.

MODELO INFORMATIVO COMUNICACIONAL

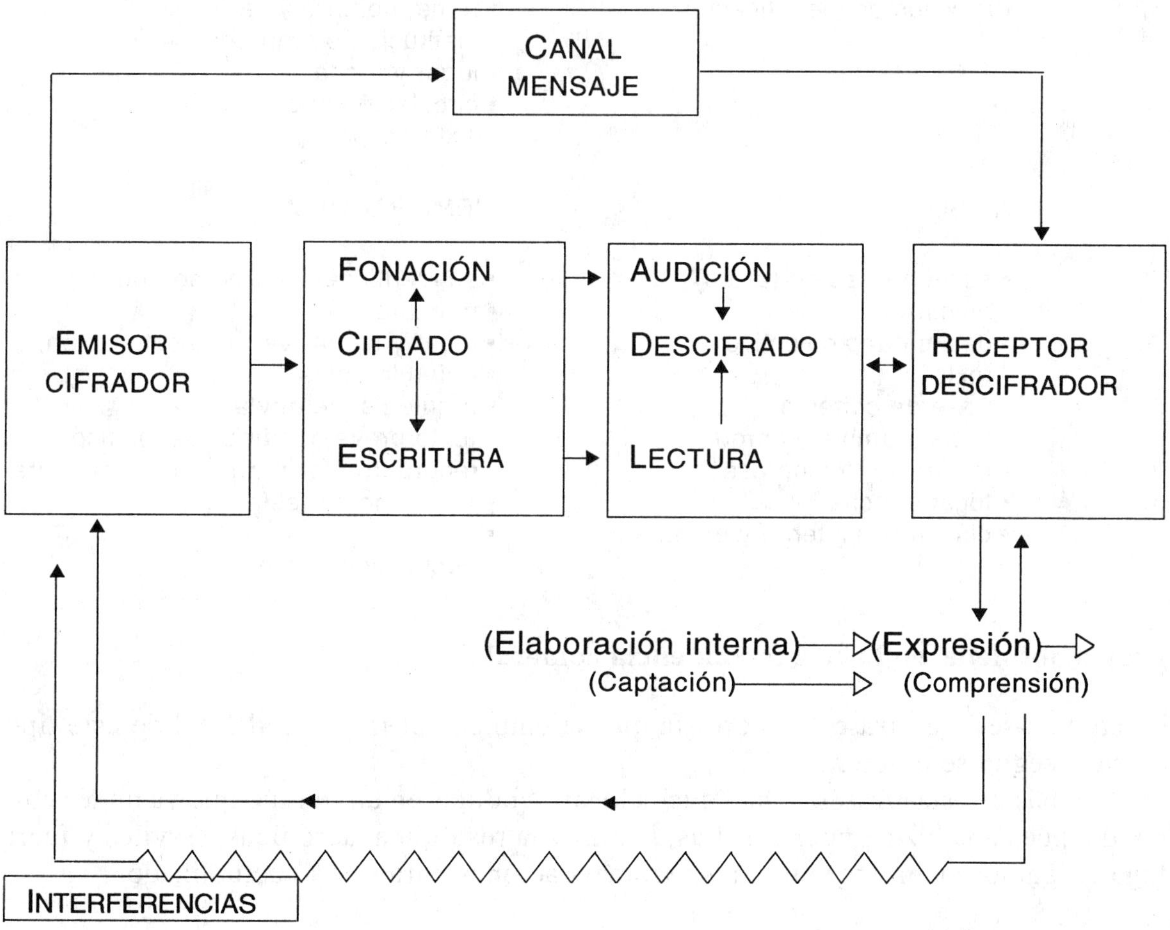

Antes de cerrar este capítulo analizaremos las características de las formas de comunicación escrita empresarial: carta, aviso, circular y memorándum. Incluimos también las características del acta, la convocatoria y el formato del currículum vitae por considerarlos importantes.

FORMAS USUALES EN LA COMUNICACIÓN ESCRITA EMPRESARIAL

Elementos usuales en la comunicación

CARTA

- membrete
- lugar y fecha
- destinatario y dirección
- texto (estructura IDC)
- frase de cortesía
- firma, nombre y cargo
- iniciales de identificación

CIRCULAR

- su identificación (circular)
- membrete
- número
- destinatario
- texto (estructura IDC)
- frase de cortesía
- firma, nombre y cargo
- institución o empresa
- lugar y fecha
- circulación interna y externa

AVISO

- su identificación (aviso)
- membrete
- destinatario colectivo
- texto
- frase de cortesía
- firma, nombre y cargo
- institución o empresa
- lugar y fecha
- circulación interna y externa

MEMORÁNDUM

- su identificación (memorándum)
- membrete
- lugar y fecha (varía su colocación)
- quien lo envía
- a quien se le envía
- texto breve con fines específicos: recordar, informar, solicitar, etcétera
- frases de cortesía
- firma
- circulación interna

Frases obsoletas en la correspondencia comercial

Existe una serie de frases de cortesía que se emplean al inicio o al final de este tipo de escritos según se requiera.

Muchas de estas frases se han quedado suspendidas en un tiempo que ya no les corresponde, pues a la luz de nuestros días, la mayoría resultan anacrónicas, serviles y fuera de lugar. Veamos ejemplos y algunas recomendaciones para su uso actualizado.

Frases de entrada	Uso actualizado
Muy señor mío y amigo:	Respetable sr., Lic. , Ing., etcétera.
Por medio de la presente …	Le informo …
Le ruego muy encarecidamente …	Le ruego …
Tenemos el agrado de dirigirnos a usted …	Nos dirigimos a usted …
El objeto de la presente es informar …	Le informo …

Me permito recomendar a sus finas atenciones ...	Le recomiendo o recomendamos ...
Damos forma a la presente para ...	Le comunico o informo ...
Nos permitimos rogarle se sirva tener a bien ...	Le solicitamos ...

Frases de despedida	Uso actualizado
Sin más por el momento...	atentamente.
Sin otro asunto ...	quedo de usted.
Reitero a usted las seguridades de mi atenta y distinguida consideración.	Respetuosamente.
Sin otro particular, agradezco la atención ...	atentamente.
Agradeciendo de antemano sus finas atenciones ...	agradezco sus atenciones.
Se despide de usted su atento amigo y seguro servidor.	quedo de usted. atentamente.
Aprovecho la ocasión para repetirme su seguro y obsecuente servidor.	Le envío un cordial saludo.
Me reitero de usted su atento y seguro servidor.	atentamente.

El ACTA es una forma de comunicación escrita que se utiliza en las empresas, instituciones y organismos públicos y privados para dejar constancia de lo tratado y acordado en juntas y reuniones. Existen dos procedimientos para hacerlas: el que se registra en un libro destinado para ello y el más moderno con hojas o folios sueltos.

Las actas se redactan por un secretario nominado por la junta. El formato contiene los siguientes datos:

- Su identificación –acta– y el número correspondiente.
- Ciudad, local, hora y fecha.
- Lista de asistentes y ausentes (en algunos casos se especifica quién la presidió).
- Orden del día.
- Acuerdos tomados.
- Cierre y firma(s).

Este tipo de redacción debe ajustarse a las exigencias y reglas de la empresa o institución. Sólo cuando es necesario se siguen los protocolos jurídicos como en los casos de sociedades mercantiles, sociedades cooperativas, accionistas de una empresa y otras similares.

Consideramos importante citar la definición que María Moliner da de los conceptos de acta y minuta porque en la actualidad se utilizan indistintamente. "*Acta.* Relación oficial escrita de lo tratado o acordado en una junta o reunión, o de algo que ocurre." "*Minuta.* Nota que se hace de una cosa para tenerla presente. Bosquejo o borrador que se hace de un escrito antes de escribirlo definitivamente. Por extensión, copia de los oficios, cartas, etcétera, que se hace a máquina a la vez que el original, para que quede como antecedente en la oficina que los despacha. Lista o catálogo; por ejemplo, de los empleados de una oficina. Lista de los manjares que se sirven en una comida."

La CONVOCATORIA es otra forma de redacción que se emplea con bastante frecuencia para diferentes concursos, tanto en áreas creativas como en distintos proyectos públicos y privados.

Las características de la convocatoria son:

1. Quién convoca (emisor). Especificaciones de las bases.
2. A quienes se convoca (receptores).
3. Características de los receptores (edad, cultura, grados académicos y otras).
4. Para qué se convoca (propósito).
5. Fecha límite del concurso.
6. Lugar de recepción.
7. Premiación y lugar de la misma.
8. Jurado.
9. Fecha de expedición de la convocatoria y nombre de personas o instituciones que la avalan.

Recomendaciones generales para la redacción de este tipo de escritos:

- Analiza a tu receptor.
- Utiliza lenguaje directo, claro y sencillo.
- Evita repeticiones de palabras e ideas.
- Usa formas sintácticas sencillas.
- Evita circunloquios o rodeos con el lenguaje.
- Utiliza los tonos adecuados para cada asunto. Sé asertivo.
- Evita la acumulación de varios asuntos en un mismo texto. Cuando todos tienen la misma importancia, pregúntate si vale la pena elaborar un solo escrito o tres.
- Emplea formas de cortesía simples tanto para el inicio como para la despedida.

ESTRUCTURA DEL CURRÍCULUM VITAE

1. Datos personales

Nombre:
Lugar y fecha de nacimiento:
Sexo:
Estado civil:
Nacionalidad:
Dirección y teléfono:

2. Preparación académica

Detalle de escuelas, lugar, fecha y grados que has cursado:
Incluye primaria, secundaria, preparatoria y profesional:

3. Estudios de postgrado (posgrado)*
Institución:
Especialidad:
Nivel:

4. Estudios especiales sin grado
Cursillos:
Diplomados:
Certificados:
Congresos:
(Es importante anotar tema, lugar y fecha.)

5. Experiencia profesional
Empleos (en orden cronológico):
Cargos:
Distinciones:
Participación en proyectos, simposios y congresos:
Idiomas que manejas:

6. Instituciones de labor social y/o clubes a los que perteneces o has pertenecido
Instituciones y/o clubes:
Tiempo:
Desempeño:

7. Áreas de interés personal
Metas de perfeccionamiento:

8. Aficiones personales

9. Referencias personales

Algunas abreviaturas importantes

Como no existen reglas establecidas para todas las abreviaturas, en ocasiones se usan varias de éstas para una misma palabra. Las abreviaturas siempre llevan punto. Las hay de diversos tipos: generales o usuales, especiales, comerciales, de cortesía y tratamiento, aritméticas, de signos aritméticos, gramaticales, geográficas, convencionales de carácter nacional o internacional o acrónimos. Veamos algunas:

* Se admiten las dos formas.

a.	área
A.C.	año de Cristo
a.C./a. J.C.	antes de Cristo
admón.	administración
c/	calle
c/c. o cta. cte.	cuenta corriente
cts.	centavos
cf. o cfr.	confróntese
Cía. o cía.	compañía
dcha.	derecha
D.	Don
Da.	Doña
E.	este
g., gr., grs.	gramo(s)
izq. o izqda.	izquierda
N.	Norte
O.	Oeste
P.A.	por autorización
p.p.	por poder
P.O.	por orden
R.I.P.	*requiescat in pace*
Sdad.	sociedad
SE.	sureste o sudeste
S.P.	servicio público
Vo. Bo.	Visto bueno

Acrónimos

Son las abreviaturas que se refieren a nombres de organismos o instituciones nacionales o internacionales. Se representan por las letras iniciales o siglas de varias palabras o por sílabas no necesariamente iniciales. Un acrónimo funciona como un sustantivo. Ejemplos:

PEMEX
OEA
USA
CIA
FIFA
FMI
UNESCO
CONACULTA
CONASUPO
UNAM
ITESO
YMCA
ITESM
UANL
OTAN
CONACyT
SHyCP

Lectura 5

LAS CAUSAS DE LA DIVERSIDAD BIOLÓGICA EN MÉXICO

La riqueza biológica de nuestro país responde, en parte, a un fenómeno biogeográfico ya conocido por naturalistas como Darwin, Humboldt o Wallace, aunque aún no bien explicado por los biólogos contemporáneos: *el número de especies por unidad de superficie se incrementa hacia las áreas de baja latitud y disminuye hacia las altas latitudes.* Así, una hectárea de territorio de clima tropical presenta por lo común un número mucho mayor de especies que una hectárea en clima templado o frío; fenómeno que, salvo algunas excepciones, se repite tanto en la distribución latitudinal de los principales grupos y organismos como en los diferentes continentes. Sin embargo, este patrón biogeográfico no explica que en México existan más especies de mamíferos que en Brasil y más especies de plantas que en Perú, países ubicados en plena región ecuatorial. ¿Cómo explicar entonces esta desusada riqueza de la flora y fauna mexicanas?

La respuesta guarda relación con dos hechos de gran importancia: el que México se halle en la intersección de dos reinos o dominios biogeográficos; y que posea una compleja topografía, producto de una intrincada historia geológica.

Los biogeógrafos han dividido el mundo en ocho grandes reinos, cada uno de los cuales comparte una historia y ciertas afinidades geográficas. El continente americano ha sido dividido en dos principales reinos o dominios biogeográficos, el *Neártico* y el *Neotropical*, que se encuentran y se sobreponen justamente en territorio mexicano, dotándolo de un doble conjunto de especies: uno constituido por especies de origen o afinidad boreal que por lo común ocupan y dominan las porciones montañosas, con climas templados y fríos, y otro conformado por especies de afinidad tropical que habitan las partes bajas o medias, con climas cálidos secos o húmedos. De tal manera que la riqueza de especies de nuestro territorio responde a la multiplicación de organismos provenientes del norte (especies neárticas), y del sur (especies neotropicales) que alguna vez invadieron y colonizaron los habitats de lo que hoy conocemos como México.

La riqueza biológica de un área determinada es resultado directo de la variedad de sus ambientes, encargada de proporcionar una diversidad de habitantes. Un país con una amplia variedad de ellos tenderá a tener más especies de plantas y animales que un país con un número reducido. Así se explica que Colombia, con un territorio ocho veces menor, tenga casi el mismo número de especies de vertebrados terrestres que Brasil, o que California, con un territorio menor, tenga más especies de plantas que Texas. Mientras que los territorios de Brasil y Texas son dominados por paisajes de selva tropical o de pradera y desierto, respectivamente, Colombia y California presentan complejas variedades de habitats. En ambos casos la heterogeneidad topográfica provoca la diversidad.

En México, la notable presencia de cadenas montañosas a lo largo y ancho de su territorio, y la existencia de 30 cumbres de más de 3000 metros de altitud sobre el nivel del mar provocan una variación inusitada de habitats. Pueden hallarse regiones desérticas con menos de 50 mm de lluvia al año y porciones donde la precipitación anual es de más de cinco metros; selvas tropicales húmedas; zacatonales alpinos; bosques de coníferas, y sabanas. De la misma manera, se distinguen hasta 45 tipos diferentes de vegetación, que en conjunto conforman cinco grandes zonas ecológicas terrestres. Un ejemplo ilustrativo de la impresionante diversidad ambiental del paisaje mexicano se observa al recorrer la ruta que siguió Hernán Cortés en 1519, desde las costas de Veracruz, en el Golfo de México, hasta la antigua capital del Imperio Azteca; 400 kilómetros, aproximadamente, a través de un territorio que incluye manglares, vegetación de dunas, selvas bajas caducifolias, bosques de encino, pinares, bosques mesófilos de montaña, pastizales, matorrales espinosos y matorrales con cactos.

Para explicar la riqueza biológica de México, también deben examinarse los procesos históricos de los habitats. Los ambientes no permanecen inmutables ya que la historia natural es una accidentada sucesión de cambios en las masas terrestres, el clima y, por supuesto , la vegetación. De esta forma, las plantas y los animales se han visto obligados a migrar o a transformarse, proceso que supone la multiplicación de especies. Así, por ejemplo, en Norteamérica, los periodos con climas más cálidos, predominantes a principios del cenozoico (hace unos sesenta millones de años) permitieron el avance de las floras y faunas tropicales del sur hacia las altas latitudes. Los registros de polen muestran al sureste de los Estados Unidos cubierto por una vegetación de tipo tropical. De la misma forma, los periodos fríos y secos de las glaciaciones pleistocénicas provocaron el retraimiento de las especies tropicales y la consecuente expansión de la flora y fauna de origen boreal, tanto del norte hacia el sur como de las montañas a las tierras bajas. En el caso de México, el continuo vaivén (latitudinal y altitudinal) de las especies neárticas y neotropicales, aunado a los frecuentes cambios de la corteza terrestre (levantamientos, plegamientos, aparición de volcanes y cuencas, erosión y otros) provocaron la aparición de especies nativas o endémicas.

VÍCTOR MANUEL TOLEDO

Ejercicios

1. Las siguientes palabras pertenecen a la lectura anterior. Escribe su significado según:
   a) El contexto.
   b) El diccionario.

PALABRA	SIGNIFICADO CONTEXTUAL	SIGNIFICADO DE DICCIONARIO
patrón		
riqueza		
reinos		
desierto		
cadenas		
levantamiento		
retraimiento		

2. Con cada una de las palabras del ejercicio anterior elabora dos oraciones con significados diferentes:
   a) El que tiene en el texto.
   b) Otro.

Patrón

____

____

____

____

Riqueza

____

____

____

____

Reinos

Desierto

Cadenas

Levantamiento

Retraimiento

3. Consulta de nuevo la lectura:
   a) Completa las palabras en las cuales aparezcan los siguientes prefijos y sufijos. Escribe el significado de cada uno de ellos.

PREFIJOS/SUFIJOS	SIGNIFICADO
hetero__________	__________
__________ ica	__________
inter__________	__________
__________grafía	__________
en__________	__________
__________ ble	__________
__________ción	__________
re__________	__________
eco__________	__________
topo__________	__________
in__________	__________

   b) Con los prefijos y sufijos del ejercicio anterior forma nuevas palabras y escribe el significado de éstas. Redacta un texto coherente donde utilices la mayor parte de ellas.

PALABRA	SIGNIFICADO
__________	__________
__________	__________
__________	__________
__________	__________
__________	__________
__________	__________
__________	__________
__________	__________

Texto

4. Dinámica de grupo. Asume los roles que te indique el maestro y resuelve el siguiente problema:

   a) Analiza una nota periodística actual.
   b) Discútela con tu equipo.
   c) Elabora observaciones, juicios de valor o inferencias.
   d) Redacta un escrito formal adecuado al caso.
   e) Justifica tu elección.

USO DEL GERUNDIO

El gerundio puede terminar en **-ando, -iendo, -yendo.** La terminación **-ando** es propia de los verbos de la primera conjugación; la terminación **-iendo**, corresponde a los de la segunda y tercera conjugación. Además, los verbos de estas dos últimas conjugaciones, que en su infinitivo tienen dos vocales juntas, hacen el gerundio en **-yendo:** *distribuir, distribuyendo; creer, creyendo.*

Sobre el gerundio González Ruiz escribe:

> ...el gerundio se emplea muchas veces mal. Tan honda es la convicción de este hecho, que ha llegado a producir otro: el que muchos realicen denodados esfuerzos para eludir el gerundio al escribir, como quien se encontrase ante un paraje peligroso y prefiriera dar un rodeo con tal de no transitar por él. Pero el rodeo no es nunca buen procedimiento de escribir. Se puede navegar perfectamente entre escollos conociendo cuáles son y dónde están.

Es necesario, por lo tanto, evitar el abuso del gerundio así como su uso incorrecto. En castellano el gerundio puede apegarse a las siguientes reglas:

- Referido a un verbo personal en calidad de complemento (con función adverbial), la acción del gerundio debe ser simultánea o anterior a la del verbo principal, pero nunca posterior.
  Llegó a su casa cantando (simultánea).
  Acercándose, me habló en voz baja (anterior).

Sin embargo, el gerundio se puede emplear para expresar actos posteriores al verbo principal, cuando las dos acciones son tan inmediatas que se funden en la presentación con apariencia de simultaneidad.

Salió de la casa dando un portazo (Las dos acciones obedecen a un solo impulso del sujeto, por eso se pueden sentir como simultáneas).

- Después del verbo **estar** el gerundio expresa acción continuada, repetida o durativa. Por lo tanto, no debe emplearse para actos instantáneos o de corta duración. Se presentan dos ejemplos para ilustrar el uso más adecuado:

  Estaba tirando piedras (repetida).
  Estaba cantando canciones populares (durativa).

- El gerundio no debe usarse como adjetivo, por su índole adverbial; se exceptúan de esta regla: **hirviendo y ardiendo**.

Para evitar confusiones, el gerundio debe ir lo más cerca posible del sujeto al cual se refiere. No es lo mismo: V*i a Juan paseando,* que *Paseando vi a Juan.*

Diversos significados del gerundio

- **Modal:**
  Llegó *cantando* o *silbando*.

- **Temporal:**
  Vi a Juan *paseando*.
  Estando en la casa, llegó la orden de partir.

- **Causal:**
  Conociendo su manera de ser, no puedo creerlo.

- **Condicional:**
  Procediendo con precaución, lo lograrás.
  Habiéndolo ordenado el mando, hay que obedecer.

- **Concesivo** (poco usual):
  Siendo tan fácil el problema, pocos lo han resuelto al primer intento.
  Lloviendo a cántaros, iría a tu casa.

- **Explicativo:**
  El capitán, *viendo* que el barco se hundía, mandó preparar las lanchas de salvamento.
  Se puso a contemplar la fotografía, *dejando* a un lado sus preocupaciones.

FORMA INCORRECTA	FORMA CORRECTA
Llegó *sentándose*	Llegó y se sentó
Le envío una caja *conteniendo*	Le envío una caja que contiene
Vi un árbol *floreciendo*	Vi un árbol floreciente
Estando a su disposición, lo saludo atentamente	Estoy a su disposición. Lo saludo atentamente
Llegó el presidente, *iniciándose* el acto de inmediato	Llegó el presidente y se inició el acto de inmediato
Estaba *disparando* un tiro	Disparaba un tiro
Llegó *inclinándose*	Llegó y se inclinó
El asesino huyó, *siendo* detenido horas después	El asesino huyó y fue detenido horas después
Se dictó una ley *disponiendo*	Se dictó una ley que dispone
Unamuno nació en Bilbao, *muriendo* en Salamanca	Unamuno nació en Bilbao y murió en Salamanca
Oficio *remitiendo* el expediente	Oficio que remite el expediente
Discutieron *comiendo*	Discutieron mientras comían

Cayó de cabeza, *muriendo* al otro día	Cayó de cabeza y murió al otro día
Joven *hablando* francés solicita empleo	Joven que habla francés solicita empleo
No bebí de esa agua *conteniendo* impurezas	No bebí de esa agua, que contiene impurezas

5. Lee detenidamente la siguiente carta.
   a) Subraya los gerundios.
   b) Analiza su función.
   c) Sustitúyelos sin que el escrito pierda su sentido.

INDUSTRIAS MARTÍNEZ, S.A.
Bravo Nº 83 Ote.
Monterrey, N. L.

Enero 8, 1990.

Asunto: Enviándole nueva lista de precios.

INDUSTRIAS QUÍMICAS, S.A.
Azteca Nº 1520,
México, D.F.

Adjunto encontrarán la nueva lista de precios que nos solicitaron por correo el día 3 del mes en curso.

Esperamos su pedido en la inteligencia de que le será surtido a la brevedad posible, como ha sido nuestra costumbre.

Confiando que en el futuro nos permitirán seguir atendiéndolos.

Agradeciendo su atención quedamos de ustedes.

Atentamente,

Gerente General

Gonzalo Martínez Ruiz

GMR/rmt

6. Redacta tres escritos formales –aviso, circular y memorándum– donde utilices el gerundio correctamente.

   Escrito ______________________________

   Escrito ______________________________

   Escrito ______________________________

7. Escribe a máquina tu currículum vitae. Anexa una carta, también escrita a máquina, en la cual solicites empleo durante tus horas libres. La carta deberá estar dirigida a alguna empresa local.

8. En una dinámica de grupo los alumnos:
   a) Asumirán distintos roles empresariales de acuerdo con el o los problemas que proporcione el maestro.
   b) Discutirán, harán observaciones, elaborarán juicios y llegarán a soluciones.
   c) Consignarán lo anterior en un acta.

9. Redacta una *convocatoria* dirigida a todos los alumnos de tu carrera para que concursen en la presentación de un proyecto sobre algún área de interés común.

10. Ejercicio progresivo. Revisa el acta que elaboraste en la actividad anterior. De acuerdo con sus diferentes puntos, redacta: un memorándum, un aviso, una carta y una circular. (Toma en cuenta las características de cada tipo de escrito.)

Memorándum

Aviso

Carta

Circular

Etimologías

Esquema No. 5

PREFIJO	ORIGEN	SIGNIFICADO	EJEMPLOS
aer-, aeris-	latino	aire	aeropuerto, aerífero
miria-	griego	diez mil	miriápodo, miriámetro
pes-, pedi-	latino	pie	pedestal, pedicurista
ad(a)-	latino	a, hacia, junto a	abajo, adentro, adherir
xero-	griego	seco	xeroderma, xerográfica
acro-	griego	elevado, extremo	acróbata, acrópolis
peri-	griego	alrededor de, a causa de	perífrasis, periódico
helio-	griego	sol	heliocéntrico, heliotropismo
anti-	griego	contra, oposición, enfrente de, en lugar de	antídoto, antítesis, antónimo, antonomasia
yuxta-	latino	junto a	yuxtaposición

SUFIJO	ORIGEN	SIGNIFICADO	EJEMPLOS
-fagia, -fago	griego	en la primera forma, hecho o hábito de comer; en la segunda, devorador	antropofagia, antropófago
-ferir, -fero	latino	llevar, conducir	conferir, soporífero
-ista	latino	profesión u oficio; extensivamente, escuela, opinión, secta	alquimista, tomista, capitalista
-ura	latino	efecto de una acción	cultural, escritura
-fico	latino	hacer	prolífico, frigorífico

11. Estudia el esquema de etimologías No. 5 y escribe dos palabras diferentes con cada uno de los siguientes prefijos o sufijos.

1. aer- aeris- __________ __________
2. miria- __________ __________
3. pes- pedi- __________ __________
4. ad-, a- __________ __________
5. xero- __________ __________
6. acro- __________ __________
7. peri- __________ __________
8. helio- __________ __________
9. anti- __________ __________
10. yuxta- __________ __________

1. -fagia, -fago __________ __________
2. -ferir, -fero __________ __________
3. -ista __________ __________
4. -ura __________ __________
5. -fico __________ __________

Lectura 6

CIUDADANOS E INMIGRANTES (fragmento)

Emigrar del campo a la ciudad

En las primeras décadas del siglo XX se produjo en casi todos los países latinoamericanos, con distinta intensidad, una explosión demográfica y social cuyos efectos no tardaron en advertirse. Más se tardó en identificar el fenómeno y más todavía en distinguir lo estrictamente demográfico de lo social. Hubo, notoriamente, un crecimiento de la población con decidida tendencia a sostenerse y acrecentarse. Pero inmediatamente comenzó a producirse un intenso éxodo rural que trasladaba hacia las ciudades los mayores volúmenes de población, de modo que la explosión sociodemográfica se trasmutó en una explosión urbana. Con ese rostro se presentó el problema en las décadas que siguieron a la crisis de 1930.

En casi todas partes aparecieron los mismos hechos. Explosión demográfica y éxodo rural se combinaron para configurar un fenómeno complejo e incisivo, en el que se mezclaba diabólicamente lo cuantitativo y lo cualitativo, cuyo escenario serían las ciudades elegidas para la concentración de esos inmigrantes desesperados y esperanzados a un tiempo.

Prolíficos en sus lugares de origen, los inmigrantes lo siguieron siendo en las ciudades en las que se fijaron y donde constituyeron un conjunto agregado, perdido en la complejidad de la sociedad tradicional. Una vez instalados, siguieron aumentando en número. Familias numerosas se arracimaban en los antiguos barrios pobres o en las zonas marginales de las ciudades, acaso agrupadas por afinidades de origen la de un mismo pueblo o una misma región. Y a medida que el grupo crecía, su presencia se hacía más visible y alertaba acerca del fenómeno demográfico que se estaba produciendo. Si alguno de los inmigrantes salía de su gueto y aparecía en otro barrio, llamaba la atención de la sociedad tradicional y merecía un calificativo especial: era el "peladito" de la ciudad de México o el "cabecita negra" de Buenos Aires. Se veía que la ciudad se inundaba, y el número de los recién llegados, de los ajenos a la ciudad, siguió creciendo a una velocidad mayor que la que desarrollaron para alcanzar los primeros grados de la integración.

No todos los inmigrantes venían del campo. Muchos se arrancaban de pequeñas o medianas ciudades que acentuaban su decadencia: de Ayacucho o Cajamarca en el Perú, de los pueblos de la sabana en Colombia, de San Carlos de Salta o Moisesville en Argentina.

A veces no se acababan del todo. Quienes no emigraban solían encontrar ciertas débiles formas de vida que sostenían, en parte al menos, el armazón del poblado. Una economía mínima lo alimentaba. Pero los nuevos tiempos ofrecieron otras opciones a muchos de ellos, si el azar de una carretera los ponía en la ruta del desarrollo. Y sobre todo, si alguien descubría que el somnoliento paraje escondía algún encanto capaz de atraer el flujo del turismo. Signo de los tiempos, la vocación turística crecía en las grandes ciudades y desbordaba sobre los pequeños rincones en los que se conservaba alguna huella de ese pasado que se perdía irremisiblemente en las grandes ciudades. Y la prodigiosa organización de esa nueva industria del turismo orientaba la curiosidad, inventaba el indescriptible encanto de un lugar, y de pronto insuflaba nueva vida a la vieja ciudad que parecía moribunda. Un cuidado folleto con unas sugestivas fotografías redescubría un lugar: su silenciosa plaza, su vieja iglesia, sus añosas casonas, alguna de las cuales alojaba un desvanecido recuerdo de la historia patria. Las caravanas de turistas, extranjeros y nacionales, empezaron a alimentar la vida artificial de algunas ciudades, entre las cuales estaban las que con justicia podían ser designadas como "ciudades-museo", como Taxco o Guanajuato en México, como Antigua Guatemala, como Villa de Leyva en Colombia o la misma ciudad de Cuzco en Perú.

Y a la inversa de las "ciudades-dormitorio", éstas, deshabitadas por las noches, lucían una bulliciosa actividad durante el día, entre el ir y venir de los autobuses de turismo, los automóviles, los grupos que se desplazaban sacando fotografías o comprando *souvenirs*. Este disimulo del estancamiento no sólo alcanzó a ciudades a las que la emigración había vaciado sino a muchas que quizá, arrastraban su inmovilidad desde mucho tiempo.

Pero lo que más poderosamente atrajo la atención de los que querían abandonar las zonas rurales o las ciudades estancadas fue la metrópoli, la gran ciudad cuya aureola crecía en el impreciso comentario de quien sabía algo de ella, y aun más a través de los medios masivos de comunicación: los periódicos y revistas, la radio y, sobre todo, el cine y la televisión, que mostraban a lo vivo un paisaje urbano que suscitaba admiración y sorpresa. La gran ciudad alojaba una intensa actividad terciaria, con mucha luz, con muchos servicios de diversa índole, con muchos negocios grandes y chicos, con mucha gente de buena posición que podía necesitar criados o los variados servicios propios de la vida urbana. La atracción era aún mayor si la ciudad había comenzado a dar el salto hacia la industrialización. Era un buen signo. Quienes comenzaban a proyectar la instalación de fábricas buscaban una infraestructura favorable, buena provisión de agua y energía, buen transporte y comunicaciones; esperaban hallar un aparato eficaz para la comercialización y quizá aspiraban a participar en los privilegios acordados a ciertas zonas para localizaciones de industrias y a aprovechar la proximidad de los grandes centros financieros, administrativos y políticos. Esa gran ciudad era la preferida. Allí podría el inmigrante encontrar "trabajo urbano": en los servicios, en el comercio o en la industria, y quizá con altos salarios si se alcanzaba el nivel de preparación suficiente como para ser un trabajador calificado.

Pero el gran centro urbano ofrecía más. El trabajo urbano se hacía en compañía de otros trabajadores con quienes compartir, primero la tarea, y luego el comentario, las reacciones, quizá la lucha contra la patronal a través de sindicatos que ofrecían la posibilidad de una intensa participación en la vida social. El trabajador vivía en un ambiente urbano, compacto, tentador. De día las calles estaban llenas de gente y sólo verlas era un espectáculo; de noche se iluminaban, y también encendían sus luces los negocios, los cines, los teatros, los cafés. Había donde ir. Y los domingos se ofrecían diversiones populares que reunían mucha gente y en las que hasta se podían dejar de lado las represiones cotidianas. Quizá lo más duro era tener un techo; pero a la larga se lo conseguía, bueno o malo. Y desde la vivienda, primaria, pero urbana al fin, parecía que se tenía el derecho de reclamar todos los beneficios de la vida urbana, aquellos de que gozaba el que ya estaba establecido e integrado. Hasta el consumo empezaba a parecer posible: una radio, un refrigerador, quizá a la larga un televisor. Todo eso parecía ofrecer la gran ciudad al inmigrante, que se acercaba a ella con esa encadenada esperanza del cuento de la lechera.

JÓSE LUIS ROMERO

Ejercicios

1. En la lectura anterior encuentra siete palabras con prefijos y siete con sufijos. Escríbelos y proporciona su significado en los espacios siguientes:

PREFIJO	SIGNIFICADO	SUFIJO	SIGNIFICADO

2. Identifica la idea principal y las ideas secundarias en el párrafo que te señale el maestro.

3. Redacta una síntesis de la lectura:

4. Toma una idea principal de la lectura y elabora un texto con estructura IDC donde hagas observaciones, inferencias y juicios de valor.

5. Analiza tu escrito y deriva dos temas que deberás transformar en los dos documentos de tipo empresarial que te señale el maestro.

Escrito

Escrito

VOZ ACTIVA Y VOZ PASIVA

> Algunos gramáticos llaman voz, al accidente verbal que denota si la acción del verbo es ejecutada o recibida por el sujeto.

Existen dos formas verbales para expresar una misma idea:

- **VOZ ACTIVA** (indica que el sujeto es el que realiza la acción expresada por el verbo). Ejemplo: *Todo el auditorio aplaudió tu discurso.*
- **VOZ PASIVA** (expresa que es el sujeto quien recibe la acción). Ejemplo: *Tu discurso fue aplaudido por todo el auditorio.*

La voz pasiva se forma con el participio pasado o pasivo del verbo y un tiempo del verbo ser (fue, era, sea, será) empleado como auxiliar.

El uso y abuso de la voz pasiva se debe a la mala traducción del inglés y francés, donde sí se utiliza con frecuencia.

Esquema de la oración activa

Sujeto	+	**voz activa verbal**	+	**objeto**
El campesino		trabaja		la tierra.

Esquema de la oración pasiva

Objeto	+	**voz pasiva verbal**	+	**sujeto**
La tierra		es trabajada		por el campesino.

NOTA: En cuanto a los casos, en la **voz activa** el sujeto es nominativo y en la **voz pasiva**, el objeto es nominativo o sea, que pasa a ser sujeto pasivo y el sujeto, funciona como complemento.

Voz activa	**Voz pasiva**
Ejemplos:	
El director ha firmado la orden.	La orden ha sido firmada por el director.
Lord Byron amaba la Grecia clásica.	La Grecia clásica era amada por Lord Byron.
El jardinero cortó las rosas.	Las rosas fueron cortadas por el jardinero.
Las llamas destruyeron las bodegas.	Las bodegas fueron destruidas por las llamas.

NOTA: Cuando el sujeto de la frase es nombre de cosa, se recomienda usar la pasiva refleja con el pronombre **se**. Ejemplo: Ha sido comprada la madera necesaria. **Se** compró la madera necesaria.

6. Cambia a la voz activa los siguientes ejemplos:

Navarro Benítez fue invitado por el Instituto Tecnológico y de Estudios Superiores de Monterrey a participar en el Noveno Simposium Internacional de Comunicación, celebrado en la Sala Mayor de Rectoría.

Las llamadas abejas "asesinas" serán identificadas por los apicultores texanos gracias a un rasgo que las delata; no sólo tienen cuerpo y alas más pequeños que las abejas europeas, también difieren en otro factor crítico: *aletean más rápido.*

El Laredo National Bank será adquirido por un grupo de inversionistas de Estados Unidos y México, informó ayer Gary Jacobs, director general de la institución texana.

7. Analiza la voz activa y pasiva en una noticia periodística o en otro tipo de texto.

Etimologías

Esquema No. 6

PREFIJO	ORIGEN	SIGNIFICADO	EJEMPLOS
bio-	griego	vida	biología, biometría
uni-	latino	uno	unigénito, univalente
hidro-	griego	agua	hidrología, hidroterapia
centum-	latino	cien	centauro, centuria
mono-	griego	uno, única	monarca, monolito
pro-	griego	en lugar de, a favor de, antes, delante de, excesivo	prólogo, pronóstico
pro-	latino	en lugar de, a favor de, antes, delante de, excesivo	proceder, proemio, pronombre, problema
cali-	griego	bello	calidoscopio, caligrafía
vice-	latino	dos veces, hacer las veces de	vicerrector, viceversa
poli-	griego	muchos	políglota, polisemia
plebs-plebi-	latino	del pueblo	plebeyo, plebiscito

SUFIJO	ORIGEN	SIGNIFICADO	EJEMPLOS
-ita	griego	sustancia mineral que se adhiere a, originario de	estalactita, jesuita, israelita, saudita
-plejía	griego	herida, golpe, paro	apoplejía, hemiplejía
-ulo, -ula	latino	forma diminutiva	cápsula, músculo
-latría	griego	culto, adoración	idolatría, egolatría
-paro	latino	parir, reproducir	multíparo, vivíparo

8. Estudia el esquema etimológico No. 6 y completa los siguientes enunciados.

La palabra *unísono* se aplica con respecto a un sonido.
El prefijo de esta palabra es ____________ y significa ____________ .

Al cultivo de un solo vegetal se le denomina ____________________ .
El prefijo de esta palabra es ____________ y significa ________________.

____________ se refiere a la reproducción a través del huevo.
El sufijo de esa palabra es ____________ y significa ________________ .

A los cuerpos que presentan más de una forma se les llama ______________.
El prefijo ____________ de esta palabra significa *muchos*.

El prefijo hidro significa ______________ por lo que un hidroplano es
_____________ .

Es posible que en algunas culturas aún se practique la ofidiolatría. El significado de esta palabra es ________________.

En la palabra paraplejía el sufijo significa ... ¿herida, golpe o paro?
_________________.

En los juicios legales, en ocasiones, se requiere la ayuda del experto en escritura; es decir, un ______________. El prefijo de esta palabra significa _____________ .

La Secretaría de Salubridad y Asistencia dio a conocer las medidas _____________ con el fin de evitar el cólera.

El origen etimológico de la palabra que anotaste es _______________.

En la palabra bióxido el prefijo *bi* significa *dos*.
En cambio el prefijo de biografía es ______________ y significa ____________.

Capítulo cuatro

ACERCAMIENTO A UN PROCESO DESCRIPTIVO

Se puede definir a la descripción como una técnica escritural que nos permite expresar con detalle lo que observamos: un objeto, una persona, un animal, un suceso, una acción o un complejo procedimiento dentro de las innumerables cosas que existen en el universo que nos rodea.

Describir es saber captar el mayor número de elementos en lo que se observa. Algunos autores dicen que es como pintar con palabras lo que tenemos frente a nosotros. Si ejercitamos nuestra percepción y las funciones de nuestros sentidos, este recurso será de gran utilidad en la elaboración de manuales e instructivos y sin lugar a dudas, una herramienta de primer orden para la creación literaria. A quienes manifiesten estas inquietudes les ayudará a descubrir formas, colores, dimensiones, rasgos y contrastes entre muchos otros aspectos importantes que le dan vida y dinamismo al relato.

Para iniciar el estudio de este tema es esencial conocer la posición del yo. Sabemos que en todo proceso descriptivo intervienen: un sujeto que describe y un objeto que se describe. Si analizamos el yo, éste se presenta de diferentes maneras de acuerdo con la postura que asuma el sujeto respecto al objeto que describe. Por lo anterior, podemos hablar de tres tipos de DESCRIPCIÓN: la OBJETIVA, donde el yo está distante del objeto, sólo capta lo que ve como si fuese una cámara fotográfica. La SUBJETIVA, donde el yo se aproxima al objeto, lo interpreta lo hace propio, lo matiza desde uno o varios puntos de vista. Generalmente ve más allá de lo percibido porque se suman a los estímulos los pre-conocimientos y experiencias que el sujeto posee. Por último tenemos la descripción ANIMADA. En ésta el yo se asimila al objeto y le da vida convirtiéndolo en un ser animado, gráficamente tenemos:

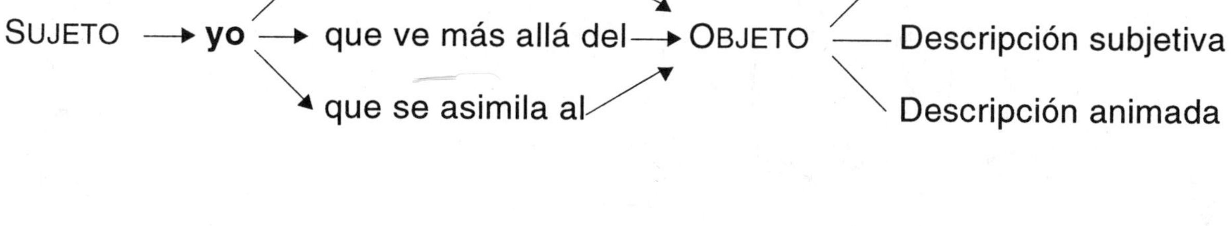

Si analizamos los siguientes textos, comprobaremos la presencia de la descripción objetiva en el primero, de la subjetiva en el segundo y de la animada en el tercero.

"...La mesa es ancha y fuerte; tiene un pupitre; sobre el pupitre hay un tintero cuadrado de cristal y tres plumas. Reposan en la mesa una gran botella de tinta, un enorme fajo de inmensas cuartillas jaldes, un diccionario general de la lengua, otro latino, otro de términos de arte, otro de agricultura, otro geográfico. Hay también un vocabulario de filosofía y otro de economía política. La mesa es de nogal. Los pies delanteros son ligeras columnillas negras con capiteles clásicos... Sobre esta mesa yacen libros grandes y libros pequeños, un cuadernito de dibujos de Gavarni, cartapacios repletos de papeles, números de la *Revue blanche* y de la *Revue philosophique*, fascículos de un censo electoral, mapas locales y mapas generales..."

AZORÍN

"...Lo que estaba sucediendo por dentro de mí, era un pequeño cataclismo silencioso, y, por lo visto, completamente inofensivo. Así que, en cosa de un momento, se desclavaron y se desacoplaron, desgajándose en piezas: sillas, mesas, aparadores, cuadros y todo el deslumbrante menaje con que el Capitano había amueblado mi pobre alma. Así también volaron y se desvanecieron en el aire los techos; las paredes cayeron y se despedazaron como hojaldres, y cuando ya a punto de desvanecerse me agarré a una ventana, e hice un esfuerzo por mirar hacia adentro intentando averiguar qué me estaba pasando, ¡Oh, Dios!, sólo conseguí poder verme a mí mismo, íngrimo y solo, parado en medio de un terreno baldío donde ni siquiera crecía el monte, y eso era todo cuanto me quedaba por dentro. Así pues, había sido engañado..."

SALVADOR GARMENDIA

"... Los cuadrados de mármol, blancos y negros, volaron a los pisos, vistiendo la tierra. Las piedras, con saltos certeros, fueron a cerrar los boquetes de las murallas. Hojas de nogal claveteadas se encajaron en sus marcos, mientras los tornillos de las charnelas volvían a hundirse en sus hoyos, con rápida rotación. En los canteros muertos, levantadas por el esfuerzo de las flores, las tejas juntaron sus fragmentos, alzando un sonoro torbellino de barro, para caer en lluvia sobre la armadura del techo. La casa creció, traída nuevamente a sus proporciones habituales, pudorosa y vestida. La Ceres fue menos gris. Hubo más peces en la fuente. Y el murmullo del agua llamó begonias olvidadas..."

ALEJO CARPENTIER

En otros textos literarios encontraremos abundantes ejemplos donde se combinan y transforman los diferentes tipos de descripción, tanto por los desplazamientos del yo como por el manejo del verbo.

Tradicionalmente se ha estudiado esta técnica por los dos componentes que ya mencionamos: el SUJETO y el OBJETO. De aquí se derivan diferentes enfoques EN EL PROCESO DESCRIPTIVO como se aprecia en el siguiente esquema:

PROCESO DESCRIPTIVO
(Descripción)

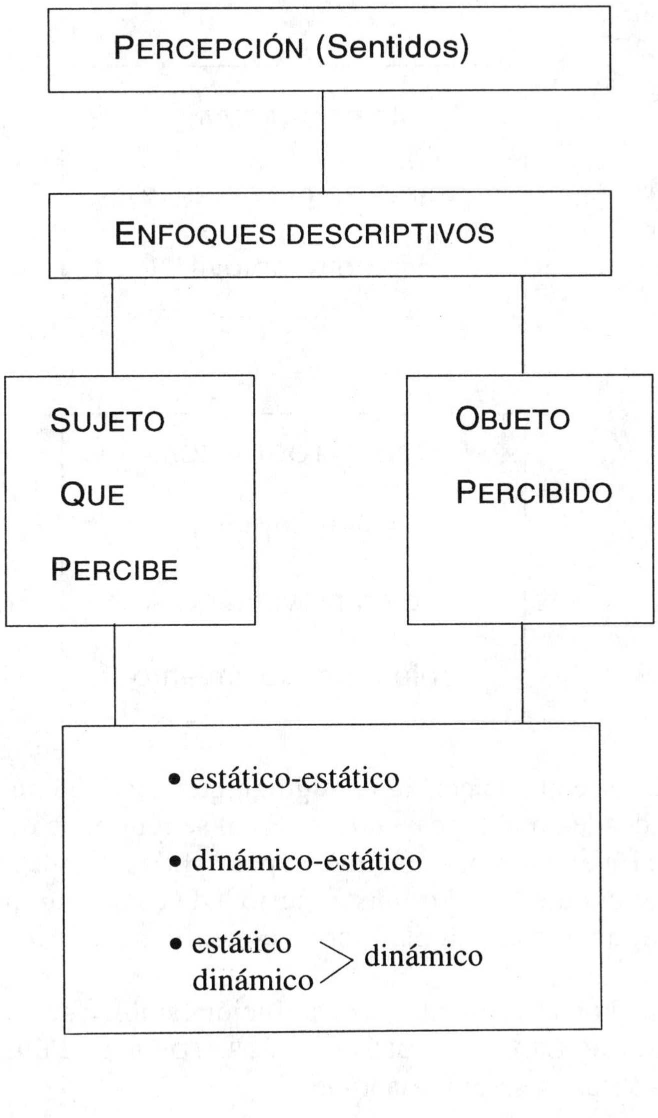

A las DESCRIPCIONES que presentan estas últimas características se les conoce como: PICTÓRICAS, TOPOGRÁFICAS y CINEMATOGRÁFICAS, como se muestra enseguida:

PICTÓRICA:
sujeto inmóvil
objeto inmóvil

TOPOGRÁFICA:
sujeto en movimiento,
objeto inmóvil

CINEMATOGRÁFICA:
sujeto inmóvil
o en movimiento
objeto en movimiento

En el primer caso se puede pensar en alguien que describe un paisaje, un edificio, un objeto o una calle desde un lugar específico. En el segundo, en quienes escriben crónicas o relatos de viajes. En el tercero, se incluye la posibilidad de que ambos elementos, sujeto y objeto, estén en movimiento: el cronista, periodista o escritor que desde varios ángulos describe un desfile, un carnaval u otro acontecimientto semejante.

De acuerdo con el objeto descrito, la descripción también se clasifica en: TOPOGRAFÍA, CRONOGRAFÍA, PROSOPOGRAFÍA, ETOPEYA y RETRATO (de este último tipo se desprende la caricatura) como se ilustra a continuación:

TOPOGRAFÍA:
descripción de un lugar

CRONOGRAFÍA:
descripción de una época

PROSOPOGRAFÍA:
características físicas de una persona

ETOPEYA:
características morales de una persona

RETRATO:
fusión de las dos anteriores

CARICATURA:
(Exageración de los rasgos distintivos de una persona)

Otros enfoques de esta técnica que complementan los anteriores son los siguientes:

DESCRIPCIÓN PERSPECTIVA: Acercamientos y alejamientos que nos remiten a la técnica cinematográfica. Ejemplo:

> La Carretera está muerta. Nadie ni nada la resucitará. Larga, infinitamente larga (...)
>
> A los lados hay arbustos espinosos. Muchas veces la vista se enferma de tanta amplitud. Pero las planicies están peladas. Pajonales, a distancia. Tal vez aves rapaces coronen cactos. Y los cactos están allá, más lejos, embutidos en el acero blanco.
>
> También hay bohíos, casi todos bajos y hechos con barro. Algunos están pintados de blanco y no se ven bajo el sol. Sólo se destaca el techo grueso, seco, ansioso de quemarse día a día. Las canas dieron esas techumbres por las que nunca rueda agua.
>
> La carretera muerta, totalmente muerta, está ahí, desenterrada, gris. La mujer se veía, primero como un punto negro, después como una piedra que hubieran dejado sobre la momia larga.
>
> JUAN BOSCH

DESCRIPCIÓN INCLUSIVA: También se le puede llamar "en cadena" porque un elemento nos lleva a otro y así sucesivamente. Este tipo de descripción se utiliza con frencuencia en el periodismo, la crónica, el cine y la narrativa. Ejemplo:

> Él no contestó, entraron en el bar. Él pidió un whisky con agua; ella pidió un whisky con agua. Él la miró; ella tenía un gorro de terciopelo negro apretándole la pequeña cabeza; sus ojos se abrían, oscuros, en una zona azul; ella se fijó en la corbata de él, roja, con las pintas blancas sucias, con el nudo mal hecho. Por el ventanal se veía el frente de una tintorería; al lado de la puerta de la tintorería jugaba un niño; la acera mostraba una gran boca por la que, inconcebible nacimiento, surgía el grueso tronco de un castaño; la calle era muy ancha.
>
> EDUARDO MALLEA

Como agua para chocolate, de Laura Esquivel, es otra posibilidad para ejemplificar esta técnica.

DESCRIPCIÓN SELECTIVA: Se seleccionan uno o varios aspectos, se jerarquizan y enfocan en función de un punto de vista. En algunas formas del periodismo contemporáneo existen variados ejemplos donde lo esencial se descuida por lo periférico debido a los criterios selectivos. En ocasiones el lector busca más información sobre un acontecimiento y el autor de la reseña describe el comportamiento de la gente, el vestuario de algunos asistentes y se olvida del contenido principal.

En literatura también se utiliza este tipo de descripción para ampliar o restringir el punto de vista o bien para enfatizar un aspecto o distraer al lector.

DESCRIPCIÓN POR DIFERENCIACIÓN, CONTRASTE O COMPARACIÓN: Se describen las características por diferencias, contrastes o comparaciones. Esta técnica se utiliza no sólo en literatura sino también en procesos científicos simples o complejos, para hacer más sencilla su explicación.

DESCRIPCIÓN SIMULTÁNEA: Se describen varias cosas o sucesos a la vez. Ejemplo:

> "Alicia corrió hacia la puerta mientras que Leonor permanecía tejiendo en el mismo sillón y la abuela atizaba el fuego en la cocina."

En algunas descripciones de manuales e instructivos también se utiliza esta técnica cuando se describen movimientos o funciones simultáneas o cuando se nos indica que debemos oprimir-seleccionar dos teclas o dos botones a la vez.

Valdría la pena incluir la DESCRIPCIÓN POR AMPLIACIÓN O RESTRICCIÓN como una variante de la *perspectiva*. Una panorámica de una ciudad u otro lugar o la descripción que se limita a un solo espacio. En literatura hay autores que prefieren los espacios amplios y otros los restringidos. También están los que utilizan ambos tipos.

La DESCRIPCIÓN ANALÍTICA se utiliza en los procesos complejos para hacerlos más claros y entendibles. Su característica principal es que describe cada elemento sin descuidar el valor que tiene en el conjunto.

Si se ejercita la observación como se sugirió desde el primer capítulo será mucho más sencillo distinguir y practicar los diversos tipos de descripción que se han citado hasta este momento. Sin embargo, hay que recordar que el manejo adecuado del verbo es también un factor importante. A través de él se logran el estatismo y dinamismo descriptivos. La explicación esquemática que se expone a continuación nos permitirá repasar algunas de las funciones básicas de esta categoría gramatical.

EXPLICACIÓN ESQUEMÁTICA DEL VERBO

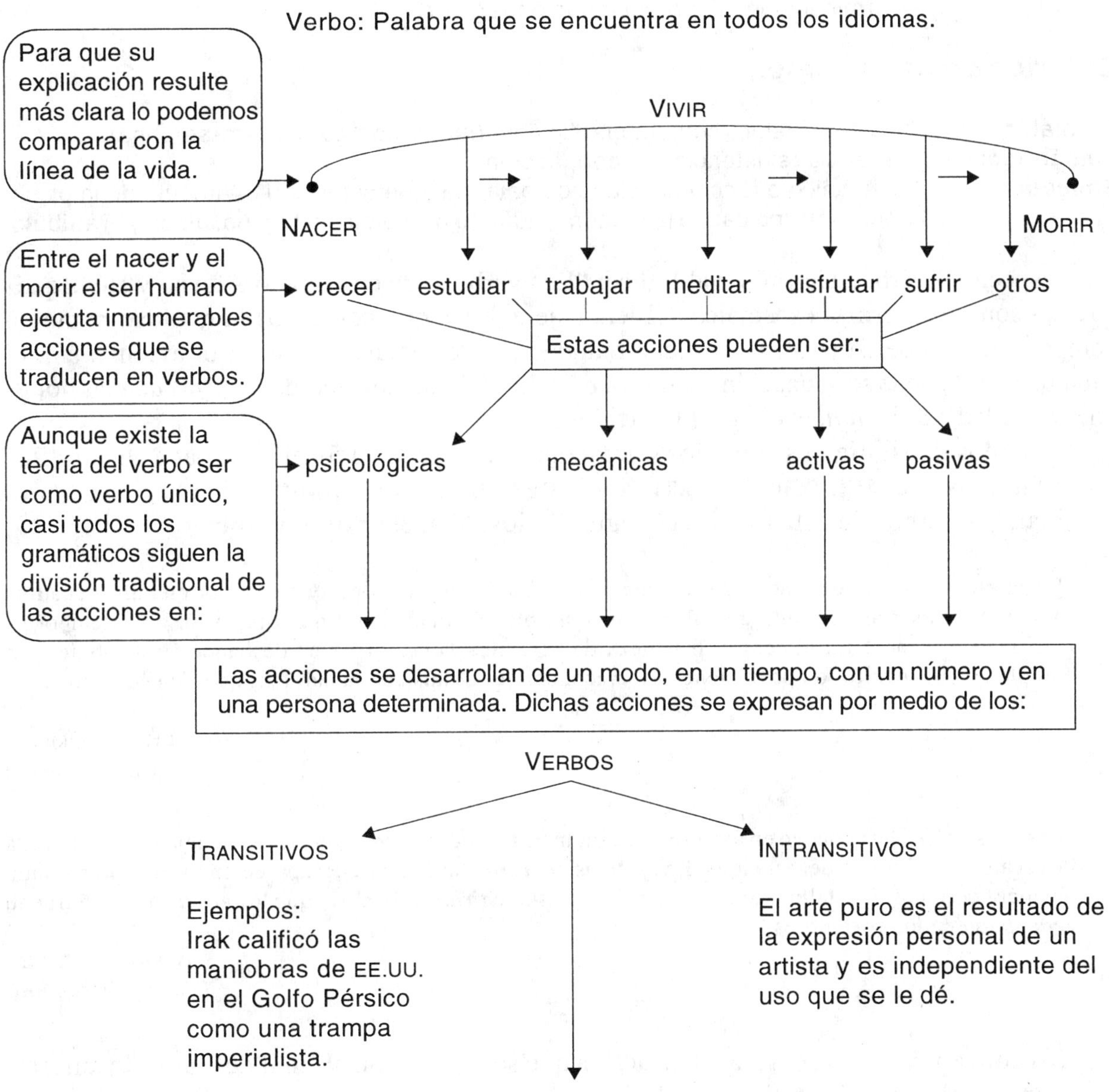

También se clasifican en :

REFLEXIVOS:	Yo *me* preparo para el futuro (la acción recae en la persona) (te, se, nos).
RECÍPROCOS:	Los estudiantes *se abrazan* al reencontrarse (mutuamente).
IMPERSONALES O UNIPERSONALES:	*Hace* mucho tiempo... (fenómenos naturales).
DEFECTIVOS:	*Suelo* dormir temprano (no se conjuga en algunos tiempos y personas).

REGULARES:	Los alumnos *razonan* sobre *Redacción avanzada* (se conjugan como amar, temer, partir).
IRREGULARES:	Ella *fuerza* la cerradura (no forza), (se conjugan alterando los radicales o las terminaciones de la conjugación regular).

Criterios sobre el verbo:

Formal:	parte variable, conjugable, flexible (modo-tiempo-número-persona).
Semántico:	esencia, existencia, estado, acción.
Sintáctico:	sintáctico o funcional: clase de palabras que significan el atributo de la pro posición, indicando la persona, número del sujeto, el tiempo, modo y el atributo.

Respecto al verbo, Martín Vivaldi dice: "Los verbos –dicen Amado Alonso y Henríquez Ureña– son unas formas especiales del lenguaje con las que pensamos la realidad como un comportamiento del sujeto'. Pero dicha realidad puede ser una 'acción': el avión *vuela*, el caballo *corre*; puede ser 'inacción': aquí *yace* un desdichado; un 'accidente': ya *caen* las hojas; una 'cualidad': le *blanquea* el cabello, etc."

Si leemos los siguientes ejemplos y analizamos la función del verbo en cada uno de ellos observaremos la DESCRIPCIÓN ESTÁTICA y la DESCRIPCIÓN DINÁMICA. En el primero, predominan los verbos de estado y en el segundo, los de acción o movimiento.

> "La cafetera *está* sobre la mesa. *Es* una mesa redonda de cuatro patas, cubierta por un hule a cuadros rojos y grises sobre un fondo de color neutro, un blanco amarillento que quizás en otro tiempo *fue* marfileño o blanco. En el centro una pieza de cerámica *hace* las veces de bandeja; el dibujo *está* completamente oculto, o por lo menos *es* irreconocible, a causa de la cafetera que *tiene* encima".
>
> ALAIN ROBBE-GRILLET
> (*Instantáneas*)

> "Las aves *volvieron* al huevo en torbellino de plumas. Los peces *cuajaron* la hueva, dejando una nevada de escamas en el fondo del estanque. Las palmas *doblaron* las pencas, desapareciendo en la tierra como abanicos cerrados. Los tallos *sorbían* sus hojas y el suelo *tiraba* de todo lo que le *perteneciera*. El trueno *retumbaba* en los corredores."
>
> ALEJO CARPENTIER
> (*Viaje a la semilla*)

Los conceptos de voz pasiva y voz activa que se explicaron al final del capítulo anterior también influyen en el estatismo y el dinamismo de la descripción.

Para la redacción de manuales e instructivos se recomienda que los alumnos trabajen con procesos descriptivos simples y complejos según se requiera. Por esta razón, en las dinámicas de grupo se ejercitarán ambos sin desatender al sentido que la lógica tiene en cada uno de ellos.

Los PROCESOS DESCRIPTIVOS se dividen en SIMPLES Y COMPLEJOS. Los primeros se organizan en pasos o fases y los segundos se distinguen porque en cada fase pueden existir diferentes subfases. Rotular un sobre, abrir una ventana, tocar a una puerta aparentemente son procesos sencillos, diferentes a los que describen cómo funciona un motor de gasolina, una computadora, un sistema digital u otro ejemplo similar. Leamos lo que escribe Julio Cortazár en sus instrucciones para subir una escalera.

Nadie habrá dejado de observar que con frecuencia el suelo se pliega de manera tal que una parte sube en ángulo recto con el plano del suelo, y luego la parte siguiente se coloca paralela a este plano, para dar paso a una nueva perpendicular, conducta que se repite en espiral o en línea quebrada hasta alturas sumamente variables. Agachándose y poniendo la mano izquierda en una de las partes verticales, y la derecha en la horizontal correspondiente, se está en posesión momentánea de un peldaño o escalón. Cada uno de estos peldaños, formados como se ve por dos elementos, se sitúa un tanto más arriba y más adelante que el anterior, principio que da sentido a la escalera, ya que cualquier otra combinación produciría formas quizá más bellas o pintorescas, pero incapaces de trasladar de una planta baja a un primer piso.

Las escaleras se suben de frente, pues hacia atrás o de costado resultan particularmente incómodas. La actitud natural consiste en mantenerse de pie, los brazos colgando sin esfuerzo, la cabeza erguida aunque no tanto que los ojos dejen de ver los peldaños inmediatamente superiores al que se pisa, y respirando lenta y regularmente. Para subir una escalera se comienza por levantar esa parte del cuerpo situada a la derecha abajo, envuelta casi siempre en cuero o gamuza, y que salvo excepciones cabe exactamente en el escalón. Puesta en el primer peldaño dicha parte, que para abreviar llamaremos pie, se recoge la parte equivalente de la izquierda (también llamada pie, pero que no ha de confundirse con el pie antes citado), y llevándola a la altura del pie, se la hace seguir hasta colocarla en el segundo peldaño, con lo cual en éste descansará el pie, y en el primero descansará el pie. (Los primeros peldaños son siempre los más difíciles, hasta adquirir la coordinación necesaria. La coincidencia de nombres entre el pie y el pie hace difícil la explicación. Cuídese especialmente de no levantar al mismo tiempo el pie y el pie.)

Llegado en esta forma el segundo peldaño, basta repetir alternadamente los movimientos hasta encontrarse con el final de la escalera. Se sale de ella fácilmente, con un ligero golpe de talón que la fija en su sitio, del que no se moverá hasta el momento del descenso.

Ejemplo de un proceso simple:

1. Coloque la tapa firmemente en el vaso de su licuadora antes de encenderla.
2. Ponga la mano ligeramente sobre la tapa cuando prenda el motor.

Ejemplo de un proceso complejo:

a) Para 1 000 mililitros (6 a 8 tazas cafeteras) llene el recipiente de cristal refractario de agua fría, aproximadamente dos centímetros abajo de la franja de metal y vierta el agua en el tanque.
b) Coloque un filtro de papel No. 102.
c) Llene el filtro de papel con la cantidad requerida de café, de acuerdo con el número de tazas que desee. Utilice café de grano finamente molido. Nunca utilice café con azúcar o en polvo (instantáneo).
d) Coloque la jarra con el filtro cónico sobre su aparato.
e) Gire el vertedor de salida del agua haciéndolo coincidir con el centro del filtro cónico.
f) Oprima la tecla. La lámpara en el interruptor se encenderá.

Otro ejemplo:

Instrucciones:
a) Conecte la clavija a la red eléctrica.
b) Sujete el aparato.

c) Introdúzcalo en el recipiente donde lo vaya a utilizar (puede usar su propio vaso o cualquier otro recipiente de cocina inclusive refractarios).
d) Oprima el interruptor y mezcle con movimientos ligeros hacia arriba y hacia abajo. Se recomienda usar el aparato de manera discontinua. Con ello se obtendrá una mejor calidad final de la función que se realice (batir, mezclar, licuar), con un menor esfuerzo del motor. El pulsador sólo funciona cuando usted lo oprime, al dejar de hacerlo se apagará inmediatamente.
e) Su robot fue diseñado para un uso intermitente, no es conveniente tener el aparato funcionando durante un tiempo mayor de 5 minutos.
f) El SR-2000 Taurus cuenta con dos velocidades que se controlan con el interruptor localizado en la parte superior del aparato.

No cabe duda que cada PROCESO DESCRIPTIVO, literario o no, tiene su propia lógica, requiere de la observación y de un manejo adecuado del verbo, sin embargo, para finalizar este capítulo es importante que recordemos los pasos que se sugieren en el siguiente esquema:

DESCRIPCIÓN

- OBSERVACIÓN DEL MAYOR NÚMERO DE DETALLES
- SELECCIÓN Y ACOMODO DE LOS MÁS IMPORTANTES
- ENFOQUE DE ACUERDO CON EL PUNTO DE VISTA
- FASES Y SUBFASES
- PROCESO DESCRIPTIVO (simple o complejo)
- MANUALES E INSTRUCTIVOS

Lectura 7

EL OTRO GRAN ARTE (fragmento)

El arte popular no requiere de estudios académicos. En su contra se alega que es repetitivo. En tono crítico, los conocedores dicen que el arte popular no varía en sus diseños, sus tejidos llevan siempre las mismas figuras geométricas y el uso de colores es infantil o sea de violentos contrastes. ¿Será que no conocen al maestro Isaac Vázquez de Teotilán del Valle, un zapoteco de Oaxaca cuyos ancestros empezaron a tejer desde que los españoles trajeron borregos a México? Su sensibilidad y su colorido (colores naturales) han trascendido su estado y cuando la Carretera Panamericana pasó muy cerca de Teotilán los turistas se enteraron de su existencia y de la belleza de sus tejidos geométricos y de su simbolismo. Las palabras ingenuidad, **espontaneidad**, *naif* también se usan para describir el arte popular, pero entonces ¿por qué pintores como el Aduanero Rousseau, considerado *naif* no es un artesano productor de arte popular? Gauguin, al retratar a la naturaleza ¿la distorsionó? ¿Quiere esto decir que el arte popular nunca es gran arte? El arte popular está totalmente ligado a la habilidad manual del indígena, a su destreza, y a su miseria. Los pueblos primitivos, los africanos son extraordinarios decoradores; el equilibrio geométrico de las líneas y los colores sorprende. En México, nuestras grecas y nuestras líneas, nuestras franjas, la base esculpida de nuestras pirámides, el remate de nuestros muros, las toltecas y las mayas en Yucatán y en gran parte de Centroamérica deslumbran por su exactitud. El indio en México es armonioso lo mismo cuando decora una vasija que cuando teje un gabán o un sarape. La tradición pasa de padre a hijo, de madre a hija. Suele decirse en son de crítica que lo hacen hombres y mujeres *primitivos*, ignorantes, infantiles, sin malicia. (...)

Antoine de Saint-Exupéry cuenta en *Un sentido a la vida* lo que sintió al viajar de noche en un tren en medio de mineros polacos que dormían, **exhaustos**. Describe sus cuerpos mugrosos, aprisionados en bultos y concavidades, como de cartón. Sus caras parecían un puñado de arcilla, sus rasgos adoloridos y cansados los convertían en una llaga perpetuamente abierta. De pronto, entre el cuerpo de una mujer y de un hombre dormidos como náufragos, Saint-Exupéry vio el rostro de un niño, que se había abierto paso entre ellos. De estos toscos trapos, de estas facciones burdas había nacido un hociquito luminoso, un niño como un sol. Deslumbrado por la belleza del niño, Saint-Exupéry escribió que ese era el rostro de un artista, el de Mozart, niño, un injerto nuevo capaz de conmover a todos los jardineros. Sin embargo, para este polaquito maravilloso no habría jardinero y Mozart seguiría sepultado por esos ronquidos, esos zapatotes cubiertos de lodo.

De esas manos toscas, burdas y encallecidas por un trabajo esclavizante sale el arte popular, al menos en nuestra América Latina. No es un pasatiempo, es una necesidad. La artesanía es producto de la pobreza. Los niños artesanos no son Mozart, son, a pesar de todas las inclemencias, Blas Galindo, Ramón Rubín, Tata Nacho, y más tarde en el tiempo, creadores tan **enigmáticos** como Juan Rulfo, el vigilante que supo contemplar como lo hacen los hombres del campo.

Guillermo Haro solía decir que todos los países pobres tienen arte popular. En México, el arte popular se entreteje con las venas de nuestras manos. El impulso creador no está mal repartido, la que no está bien distribuida es la oportunidad de desarrollarlo. Nos dividen nuestras circunstancias. A unos nos crían bajo un capelo de vidrio y no vemos más allá de nuestras narices, por eso todas las niñas bien son chatitas. A otros los crían a la luz de la luna, bajo los energéticos agujeros negros. Conservar el impulso creador del principio es la gloria del artesano. Es su don, su tesoro y puede llegar a ser su sustento. También la **indolencia**, las demasiadas oportunidades, la facilidad, asesinan al Mozart que hay en cada uno de los hombres. El arte popular viene de muy lejos, está sembrado junto a nuestras raíces, crece como nuestras piernas, nuestros brazos; si lo conservamos y lo cultivamos se manifiesta y florece, se tupe como la bugambilia. Luego ni quien la arranque. Por eso, antes de que se agote, el arte popular hay que modelarlo en barro, dibujarlo con lanas de colores, convertirlo en ojos de Dios, en tejidos, en tiras bordadas, en fajas, en morrales, en sombreros de paja. Aurelio Flores, de Izúcar de Matamoros, fue el autor de una alfarería ritual compuesta por candeleros, incensarios y en sus manos yace el origen de los *Arboles de la Vida* con temas bíblicos. Herón Martínez, después de ser albañil y peón de carretera, hizo en Acatlán, Puebla, gigantescos *Arboles de la Vida* con El Arca de Noé, La Natividad, La Creación, además de animales y piezas de cerámica que llamaron la atención de coleccionistas y comerciantes. Saúl Moreno regresó a Tlalpujahua, Michoacán, después de treinta años en la ciudad de México y moldeó figuras de gallos y caballos de alambre recubiertos con papel mojado y luego pintados de rosa mexicano y otros colores que tuvieron una enorme aceptación.

Son los más pobres, los más abandonados, los que hacen artesanía. Los huicholes, los tepehuanes, los coras, los tarahumaras en la sierra de Chihuahua con sus ojos en forma de almendra, los tzetzales y tzotziles de Chiapas, cerca de Guatemala, los mixtecos y los mazatecos en Oaxaca, los indios de México son los autores de los objetos que fascinan y forman la esencia de su pueblo. Fernando Benítez cuenta como los tejedores de Santa Magdalena, Oaxaca, hacen sus sombreros en una cueva porque dentro de la oscuridad de la tierra, la paja se conserva húmeda, la vara, el mimbre, el bejuco. "El sombrero es la sustancia de nosotros. El que no trabaja chico o grande no tiene víveres. El que pierde un cuarto de hora ha dejado de ganar cinco centavos. Esa es la vida del pobre tejedor de sombrero." La cueva es minúscula y por el huequito de la entrada sólo caben hombres y mujeres pequeños y delgados. Benítez tuvo que arrastrarse como gusano y logró entrar porque es diminuto. Sentados en un petate, los pobres tejen en torno a una lámpara de petróleo. El olor del petróleo es mucho más fuerte que el de la palma fresca. Trenzados con perfecta regularidad por niños, mujeres, hombres, ancianos y ancianas los sombreros van redondeándose. "De esas pequeñas cuevas salen millones de sombreros y se desparraman por todo el mundo, llevan el nombre de panamá porque allá se vendían." Fernando Benítez cuenta del sombrero de la actriz, Alida Valli, comprado en Eden Rock, cerca de Cannes, mientras se asoleaba. Quien se lo vendió a *Livia* fue un intermediario, alguien que se enriqueció y le puso su firma a este panamá tejido en Oaxaca. La suerte de los tejedores no cambia, siguen siendo invisibles. Los sombreros vuelan, viajan en avión, coronan cabezas y conocen el mundo por aquello de que cada cabeza es un mundo.

Somos un país de ensombrerados pero nuestros sombreros corren mejor suerte que nuestras cabezas. Así como los oaxaqueños no ganan ni cinco por sus sombreros, a los indios no se les permitió pintar imágenes o esculpirlas durante la Colonia pero lo hicieron a pesar de todo y produjeron espléndidas figuras de pasta de maíz: el Santo Santiago estofado y montado en su caballo blanco quien llegó con los conquistadores y sin embargo protegió a los indios. Cristo sobre su burrito es también una figura popular (los mexicanos amamos mucho a los burros), y los Cristos con sus heridas sangrantes, la angustia atroz en sus rostros, la sangre que escurre por su pecho desde su corazón, su costillar expuesto, son eminentemente indios porque nada tienen de la rubia elegancia de los Cristos europeos, su pelo rizado que cae ensortijado sobre sus hombros, la inmensidad azul de sus ojos y su perfil griego. Las negras pelucas hirsutas de los Cristos mexicanos resultan a la postre más conmovedoras que las europeas y las muecas de dolor en los rostros más convincentes que tanta perfección currutaca. Entre Lourdes y la Villa de Guadalupe resulta más emotiva la Villa de Guadalupe con su olor a fritangas y sus *concheros* que bailan días enteros al son de los cascabeles atados a sus tobillos. Se llaman concheros por sus guitarras hechas con la concha-caparazón de un armadillo. Son caballeros águilas y caballeros tigres que huarachean **cansinamente** en un ritual monótono, a pesar de sus vistosos penachos y su *maxtatl* o taparrabos, tilma o capa de brillante satín rojo y el incienso y copal en sahumerios que elevan a los cuatro puntos cardinales. No danzan para el público, mantienen los ojos fijos en el suelo y casi nunca ven a nadie, sólo le rinden homenaje a la Virgen que escogió a un indio como ellos: Juan Diego. En realidad su baile es una manda.

Los danzantes son ante todo campesinos. Ahora, con la migración a las grandes ciudades, son también obreros. Muchos de ellos ya no hablan náhuatl o chichimeca o mexica o nada de nada salvo el español, pero bailan en recuerdo de su padre. Sus hijos o hijas probablemente danzarán por la misma razón.

En el siglo XVII y en el XVIII, los indios se imponen no sólo sobre la madre patria sino sobre la llamada Nueva España. Mexicana es Tonantzintla con sus **golosos** angelitos de yeso que se hinchan en volutas cargados de afrentosas piñas y de sandías, de granadas y de mameyes nada católicos. ¡Cuántos ángeles! Ninguna cultura colonial tiene tantos. Arcángeles, querubines, serafines, cupiditos con alas de mariposa, los ángeles nos rodean como la atmósfera a la tierra. Todo mexicano tiene su ángel de la guarda ¿Se imaginan ustedes las hordas de ángeles, el río de fuego de sus buenos consejos que horada la capa de ozono para llegar a nuestros oídos? El rumor de sus alas se hace estruendoso; alas de paloma, de loro, de gallina, alas de murciélago, de colibrí, de *Batman*. ¿Por qué si tenemos tantos ángeles escasea la comida y se volatiliza el agua? La fachada del santuario de Jesús Nazareno en Tepalcingo, Morelos, también es angelical; está cuajada de seres alados, lo mismo la de Santa María Jolalpan en Puebla donde Adán y Eva y la palmera que hace las veces de árbol del bien y del mal sucumben al amor fecundo y creador y los parte un rayo. Ni hablar del pórtico de Tecomatlán, Puebla, y la columna que detiene el arco de entrada de la Catedral de Zacatecas. En Santa Isabel Tepetzala, Puebla, se llega al delirio, lo mismo en Coixtlahuaca, Oaxaca. Cristo atormentado tiene un rostro tan adolorido que aterra. ¿No es nuestro barroco un arte popular? La capilla de Santa María Tonantzintla, la de Santa María Ecatepec son ejemplos lúdicos, bárbaramente tallados, del barroco en manos *indias*.

Si por un lado las manos indias moldean ángeles y querubines en Cholula y en Tonantzintla, en Ocumicho, pueblo tarasco de Michoacán, Teodoro Martínez Benito y su mujer María Guadalupe Alvarez Sánchez desataron todos los diablos de su alma al moldear esculturas macabras, grotescos personajes del infierno que se ríen a carcajadas de la humanidad entera y de sus aspiraciones al cielo. (...)

Si unos artesanos eternizan a los santos, otros hacen *alebrijes,* dragones voladores de lengua bífida, diablos con alas y larga cola roja terminada en forma de navaja, monstruos con cuernos puntiagudos y garras de ave de rapiña, zopilotes, vampiros, murciélagos y criaturas míticas con cuerpo de víbora y ojos saltones, manos que parecen patas de pollo de uñas pintadas de bermellón, todas ellas decoradas con colores brillantes. Su autor fue un famoso cartonero, Pedro Linares. Al enfermarse vio sobre su cama una serie de figuras macabras y **exuberantes** y al día siguiente al recuperar su salud empezó a modelar en papel cartón todas las visiones fantásticas y atroces que no podrían imaginarse ni en la peor pesadilla. Los *alebrijes* le devolvieron la salud. (Como a Carlos Fuentes, sus novelas exorcisantes.) Sacó en catarsis todos sus malos pensamientos en forma de criaturas **míticas** y dañinas y vivió hasta los noventa años. Ahora son sus hijos, quienes después de 1990, confeccionan estos *alebrijes* con papel mojado, harina, cera y colores chillones y muy efectistas y para mí, eficaces: verdes fosforescentes, amarillos que hieren la retina, rosas de rompe y rasga. Miguel Linares también hace esqueletos de cartón y papel mojado, bandidos, malos políticos, diablos, judas y otros personajes **nefastos** para el Viernes de Semana Santa. Es un notable cartonero como lo fue doña Carmen Caballero, autora de los enormes y barrigones Judas que han tomado por asalto el Museo-Taller Diego Rivera en la avenida Altavista y la Casa Azul de Frida Kahlo en Coyoacán.

Nada más común y corriente que el altar familiar en la mayoría de las casas pobres de la ciudad de México y de la provincia. Nadie sale sin prenderle una veladora o por lo menos persignarse ante la Virgen, por más prisa que tenga. El altar en el taxi, encima del radio, es más moderno, se ha tecnificado como el altar en los autobuses, con sus múltiples focos de colores, su papel estaño, sus estrellas fosforescentes que se prenden y se apagan. André Pyiere de Mandiargues se deshizo de emoción ante un altar del rojo camión Colonia-del-Valle-Coyoacán que consagraba a la Virgen envolviéndola en una enorme víbora disecada que ella debía pisar con su pie diminuto. En la calle de San Sebastián, Chimalistac, un altarcito empotrado en un muro frente a Condumex siempre tiene flores frescas que le pone un pepenador. Le reza a la Dolorosa entre sus dos perros. "El amarillo" y "El negro" son bravos y cuando él duerme su sueño etílico no permiten que nadie se le acerque. Pero cuando reza, sus brazos extendidos, sus pies descalzos, se quedan muy pendientes. Son como el buen ladrón y el malo, junto a un Cristito tan doliente (mucho más que la Dolorosa) que los fieles lo evitan, haciendo medio círculo en torno a su desamparo.

Jesusa Palancares tenía su altar al Santo Niño de Atocha con veladoras, flores, un mantelito de crochet amarillo y gallinas que cacareaban, buscando en el piso de tierra suelta en compañía de un guajolote que hacía cor, cor, cor, cor, mientras movía su cresta roja y colgante. El Sagrado Corazón con su corazón sangrante es otra imagen muy socorrida. San Martín Caballero ofrece su capa a un mendigo y es el patrón de los pobres. Ninguno desbanca sin embargo a la Patrona de México y Emperatriz de América, la Virgen de Guadalupe y sus milagrosas apariciones. Ahora algunos devotos han suplantado las flores frescas por flores de plástico, el mantel bordado por el de polietileno que da el gatazo. En el altar casero también se pone sobre la mesa, la Ofrenda de Muertos del lo. de noviembre y el Nacimiento de la Nochebuena.

La piñata, sueño de todos los niños, también pertenece al arte popular; es una olla panzona de barro que los adultos ayudados por los niños cubren de papel de china de colores; la más frecuente, la clásica es una estrella de cuatro picos o de cinco según el tamaño de la olla. De cada cucurucho cuelga una cauda de tiritas de papel de china. La segunda es una rosa que puede ser tan hermosa con sus grandes y delicados pétalos de papel de china como aquel manojo de rosas que retrató Tina Modotti. Ahora hacen figuras de *Batman*, de Pantera Rosa, del Pato Donald, del Ratón Miguelito a petición de los propios niños. Las piñatas se rellenan con fruta y dulces; la cuelgan de una cuerda, a los niños les vendan los ojos para que por turno puedan romperla con un palo de escoba. Cuando la quiebran, todos los chiquillos se avientan sobre el tesoro; las golosinas y las cañas, mandarinas y jícamas, los dulces llamados *colación* que se desparraman sobre un petate.

Cada que un niño intenta pegarle a la piñata los demás cantan a gritos:

Dale, dale, dale
no pierdas el tino
porque si lo pierdes
pierdes el camino

Ándale Juana
no te dilates
con la canasta
de los cacahuates

No quiero oro
no quiero plata
yo lo que quiero
es romper la piñata

A los niños, lo que más les gusta cantar es:

La piñata tiene caca
tiene caca
cacahuates de a montón

Después siguen la merienda y las rondas infantiles. *Doña Blanca*, *Amo ato*, *matarilerilerón*, *Naranja Dulce*, *A la víbora de la mar*, *Juan Pirulero* y otros juegos mestizos, que tienen influencias occidentales y quizás anteriores a la Conquista. Los instrumentos que son conchas de mar, chirimías y teponaxtles. Las fiestas más bonitas son generalmente las de las vecindades en la monstruosa ciudad, cuando los niños que no tienen posibilidades se reúnen en el patio y uno de los vecinos (ya sea padre de familia o hermano mayor) es escogido para detener la piñata desde la azotea e irla subiendo y bajando con la cuerda. ¡Que gloria! Las posadas de fin de año que anticipan el nacimiento de Cristo, se cantan pidiendo posada, de allí su nombre. De puerta en puerta viene la respuesta. "No hay lugar". Hasta que sí hay, en la última casa y todos entran felices a comer, a bailar, a beber. Las posadas se disfrutan mejor en los patios de vecindad del México más pobre que en las fiestas de la clase media en que las tradiciones se diluyen ahogadas por las cubas libres y las chelas bien heladas.

Lo triste del arte popular es que se va perdiendo. Ahora se hacen San Martines de Porres en serie, las figuras coladas en un mismo molde, escoba en mano, no barren la vulgaridad fuera de nuestra imaginación. Los Niños Jesuses que se llevan a vestir, los Divinos Infantitos, los Santos Niños de Atocha que antes tenían su propia personalidad, ahora viajan con el mismo sombrero, guaraches, guaje y canastita. El arte popular religioso es nefasto. La modernidad no es creadora. Los turistas suelen envenenar el gusto de los artesanos y les piden chabacanería y media. "Ni modo, hay que vender", se doblegan los artesanos. "Póngale más colores, hágale esto, hágale lo otro, quiero que haga juego con mi casa." Dan sus órdenes. Pervierten. Afean. Las señoras que usan el mismo color de bolsa y de zapatos imponen sus tonos pastel y sus ideas rococó.

Si México perdiera su arte popular, el talento y la pureza de sus artesanos, perdería su identidad. Más le valdría haber vendido su alma al diablo como Fausto, porque al menos persistirían sus Judas de cartón, sus *alebrijes* satánicos, sus máscaras de tigres y de coyotes.

Ahora circula un chiste a costa de Rigoberta Menchú que ilustra lo que pretendo decir. Se están haciendo miles de muñequitas indígenas de trapo, trenzas negras y enaguas guatemaltecas para exportarlas en trailers a los Estados Unidos. ¿Por qué? "Porque la *Barbie* no tiene sirvienta." El arte popular ¿es acaso el sirviente? ¿A quién sirve? ¿De qué sirve? ¿De quién es servidor? Al ser pobre, necesariamente tiene que estar *al servicio de* quintopatieros, ¿pasaremos al poder de los Estados Unidos como en 1847?

Siempre he pensado que la cocina mexicana con sus romeritos, sus nopalitos, chilitos, jícamas, tamalitos, tejocotes, moles de olla, es arte popular, pero curiosamente, nunca la he visto así clasificada. Salvador Novo habló del mole poblano obra de unas monjas geniales, de los guayabates a los que los expertos tienen que darle el punto. A la cocina mexicana la aristocratizó, quien sabe por qué, quizá para que compitiera con la francesa y porque en el campo mexicano, el campesino muere de hambre a pesar de sus tlacoyos y sus quesadillas de flor de calabaza y huitlacoche y de hongos silvestres con su ramita de epazote, la más humilde hierba del camino, la que siembra un pájaro cualquiera. Hablar aquí de la cocina mexicana sería un desacato, no hay espacio, pero los manjares del pueblo del sol provienen de manos aztecas, de costumbres mayas, de tierras conquistadas, de corazones dispuestos al sacrificio en la cima de la pirámide, de vírgenes que batían con molinillo la bebida sagrada y espumosa sacada del chocolate.

El arte popular está ligado a la muerte pero también a la alegría. A las calaveras se les pintan no sólo el nombre propio del destinatario sino flores y arabescos como en un Jardín del Edén para que estén de buen humor. La muerte tiene nombres que debieron regocijar a José Guadalupe Posada en su taller de grabado en Ferrocarril Cintura: La segadora, la igualadora, la llorona, la chinita, la apestosa, la chicharra, la madre Matiana, la jedionda, la impía, la calaca, la pelona, la cuatacha, la paveada, la triste, la mocha, la catrina (por la calavera Catrina de José Guadalupe Posada), la pálida, la afanadora, la tilinga, la tiznada, la tía de las muchachas, (...) La blanca, la chirifusca, la china Hilaria, la dientona, la tembeleque, la panchona, la pepenadora, la parca cruel, la copetona por el *Son de las Copetonas*. La calavera suele representarse con el cráneo o el esqueleto, pero es también el poema satírico que se publica el 2 de noviembre en los periódicos para burlarse de los funcionarios públicos, de las coristas, y de los intelectuales también vedettes. La muerte en México es fiesta, risa, azúcar, cempasúchitl, esa flor amarilla que cubre los campos de nuestro país en el mes de noviembre. La calavera, símbolo de la muerte, cubre toda la arqueología de Mesoamérica, la muerte es parte de la vida cotidiana, aparece en el uso diario, en platos, ollas, vasijas, braseros, metates, ánforas, recipientes hondos; la muerte no nos espanta, al contrario, nos recuerda que todo pasa, que lo terrestre se acaba como lo tradujo Angel María Garibay K.

> Sólo venimos a dormir, sólo venimos a soñar, no es verdad,
> que venimos a vivir en la tierra.

Estamos aquí prestados, por eso no hay que aferrarse a la vida, aunque la tierra pretenda atraparnos. Morirse es bueno, pero es cuestión de suerte. Jesusa, la protagonista de *Hasta no verte Jesús mío* tiene que esperar su muerte y merecerla, porque no puede morir cuando ella quiera sino hasta que el Poder Supremo lo decida. Su herencia es muy profunda y se remonta al mundo del México precortesiano en el que morir en la guerra o en la piedra de los sacrificios era el mayor privilegio. Ser elegido por los dioses, qué distinción tan grande. En el espacio sideral, en la estratósfera donde vuelan las almas de los fieles difuntos continúa la vida más allá de la muerte, una vida buena, **gratificante**, ligada amorosamente a los que quedaron atrás ¡pobrecitos! los que aún se debaten sobre la tierra. En cambio, la carne recién sepultada de los muertitos alimenta y hace crecer la milpita tierna que nunca es tan joven ni tan verde como la que los fieles difuntos ven despuntar en el cielo cuando sus parientes se acuerdan de ellos, las benditas ánimas del purgatorio que andan allí volando y a quien tiene que abrirles grande el zaguán San Pedro, el portero, con sus sandalias de pecador y pescador y su manojo de llaves. El Arte Popular, ligado a la **inocencia**, nacido antes del pecado original, ajeno a la **sofisticación** y a la academia nos llena la cabeza de flores y las hace florecer entre nuestros cabellos, alimenta nuestro espíritu y hace más **hábiles** nuestras manos.

Poner en peligro nuestras tradiciones, adaptarnos a nuevos patrones estéticos es, en cierta forma, suicida. Vivimos ahora una invasión cultural, nos inundan valores comerciales impuestos desde afuera, queremos adaptarnos, ser modernos, olvidar a nuestros ancestros, negar lo que fuimos. Nuestra manera de ser diferentes nos hace únicos. Nuestras enaguas superpuestas son más elocuentes y ejercen un sortilegio mucho mayor que los pechos de plástico puntiagudo y desabrido de las *Barbie*. Finalmente es nuestra alma la que atrae al mundo entero y debemos conservar en el altarcito de Chimalistac. ¡Qué no nos chupen el alma, los vampiros, los comerciantes, los modernistas, los invasores, los que fueron sacados del templo a latigazos! La Venus de Milo, la Victoria de Samotracia, los artesanos de las iglesias góticas, el rojo rebaño de bisontes en las cuevas de Altamira y de Lascam habrán de agradecérnoslo, como hoy le agradecemos a Rigoberta Menchú el ser lo que es, uno de nuestros más preciados tesoros; un símbolo de la tierra que se borda a sí misma, se colorea, trenza su cabello de azul, de rosa y de morado, cubre su pecho de pájaros y flores e, india defensora de lo suyo y de los suyos, camina robusta, redonda, mañanera, jícara de sí misma, jícara que ha bañado al mundo con agua fresca.

ELENA PONIATOWSKA

Ejercicios

1. Redacta un texto con estructura IDC en el que expliques el contenido de la lectura anterior.

2. Escribe los antónimos de los términos que aparecen en negritas en la lectura.

TÉRMINOS	ANTÓNIMOS
______________________	______________________
______________________	______________________
______________________	______________________
______________________	______________________
______________________	______________________
______________________	______________________
______________________	______________________
______________________	______________________
______________________	______________________
______________________	______________________
______________________	______________________
______________________	______________________
______________________	______________________

3. Utiliza cinco antónimos del ejercicio anterior y redacta un párrafo coherente que se relacione con la lectura.

____

____

____

____

4. Revisa de nuevo la lectura y selecciona cinco ideas que apoyen el contenido del texto.

a) Clasifícalas de acuerdo con el esquema de la página 74.
b) Justifica tu elección.

Idea

____

____

____

____

Clasificación

Justificación

Idea

Clasificación

Justificación

Idea

Clasificación

Justificación

Idea

Clasificación

Justificación

Idea

Clasificación

Justificación

5. Reflexiona sobre las ideas del ejercicio anterior y describe algunas formas de arte popular que conozcas. Utiliza los tipos de descripción objetiva, subjetiva y animada.

6. Localiza ejemplos de los diferentes tipos de descripción. Es importante que cites las fuentes y justifiques tu respuesta.

Tipo de descripción.

Justificación

Tipo de descripción.

Justificación

Tipo de descripción.

Justificación

Tipo de descripción.

Justificación

Tipo de descripción.

Justificación

7. Analiza los tipos de descripción en los fragmentos que te proporcione el maestro.

8. Busca en periódicos actuales una caricatura (cartón) de un personaje(s) importante. Relaciónalo con el hecho al que se alude y redacta un texto donde describas la exageración de los rasgos distintivos del mismo.

9. Describe un proceso simple de acuerdo con las indicaciones que te proporcione el maestro.

a) Transforma el proceso simple en complejo.

b) Analiza el manejo del lenguaje y la función del verbo en ambos procesos.

10. Busca el instructivo o manual de una computadora, una cámara fotográfica, una videocasetera, o cualquier otro aparato y analiza:

a) Los pasos lógicos y la claridad de la descripción.

b) El manejo de los verbos.

11. Elabora un manual de puesto con información que provenga de fuentes reales.

12. Documéntate sobre un proceso de manufactura real y redacta una descripción que lo explique.

a) En una dinámica de grupo redacta un instructivo para el proceso de manufactura que elaboraste en el ejercicio anterior.

Etimologías

Esquema No. 7

PREFIJO	ORIGEN	SIGNIFICADO	EJEMPLOS
in- (im-, ir-, ig-, i-)	latino	negación	inaudito, inexpugnable, ignominia, irregular, iletrado
oliga (o)-	griego	pocos, escasos	oligarquía, oligopolio
esclero-	griego	duro, árido	esclerótica, esclerodermia
ec-, (ecto-), ex-	griego	hacia fuera, salir, sacar	ectopía, exégesis, éxodo
pros-	griego	hacia, para, junto a	prosodia, prosopografía
en-	griego	en, dentro	encéfalo, entelequia
xeno-	griego	extranjero	xenofobia, xenófobo
per-	latino	por medio de, a través de, demasiado	percatarse, perenne, pervivencia
duo-, due-, du-	latino	dos	dual, duelo, duodeno
axi-	griego	valioso, justo	axiología, axioma
bene-	latino	bien	benevolencia, beneplácito

SUFIJO	ORIGEN	SIGNIFICADO	EJEMPLOS
-podo	griego	pie	cefalópodo, miriápodo
-gonía	griego	origen	cosmogonía, teogonía
-terio	griego	lugar	monasterio, cementerio
-érrimo	latino	muy, en sumo grado	paupérrimo, acérrimo
-arquía	griego	gobierno, poder, principio. Si se cambia por -arca, denota la persona que ejerce el gobierno o poder	jerarquía, jerarca

13. Consulta el esquema de etimologías No. 7 y resuelve el siguiente ejercicio.

a) El prefijo *oliga* (*o*) significa *pocos, escasos* en las palabras oligarquía, oligopolio y ______________________________.

b) El sufijo *podo* significa *pie* en las palabras cefalópodo, pseudópodo y ______________ ______________________________.

c) El prefijo *ec* significa *hacia fuera* en las palabras ectopía y ______________________ ______________________________.

d) El sufijo *terio* significa *lugar* en las palabras monasterio, cementerio y __________ ____.

e) La palabra *axiomático* se deriva de __________________. En ambos casos significa ____.

f) El sufijo *arquía* significa *gobierno* o *poder* en las palabras jerarquía, ____________ y ______________________________.

g) El prefijo *en* significa *dentro* en las palabras encéfalo, entelequia y _____________ ______________________________.

h) El prefijo *esclero* significa *duro*, en las palabras esclerótica, esclerodermia y ______ ______________________________.

i) Los prefijos *in*, *im*, *ir*, *ig*, *i* significan *negación* en las palabras inaudito, imposible, irregular, ignominia, iletrado. Otras palabras con cada uno de estos prefijos son: ____ ____ ____

j) El prefijo *bene* significa *bien*, en las palabras benevolencia, beneplácito y ________ ____.

QUEÍSMO

K-Hito escribe: "aparte del laísmo y del leísmo, sin redención posible, es el *que* la piedra angular donde se rompen los puntos de las plumas mejor templadas. Al *que* mal empleado, a su abuso, a su sensibilidad excesiva y dolorosa, podemos llamarle *queísmo*."

Dentro de las causas que originan el mal uso de este relativo podemos mencionar la deficiente traducción de la construcción francesa "*C'est... que*" (es lo que se conoce como *que* galicado). Se usa indebidamente el *que* con el verbo *ser* en vez de: donde, cuando, como, por lo que, etcétera.

Ejemplos:

C'est avec mon ami *que* j'irai au cinéma.
Traducción defectuosa: Es con mi amigo *que* iré al cine.
Forma correcta: Es con mi amigo con quien iré al cine.

C'est dans ce livre *que* j'ai lu l'histoire.
Traducción defectuosa: Es en este libro *que* yo he leído la historia.
Forma correcta: Es en este libro *donde* he leído la historia.

C'est à midi *que* leur avion part.
Traducción defectuosa: Es a mediodía *que* su avión sale.
Forma correcta: Es a mediodía cuando su avión sale o mejor, a mediodía sale su avión.

• **Abuso en su empleo:**
El hotel *que* está ubicado en la esquina *que* da al norte, es el *que* nos pareció *que* era el más adecuado para *que* realizáramos nuestra convención.

Forma sin "*que*":
El hotel ubicado en la esquina norte nos pareció el más indicado para realizar nuestra convención.

Le ruego *que* me indique *qué* es lo que debo hacer para *que* nuestros clientes conozcan lo *que* nos proponemos y acepten las condiciones *que* les brindamos.

Forma sin "*que*":
Por favor, deme instrucciones sobre lo adecuado para dar a conocer nuestros propósitos a los clientes y lograr su aceptación de las condiciones ofrecidas.

Los peritos *que* inspeccionaron la obra y *que* conocían el problema, expresaron *que* las conclusiones a *que* habían llegado no eran motivo suficiente para *que* se culpara al constructor.

Forma sin "*que*":
Los peritos conocedores del problema, previa inspección, consideraron en su informe injustificada la responsabilidad atribuida al constructor.

- **Obscuridad de sentido por abuso de su empleo:**

FORMAS OSCURAS	FORMAS ACLARADAS
En el banco, el gerente es R. Villarreal, el primo de S. González, que irá en la misión al exterior (¿Quién irá?).	En ese banco, el gerente es R. Villarreal, el primo de S. González. Éste (o aquél) irá en la misión al exterior.
El título de ese libro, *que* es difícil de entender... (¿es difícil el título o el libro?).	El dificultoso título de ese libro, o el título de ese difícil libro.

- **Omisión indebida**

Les rogamos nos remitan el documento correspondiente.	Les rogamos *que* nos remitan el documento correspondiente.
El banco ha dispuesto sean cancelados los créditos.	El banco ha dispuesto *que* sean cancelados los créditos.

14. Analiza el queísmo en los textos que te proporcione el maestro.

____

____

____

____

15. Busca en periódicos locales ejemplos de queísmo.

____

____

____

____

DEQUEÍSMO

Consiste en el empleo innecesario de la preposición *de* antes de *que*.

FORMAS CON *DE*	FORMAS CORRECTAS
Nos dijeron *de que* vendrían.	Nos dijeron *que* vendrían.
Les recomendaron *de que* debían enviar allí los documentos.	Les recomendaron *que* debían enviar allí los documentos.

- No siempre es incorrecto el uso de la preposición *de* junto a *que*. Se comete el error inverso, por carencia, cuando corresponde usar esa preposición y se le suprime.

FORMAS CON SUPRESIÓN DE *DE*	FORMAS ACEPTADAS
Ante la seguridad *que* lo aceptarían, no insistió más.	Ante la seguridad *de que* lo aceptarían, no insistió más.
Se puede tener confianza *que* esa proposición es buena.	Se puede tener la confianza *de que* esa proposición es buena.

Con el objeto de evitar el dequeísmo o la omisión inadecuada de la preposición *de*, se sugiere la siguiente prueba: sustituir la estructura encabezada por *que*, por el pronombre demostrativo *eso*. Si la oración tiene sentido se puede omitir perfectamente la preposición; si no tiene sentido, habrá que rectificar la expresión. Ejemplos:

Habla de que lo hará = Habla de eso (construcción correcta)

Asegura de que vendrá = Asegura de eso (construcción incorrecta)

Como la última oración no tiene sentido, la forma rectificada es:

Asegura que vendrá.

Lectura 8

LA ANGUSTIA VITAL

Es un hecho que los médicos, durante el ejercicio de su práctica clínica, ignoran a la angustia a pesar de que se trata de uno de los fenómenos de la patología humana más frecuente y de mayor importancia. Si algún enfermo es ignorado, maltratado y con frecuencia rechazado y marginado, ese es el enfermo que sufre de ansiedad. La difícil situación en que lo coloca la actitud médica no solamente es constatada día a día, por quienes tenemos la responsabilidad de tratarlo, sino que está bien documentada en la literatura, tal como lo demuestran los recientes estudios epidemiológicos de la doctoraWeissman de la Universidad de Columbia en Estados Unidos.[1]

Entre las muchas razones por las que se descuida a estos pacientes destaca, la pobre conceptualización que el gremio médico tiene de la angustia. Se carece de una visión global que permita comprenderla en toda su complejidad. Con frecuencia se le reduce a una serie de concepciones parciales, en las que la atención se concentra en aspectos concretos y poco relevantes, generando de esta manera distorsiones no exentas de consecuencias.

Buenos ejemplos de visiones reduccionistas son los siguientes: que la angustia se produce exclusivamente por eventos desfavorables; concepto que aparte de ser falso, porque en una gran cantidad de casos la angustia se presenta sin que medie ninguna causa externa, provoca dudas y rechazo hacia el enfermo. Ya que al no encontrarse razones que expliquen su presencia, automáticamente deja de justificarse una actitud de ayuda y solidaridad. Otra concepción de consecuencias similares es el que liga la existencia de la angustia a la fortaleza de espíritu. De acuerdo con ella, si se tiene voluntad y las creencias son firmes y sólidas, no tiene porque existir este sentimiento, ya que únicamente se presenta en los individuos carentes de convicciones y débiles de carácter. Otra más es aquella que considera las manifestaciones de la angustia como un rasgo femenino, en que su presencia, no es sino un intento de manipulación y un deseo de controlar situaciones, mediante la argucia de mostrarse débil y desamparado. Los ejemplos podrían multiplicarse, pero lo que se intenta señalar es que sin un concepto claro y preciso del fenómeno, no es posible establecer diagnósticos, ni planear tratamientos.

Las deficiencias en la conceptualización de la angustia obedecen a varios motivos. Primero, se trata de una noción abstracta que linda con algunos terrenos de la filosofía y la psicología que el médico no está acostumbrado a manejar. Segundo, se trata también de un término con una larga historia estudiado por diferentes disciplinas y cuyo resultado final es una imagen compleja y confusa, abigarrada de ideas e interpretaciones múltiples y diferentes entre sí.

Por último, desde la perspectiva médica, los avances más significativos y trascendentes, son bastante recientes y todavía no cruzan las fronteras de la especialidad.

Para llegar a un concepto adecuado de la angustia conviene tener presentes algunas de las consideraciones que esbozaremos a continuación. La angustia es un fenómeno esencialmente biológico,[2] no obstante que muchas de sus manifestaciones se expresen en las esferas psicológica y existencial. Su expresión involucra al individuo en su totalidad, no a segmentos o partes de su cuerpo. Su forma de presentación, es por definición, polimorfa, es decir, es capaz de expresarse por medio de síntomas somáticos, manifestaciones mentales y cambios en la conducta. Posee una vertiente adaptativa, que está al servicio de la vida y la supervivencia del individuo; paralelamente, sin embargo, tiene una cualidad patológica, lo que la hace peligrosa y destructiva. Por último, desde el punto de vista clínico, es indispensable distinguir entre la angustia como sentimiento, como síntoma, como síndrome y como entidad patológica.

Una forma de ilustrar y comprender la esencia biológica de la angustia es mostrando las similitudes que guarda con fenómenos cuya naturaleza biológica está fuera de toda discusión, como son el dolor, la fiebre y la inflamación. En todos ellos, al igual que en la angustia, se ha localizado un sustrato orgánico responsable de su expresión. Sus estímulos activadores son completamente inespecíficos y del más variado origen, del medio externo o del medio interno, pero igual pueden activarse sin la necesidad de ser estimulados. Todos estos fenómenos son universales y se rigen por leyes generales, aunque muestran una gran variabilidad entre los individuos, e incluso en un individuo en diferentes épocas y condiciones. Así, cambian los umbrales de la presentación, la tolerancia y la forma de expresión, dependiendo de la constitución del individuo, su biografía, su medio ambiente, su edad y su sexo. Como son expresiones que están al servicio de las fuerzas vitales del individuo, su ausencia vuelve vulnerable su propia existencia. Sin embargo, guardan dentro de sí potencialidades destructivas cuando se desencadenan en forma caótica e incontrolable.

Si bien es cierto que la angustia es fundamentalmente biológica, su manifestación trasciende la biología y envuelve a todo el ser.[3] En este sentido, es diferente a la fiebre, al dolor y a la inflamación. Con ellos comparte sus raíces, pero desde el punto de vista ontológico y filogenético es un fenómeno bastante más complejo. El idioma español, con la sabia intuición propia de su linaje, señala con elocuencia estas diferencias: se dice, tengo fiebre, me duele el pecho o se me hinchó la mano, mas con respecto a la angustia, se dice estoy angustiado. La expresión hace referencia a todo el *Ser.*[4] El idioma asume de ese modo que la angustia es una experiencia totalizadora cuya presencia involucra la esencia misma de la persona. Por ello se ha descrito como una amenaza a la propia existencia. Es el aviso de que la muerte existe, una advertencia de la propia mortalidad y una señal de que todo tiene un fin.[5]

Al confrontarnos con la muerte, la angustia remueve toda nuestra existencia. Es la que nos marca límites y hace patente nuestra fragilidad. Gracias a ella somos capaces de cuestionar nuestro quehacer diario, de buscarle sentido a la vida, de plantearnos ciertas preguntas y de inconformarnos con las respuestas cotidianas. Esto es lo que la escuela existencialista de la posguerra llamó la angustia existencial.[6] Es una vivencia necesaria para el ser humano, la que se encuentra detrás de la creatividad, el crecimiento y la curiosidad. Sustenta los riesgos que implica la libertad y la autonomía. Es una experiencia paradójica porque al hacer patente la presencia de la muerte, se alía con las fuerzas más poderosas de la vida.

Pero paralela a la angustia existencial, fusionándose con ella, confundiéndose y entrecruzándose, se encuentra la angustia vital, patológica, neurótica o endógena, calificativos que reflejan los distintos modos de concebir un fenómeno psicopatológico bastante común en la clínica médica.[7] Ésta es una angustia estéril, que no lleva a ninguna parte. Es el sufrimiento por el sufrimiento que lejos de estimular el desarrollo, ocasiona desorganización.

En ella imperan las fuerzas regresivas. Paraliza la curiosidad y frena la creatividad. Confina al individuo a su propio espacio, le niega expectativas, le impide la autonomía, interfiere con su libertad y coarta su capacidad para decidir. Es la angustia de las fobias, las obsesiones, las culpas, los celos, la hipocondria, la desconfianza, la paranoia, la impotencia, el terror a la desintegración, el insomnio y los sintomas psicosomáticos.

El gran reto a que se enfrenta el clínico moderno es el poder distinguir entre ambos tipos de angustia ¿Cuándo es existencial y cuándo es patológica? Establecer la diferencia no es tarea fácil. Los límites entre ambas son confusos porque el lenguaje que emplean es el mismo. Además, el crecimiento y la creación son procesos que conllevan sufrimiento y la incertidumbre es parte de la vida.[8]

La responsabilidad del clínico para distinguir entre ambas situaciones no nada más es académica, sino que acarrea consecuencias prácticas de suma gravedad para los enfermos. Una decisión correcta puede marcar la diferencia entre la vida y la muerte. Las actitudes del médico, los familiares y el propio enfermo hacia el cuadro ansioso variarán de acuerdo con la distinción que se haga. Habrá veces en que lo más conveniente sea dejar que la angustia fluya para que el paciente asuma su propia responsabilidad ante la existencia. En otras, lo más conveniente es actuar con energía para detener de inmediato el episodio mórbido. Otros elementos que incrementan la responsabilidad del clínico son la eficacia y la potencia de los nuevos agentes terapeúticos, que como todos los medicamentos efectivos, encierran promesas y peligros.[9]

El tema de la angustia es un buen ejemplo de cómo la falta de una conceptualización inadecuada de un fenómeno puede tener consecuencias prácticas de importancia. Hago esta reflexión, porque lo más común es que los médicos tomemos decisiones basándonos en hechos concretos y objetivos. El ejercicio de la medicina así lo demanda. Incluso es impresionante la cantidad de datos y conocimientos que se requieren para poder ejercerla. Así es fundamental saber cifras exactas de laboratorio, nombres de enfermedades, de fármacos y de substancias químicas. Hay un exceso en la demanda de conocimientos factuales y precisos. Esta tendencia opaca la necesidad de conceptualizar y de manejar nociones abstractas, práctica mucho más frecuente en mi especialidad, la psiquiatría, en donde a veces es mucho más importante tener ideas claras y bien localizadas, que coleccionar datos y conocimientos. La abstracción y la teorización pueden muy bien tener consecuencias prácticas, tal y como lo he tratado de demostrar en esta presentación.

Referencias

1. Weissman M. M., *The hidden patient: Unrecognized panic disorder,* J. Clin Psychiatry, 1990; 51: 11 (suppl) 5–8
2. Guttmacher L. B., Murphy D. L., *Insel T. R. Pharmacologic models of anxiety,* Compr. Psychiatry, 1983; 24: 312-326.
3. Glodstein K., *The organism, a hollistic aproach to biology,* 1939; American Book Company, New York.
4. López Ibor J. J., *La angustia vital,* 1950, Ed. Paz Montalvo, Madrid, España.
5. Kierkegaard S., *The concept of Drar. English Translation of Begreber Angst. 1844,* University press, Princeton, 1946.
6. Binswanger L., *The existencial analysis school of thought. 1958.* En Existence. A new Dimension in Psychiatry Ed May R, Angel E, Ellenberger H. F., Basic Books, New York.
7. *Ibidem.*
8. Hillman J. Emotion., *A comprehensive phenomenology of theories and treir meanings for therapy, 1960,* Roudtlege and Kegan Paul, London.
9. Fyer A. J., Sandberg D., *Pharmacologic treatment of panic disoders,* 1988, Ed. Frances A. J, hales R. E. En Review of Psychiatry Vol. 7. American Psychiatry Press. Washington.

CARLOS CAMPILLO SERRANO

Ejercicios

1. Trabaja con las siguientes palabras de la lectura y sigue las indicaciones que se dan en el cuadro anexo. Las columnas 1, 2 y 3 se completarán según lo permita la palabra:

PALABRA	PREFIJO Y SIGNIFICADO	SUFIJO Y SIGNIFICADO	SIGNIFICADO ETIMOLÓGICO	SIGNIFICADO CONTEXTUAL	CLASIFICACIÓN GRAMATICAL
psicosomáticos	psico=alma	ico-a=relativo a	palabra compuesta psique=alma soma=cuerpo	relaciones entre el sentir y el padecer	adjetivo
patologías					
psicopatológico					
polimorfa					
síndrome					
ontológico					
filogenético					

PALABRA	PREFIJO Y SIGNIFICADO	SUFIJO Y SIGNIFICADO	SIGNIFICADO ETIMOLÓGICO	SIGNIFICADO CONTEXTUAL	CLASIFICACIÓN GRAMATICAL
endógena					
mórbido					
hipocondria					
insomnio					
reduccionistas					
paradójica					
fármacos					

PALABRA	PREFIJO Y SIGNIFICADO	SUFIJO Y SIGNIFICADO	SIGNIFICADO ETIMOLÓGICO	SIGNIFICADO CONTEXTUAL	CLASIFICACIÓN GRAMATICAL
fobias					
paranoia					
factuales					
existencial					

2. Subraya los verbos conjugados en el siguiente texto. Clasifícalos en dinámicos y estáticos. Si es necesario, utiliza otra hoja para escribirlos:

Caminando en diagonal, salió del camellón, atravesó la calle y siguió avanzando por la banqueta. Al llegar a la primera bocacalle una súbita corriente de aire despeinó más aún sus cabellos. Metió las manos hasta el fondo de su gabardina y apresuró un poco el paso. El aire cesó casi por completo apenas hubo alcanzado el primer edificio. Una de las ventanas de la planta baja estaba iluminada. Instintivamente se detuvo y miró hacia adentro. Un hombre y una mujer, muy viejos, se sonreían, afectuosa, calurosamente, desde cada uno de los extremos de la mesa, que era, como las sillas y el aparador, grande, fuerte, resistente. Ella tenía un chal de punto gris sobre los hombros; él una camisa sin cuello y un grueso chaleco de lana. Los restos de la cena estaban todavía sobre la mesa. De pronto la mujer se levantó, recogió los platos y salió de la habitación. La muchacha no quiso ver más. Suspiró inexplicablemente y siguió caminando. Al atravesar una nueva bocacalle el viento volvió a despeinarla. Tras la ventana el viejo se levantó, avanzó lentamente y abandonó el comedor. La luz dejó de reflejarse en la calle.

JUAN GARCÍA PONCE

VERBOS DINÁMICOS	VERBOS ESTÁTICOS
______________	______________
______________	______________
______________	______________
______________	______________
______________	______________

3. Explica qué tipo de verbos predominan en el escrito anterior.

____

____

____

____

4. Analiza el manejo de los verbos en los fragmentos de la lectura 8 que te señale el maestro.

____

____

____

____

____

____

____

5. Describe una experiencia personal que se relacione con el contenido de la lectura anterior.

6. Redacta un escrito con estructura IDC en el que describas tres problemas que afectan a la sociedad contemporánea. Puedes buscar información complementaria en medios electrónicos.

   a) Emplea observaciones, inferencias y juicios de valor.
   b) Cuida el manejo del lenguaje.
   c) Utiliza los tipos de descripción que se explicaron en este capítulo.
   d) Cuida el manejo del verbo.

Etimologías

Esquema No. 8

PREFIJO	ORIGEN	SIGNIFICADO	EJEMPLOS
infra-	latino	debajo	infrascrito, infrarrojo
omni-	latino	todos	omnisciente, ómnibus
pre-	latino	antes, delante de	preludio, presidir
iso-	griego	igual	isótopo, isósceles
dodeca-	griego	doce	dodecasílabo, dodecaedro
dis (di)-	latino	separación, división, dispersión	difamación, distancia, disolver, disponer
auto-	griego	el mismo, uno mismo	autonomía, autodidacta
proto-	griego	primero	prototipo, protagonista
semen-	latino	semilla	semental, simiente
ab-, abs-	latino	separación, privación, discordancia	abstracto, absurdo
ultra-	latino	más allá, del otro lado	ultramarino, ultraterreno

SUFIJO	ORIGEN	SIGNIFICADO	EJEMPLOS
-lisis	griego	disolución, destrucción	análisis, diálisis
-filia	griego	amigo, efecto	hemofilia, biofilia
-ismo	griego y latino	sistema, religión, conformidad, perteneciente a,	atavismo, nepotismo, estoicismo, panteísmo
-ico (a)-	griego y latino	relativo a, propiedad	arcaico, telúrico
-ducto	latino	llevar, conducir, transportar	acueducto, viaducto
-itis	griego	inflamación, irritación	otitis, dermatitis

7. Consulta el esquema de etimologías No. 8 y resuelve el siguiente ejercicio.

a) Los rayos__________________ están fuera del espectro visible por su extremo color.

infrahumanos infrarrojos "equis"

b) El __________________ es uno de los temas que más se comentan en la política.

panteísmo neomodernismo nepotismo

c) El comité solicitó a un experto para ______________________________la reunión.

prescindir presidir prevenir

d) "Ansina" es una forma del lenguaje _________________ que equivale actualmente a: **así.**

arcaico prosaico coloquial

e) Algunas universidades tienen absoluta___________ para actualizar sus planes de estudio.

experiencia autorregulación autonomía

f) La ______________________ es una dificulad de la sangre para coagularse.

hemofilia hematoma necrofilia

g) El término ____________________________ significa que lo sabe todo.

inteligente omnisciente omnímodo

h) La __________________________________ es una inflamación del oído.

dermatitis colitis otitis

i) Los productos _______________se pusieron de moda en México desde el afrancesamiento de la cultura.

ultraístas ultramarinos ultramodernos

j) A la descomposición de un cuerpo por corriente eléctrica se le llama _______________.

diálisis hidrólisis electrólisis.

FORMAS NEGATIVAS Y POSITIVAS

Formas negativas como las que se presentan a continuación deben evitarse; en su lugar, han de emplearse las correspondientes formas positivas:

No desconocemos	=	Conocemos
La no existencia de fe	=	La ausencia de fe
Para no ocasionar gastos	=	Para evitar gastos
La no aceptación del padre	=	El rechazo del padre
No estará presente	=	Estará ausente

SUSTANTIVOS AMBIGUOS MASCULINOS

El radio (aparato receptor)	El apéndice
El calor	El cortapluma
El piyama	El torticolis (o tortícolis)
El pus	El caparazón

SUSTANTIVOS AMBIGUOS FEMENINOS

La radio (radiotelefonía)	La génesis
La sartén	La espiral
La atenuante	La sazón
La agravante	La apendicitis

FALSAS CONCORDANCIAS

Artículos masculinos ante sustantivos femeninos:

El ave	El águila	El alma
El ánfora	El ama	El aya
El aura	El haza	El haba
El hambre	El habla	El hampa

El plural en todos los casos anteriores se hace con el artículo "las". Ejemplos: *las aves, las águilas.*

SUSTANTIVOS AMBIGUOS

Los siguientes nombres pueden usarse indistintamente como masculinos o femeninos:

arte	azúcar	aneurisma
dote	hojaldre	aleluya
linde	lente	mar
mimbre	prez	pro
tilde	tizne	eczema

8. Escribe el artículo correcto en los textos que te proporcione el maestro.

9. Localiza en periódicos y revistas actuales, textos donde se utilicen algunos sustantivos ambiguos.

PALABRAS BIFORMES

Palabras que tienen dos formas que se originan en la misma raíz. Su terminación es distinta, pero significan lo mismo. La primera forma es la más usual:

ábside	ábsida
almácigo	almáciga
azucarera	azucarero
barranco	barranca
barreno	barrena
desgano	desgana
fresco	fresca
gritería	griterío
llamada	llamado
máximo	máximum
ozono	ozona
tétano	tétanos
tránsfuga	tránsfugo
troj	troje
ícono	icono

Palabras con cambio de significado por diferencia de letras (HOMÓFONOS)

abocar: asir con la boca; acercarse; juntarse para tratar algo.	**avocar:** llamar a sí un tribunal superior la causa que correspondía a otro inferior.
abrazar: ceñir con los brazos.	**abrasar:** reducir a brasa.
acechar: vigilar.	**asechar**: poner artificios con el fin de dañar.
acerbo: áspero al gusto; cruel, riguroso.	**acervo:** montón de cosas menudas; conjunto de bienes morales y culturales.
adolecente o adoleciente: que adolece.	**adolescente:** que está en la adolescencia.
aprehender: sujetar, asir.	**aprender:** adquirir conocimientos.
asesinar: matar alevosamente.	**acecinar:** salar las carnes y hacerlas cecinas.
asolar: secar los campos, el calor, la sequía, etcétera.	**azolar:** desbaratar la madera con azuela.

azar: casualidad.

azahar: flor de naranjo o limonero;
asar: cocinar sobre la lumbre.

baca: sitio en la parte superior de las diligencias y coches de camino.

vaca: hembra del toro.

bah: interjección que denota incredulidad o desdén.

va: voz del verbo ir.

barón: título de nobleza.

varón: criatura de sexo masculino.

basto: grosero, tosco, ordinario, burdo.

vasto: dilatado, muy grande.

bello: hermoso.

vello: pelo más corto y suave que el de la cabeza.

besa: tocar con los labios en señal de amor, amistad o reverencia.

veza: arveja.

casa: edificio para habitar, morada, hogar.

caza: captura de animales salvajes.

cegar: perder la vista; ofuscar la razón.

segar: cortar hierbas con la hoz, cortar lo que sobresale.

cocer: someter ciertas materias al calor.

coser: unir con hilo.

consejo: parecer que se da o toma; corporación consultiva.

concejo: ayuntamiento, municipio.

desecho: lo que queda después de haber escogido lo mejor.

deshecho: quitar la forma o figura de una cosa.

encauzar: abrir cauce; encerrar o dar dirección por un cauce a una corriente.

encausar: formar causa a uno; proceder judicialmente contra él.

fucilar: producirse relámpagos sin ruido en el horizonte.

fusilar: ejecutar a una persona.

grabar: señalar con incisión.

gravar: imponer gravamen.

gira: excursión recreativa o política.

jira: pedazo largo y grande que se corta de una tela.

halla: encontrar.

haya: auxiliar para formar tiempos verbales compuestos.

hasta: preposición que denota término de lugares, acciones o cantidades; conjunción que indica exageración o ponderación.

asta: palo de lanza, palo en que se fija la bandera.

hecho: acción, suceso, asunto.

echo: tiro algo, despido de mi presencia.

herrar: colocar hierros.

errar: equivocarse.

hojear: pasar las hojas de un libro.

ojear: dirigir los ojos y mirar con atención a determinada parte.

huso: instrumento que sirve para hilar.

uso: modo determinado de hacer las cosas; costumbre, hábito, estilo.

insipiente: falto de sabiduría o ciencia.

incipiente: que empieza.

intención: propósito.

intensión: intenso, intensidad.

loza: barro fino.

losa: piedra llana, sepulcro.

poso: alojarse en posada; voz del verbo posar, que significa servir de modelo.

pozo: perforación para sacar agua.

rallar: desmenuzar una cosa restregándola con el rallador.

rayar: amanecer, hacer tiras o rayas.

rebosar: derramarse un líquido, caber en un recipiente.

rebozar: bañar una vianda con huevo batido. Encubrir, disimular.

sima: cavidad grande y muy profunda en la tierra.

cima: lo más alto de los montes.

valla: obstáculo o impedimento.

vaya: moverse de un lugar hacia otro.

10. Utiliza las palabras biformes correctas en los ejemplos que te proporcione el maestro.

11. Redacta un texto o una serie de oraciones en las que utilices por lo menos 15 homófonos con sus dos significados.

Capítulo cinco

MODELO DEL ESCARABAJO: ANÁLISIS Y PUNTO DE VISTA EN LA SELECCIÓN DE UN TEMA

El escarabajo es un modelo inspirado en la semántica de la palabra y en las redes asociativas que la misma sugiere por los preconocimentos y experiencias que cada persona posee. Su fin primordial es hacer de la escritura una práctica amigable, sencilla y útil para diversas actividades del saber y del hacer humanos.

Aunque algunas personas tienen más facilidad que otras para esta habilidad lingüística, sería interesante investigar por qué en los últimos años ha aumentado el número de individuos con deficiencias en la expresión escrita. Probablemente en la influencia de los medios masivos de comunicación, en la falta de motivación y actualidad de las metodologías que se emplean en la educación básica, media y media superior, y en la cultura social y familiar de la lectura encontraremos más de una respuesta para este problema que parece ser mundial.

A quienes consideran a la escritura como algo esencial, el modelo del escarabajo les permitirá planear y analizar cualquier tipo de discurso, generar ideas y solucionar problemas en forma rápida, entre otras ventajas importantes. En cambio a quienes aseguran ser incapaces de escribir más de dos líneas, les abrirá una serie de posibilidades y en muy poco tiempo, comprobarán un incremento notable en su calidad escritural.

Se le ha llamado *modelo del escarabajo* por dos razones: la primera, porque el esquema simplificado de su figura nos permite trabajar con una herramienta que facilita notablemente el proceso de escritura. La segunda, tiene un sentido figurado o de naturaleza simbólica: así como el escarabajo escarba y hurga en la tierra, debemos hacerlo en nuestra mente para encontrar las redes asociativas de la palabra o del tema.

En la etapa inicial el modelo parte de una palabra o *byte* de información para llegar a “n” palabras o *bytes* de información: el sustantivo como generador de otros sustantivos. Una vez que se comprende y maneja esta etapa podrá utilizarse, con los mismos resultados, en el desarrollo de un tema, un índice o un ensayo. Con fines de investigación es un auxiliar invaluable para elaborar monografías, tesinas, tesis, reportes e informes. También se puede emplear para análisis de textos, desarrollo de ideas y análisis y solución de problemas, entre otras aplicaciones de importancia.

LAS FASES DEL MODELO son:

a) La palabra en el esquema simplificado.
b) Bloques semánticos.
c) Selección, jerarquización y discriminación.
d) Enfoque de acuerdo con uno o varios puntos de vista.
e) Características del punto de vista.
f) Redacción del texto.
g) Título.

En la primera fase se trabaja con los CAMPOS SEMÁNTICOS DE LA PALABRA. Para ilustrar lo anterior ejemplificaremos con la palabra *MAR*, colocándola en el centro del modelo simplificado.

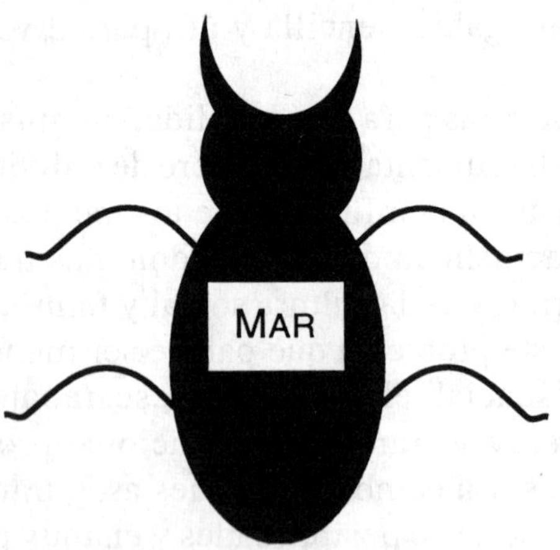

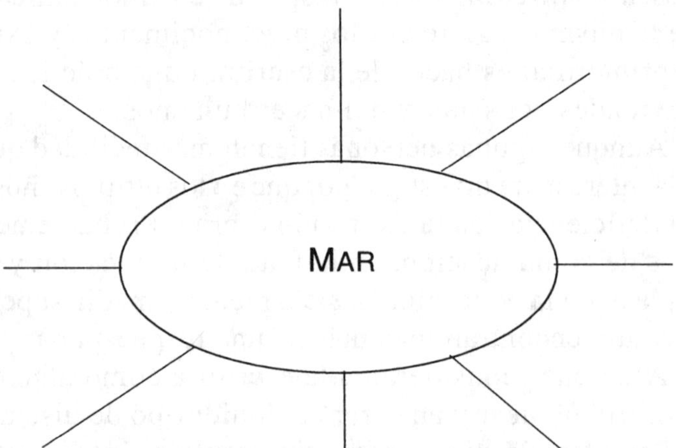

Después se escriben los derivados semánticos de la palabra:

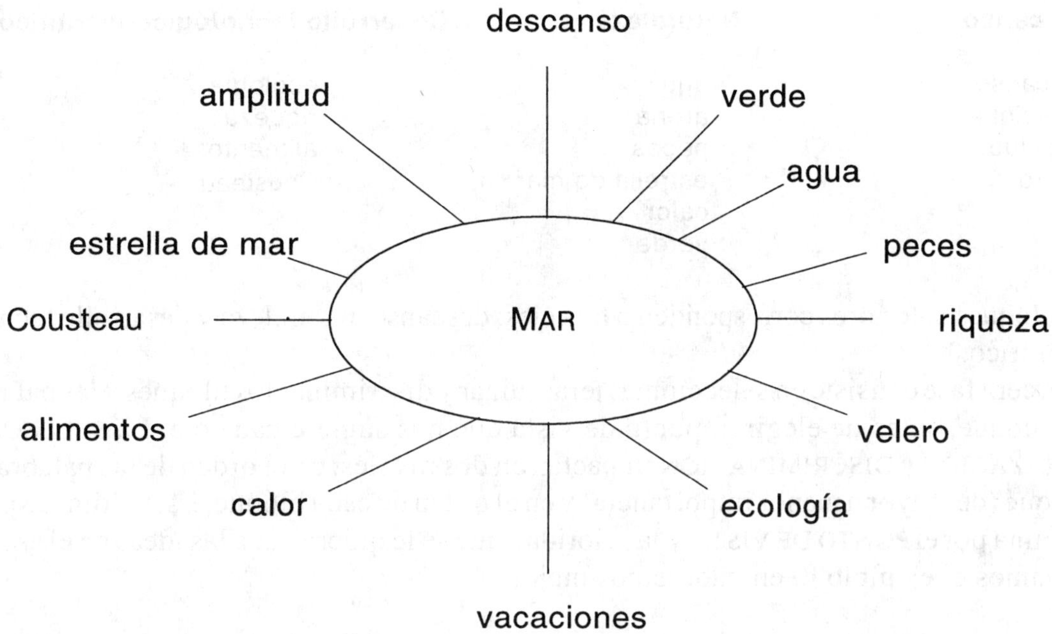

Si reflexionamos en el tiempo que se le invierte a esta fase nos daremos cuenta de que no rebasa el minuto y lo más importante: de un *byte*, *MAR*, llegamos a 15 palabras que tienen relación semántica entre sí.

El procedimiento es muy sencillo. Se establecen redes asociativas por la suma de los elementos externos e internos de la palabra y los preconocimientos, como se observa en el ejemplo anterior. Se puede hablar de una omnipresencia externa a la palabra, determinada por el uso social de la lengua, y también de una interna que adquiere sentido por el uso personal que le da el individuo. Además están los *precognocimientos* o antecedentes determinados por el aprendizaje, la cultura y la información. En la suma de estos tres campos está el significado de la fase primaria del modelo que, sin lugar a dudas, se ampliará cuando se utilice en el desarrollo de un tema, en la elaboración de un índice tentativo, en la investigación, el análisis de textos y la solución de problemas como lo veremos más adelante.

La segunda fase del escarabajo nos remite a la ordenación de las palabras que se obtuvieron en la fase anterior, en BLOQUES SEMÁNTICOS. El número de bloques variará de acuerdo con la cantidad y naturaleza de los términos que se obtengan en la etapa de asociación. Cada bloque representa un eje o campo donde se desplazan las palabras de acuerdo con cierta lógica. En ocasiones un mismo término puede participar en varios de ellos.

BLOQUES SEMÁNTICOS

Descanso	Naturaleza	Desarrollo tecnológico-científico
descanso	agua	ecología
vacaciones	arena	riqueza
amplitud	peces	alimentos
velero	estrella de mar	Cousteau
	calor	
	verde	

Los bloques anteriores corresponden a tres ejes: descanso, naturaleza y desarrollo tecnológico-científico.

La tercera fase consiste en seleccionar, jerarquizar y discriminar los bloques y las palabras de cada bloque, antes de elegir el punto de vista que nos sugiere cada eje. La SELECCIÓN, JERARQUIZACIÓN y DISCRIMINACIÓN impactan en dos niveles: en el orden de las palabras en cada bloque (de mayor a menor importancia) y en el orden de cada bloque. Este último aspecto se determina por el PUNTO DE VISTA y la prioridad que se le quiera dar a las ideas en el escrito. Si retomamos el ejemplo lo entenderemos mejor:

Primera ordenación:

I. Descanso	II. Naturaleza	III.Desarrollo tecnológico-científico
1. descanso	1. agua	1. ecología
2. vacaciones	2. arena	2. riqueza
3. amplitud	3. peces	3. alimentos
4. velero	4. estrella de mar	4. Cousteau
	5. sal	
	6. calor	
	7. verde	

Otra posible ordenación:

I. Desarrollo tecnológico-científico	II. Naturaleza	III.Descanso
1. Cousteau	1. verde	1. vacaciones
2. alimentos	2. calor	2. velero
3. riqueza	3. sal	3. amplitud
4. ecología	4. arena	4. descanso
	5. peces	
	6. estrella de mar	
	7. agua	

Después de trabajar los bloques semánticos se pasa al punto de vista. En esta fase es necesario considerar que cada punto de vista tiene sus características y que éstas precisan el enfoque o enfoques del escrito y refuerzan el tono del mismo.

Finalmente, si tomamos en cuenta cada uno de los aspectos anteriores, podremos redactar con facilidad un escrito sobre el mar donde se incluyan las palabras y los bloques que se seleccionen.

Antes de iniciar el escrito es conveniente revisar el esquema de la función de los enlaces y las recomendaciones para elegir un título:

CLASIFICACIÓN DE LOS ENLACES POR SU FUNCIÓN

Resultado: En suma, en resumen, en conclusión, en síntesis, para concluir, para terminar, finalmente.
Oposición: Al contrario, por el contrario, pero, a la inversa, de otro modo, de otra manera.
Correlación: Por un lado... por otro lado, por una parte... por otra parte, no sólo... sino también.
Sucesión: En principio, ante todo, enseguida, por fin, después, en primer término, en primer lugar, en segundo lugar, por último, en última instancia, primeramente.
Causa: En efecto, puesto que, en realidad, pues.
Adición: Y, también, igualmente, aún, además, sobre esto, tanto más, del mismo modo, de la misma manera, asimismo.
Restricción: Aunque, sin embargo, no obstante, a pesar de, mientras que, mientras tanto.
Adhesión: Por cierto, sin duda, por supuesto, seguramente.
Consecuencia: Luego, así como, por consiguiente, por lo tanto, en consecuencia.
Alternativa: Sea, ya sea, bien sea, o bien.

RECOMENDACIONES PARA ELEGIR UN TÍTULO

- Elige el título al final.
- Usa palabras que atraigan al lector y que tengan rasgos de actualidad.
- Usa títulos muy largos sólo cuando sean necesarios. Ten cuidado de no repetir la primera idea.
- Evita títulos confusos.
- Evita juegos con palabras, hazlo sólo cuando los posibles lectores tengan conocimiento del significado.
- Evita las negaciones.
- Recurre a números sólo cuando sean necesarios.

En la práctica hemos comprobado que algunas personas obtienen hasta 36 términos en un lapso de un minuto y medio y otras, sólo nueve. Esto depende de la palabra, de los preconocimentos y también de la especialidad de la persona. En palabras como razón, oscuridad, soledad, inconsciente, por citar algunas, se restringe el número. Sólo quienes tienen un buen nivel de lectura o experiencia en la creación literaria logran mayor cantidad, sin embargo, esto no anula ni limita las posibilidades del modelo.

Otro dato interesante es que un derivado semántico del *byte* inicial puede, a su vez, generar un submodelo, pero llega un momento en que, con la selección-jerarquización y discriminación, se define el enfoque y desecha la información innecesaria. En el ejemplo un submodelo se ilustraría así:

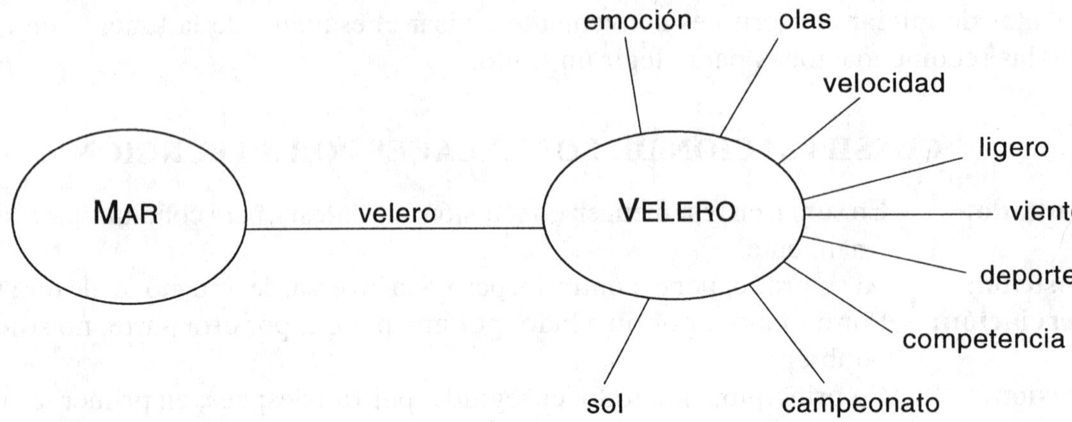

Estamos seguros que este recurso revalorará a la escritura como una práctica necesaria para gran parte de nuestras actividades profesionales. Con el fin de afianzar lo anterior, se recomienda a los maestros que practiquen varias dinámicas de grupo con diferentes palabras tomando en cuenta cada uno de los pasos del modelo. Éstas nos servirán para corroborar cómo fluctúa el número de los derivados en cada término, tanto por la naturaleza del mismo como por las sumas que hemos mencionado. Cuando se trabaja en la fase de los derivados semánticos es importante fijar límites de tiempo.

Después de conocer las posibilidades del modelo en esta primera etapa, ejemplificaremos sus ventajas en el DESARROLLO DE UN TEMA. En esta modalidad se siguen los mismos pasos que ya conocemos. La diferencia estriba en que se trabaja con un enunciado en el centro del esquema:

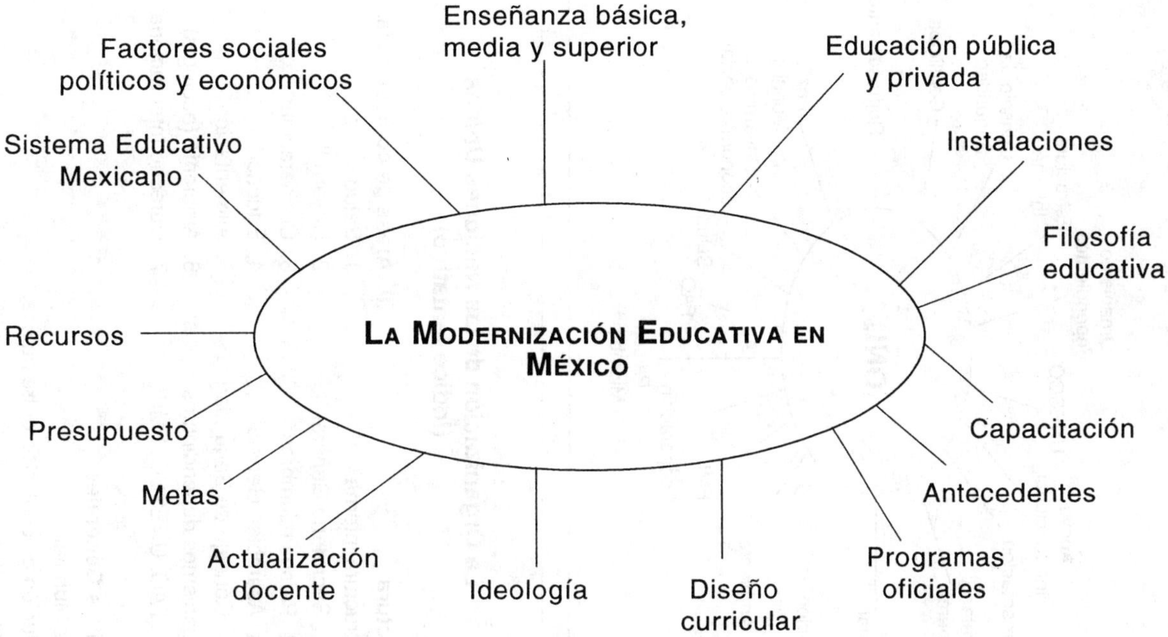

En el ejemplo anterior, que se tomó de una dinámica real, se obtuvieron 15 elementos en el lapso de un minuto. Éstos muestran distintos aspectos que nos ayudarán a escribir sobre este interesante tema. Se recomienda a los maestros continuar con este ejercicio en una práctica de grupo y discutir los resultados finales con los estudiantes.

El siguiente esquema ilustra las fases del modelo en la ELABORACIÓN DE UN ÍNDICE TENTATIVO.

1

2

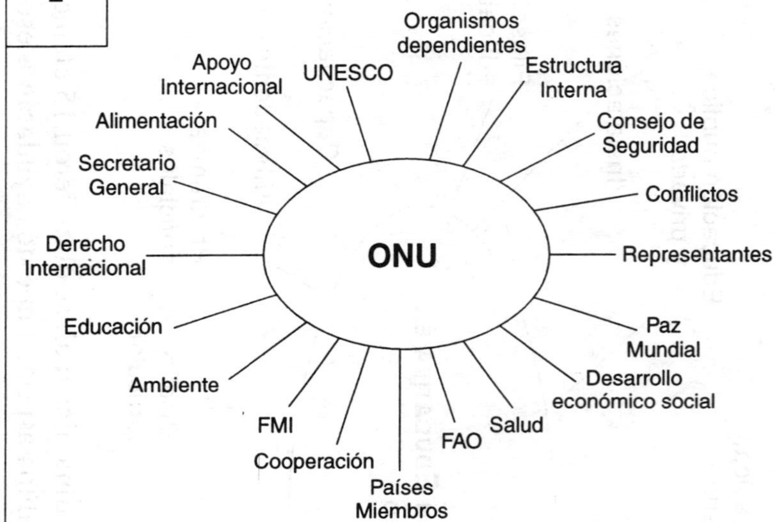

3

Estructura
Países Miembros
FMI
Estructura Interna
Representantes
UNESCO
Organismos Dependientes
Asamblea General
FAO
Secretario General
Consejo de Seguridad

Objetivos Generales o Funciones
Solución de Conflictos
Apoyo Internacional
Paz Mundial

Áreas de Competencia
Derecho Internacional
Ambiente
Educación
Salud
Cooperación
Alimentación
Desarrollo económico y social

4

La Organización de las Naciones Unidas (Índice tentativo)

I. Estructura
1. Estructura interna
   1.1 Secretario General
   1.2 Países miembros
   1.3 Asamblea General
   1.4 Consejo de Seguridad
2. Organismos dependientes
   2.1 FAO, UNESCO, FMI

II. Objetivos Generales
1. Paz Mundial
2. Solución de conflictos entre países
3. Apoyo Internacional

III. Áreas de competencia
1. Salud
2. Desarrollo
3. Cooperación
4. Educación
5. Alimentación
6. Ambiente (ecología)
7. Derecho Internacional

Otro ejemplo para la elaboración de un índice:

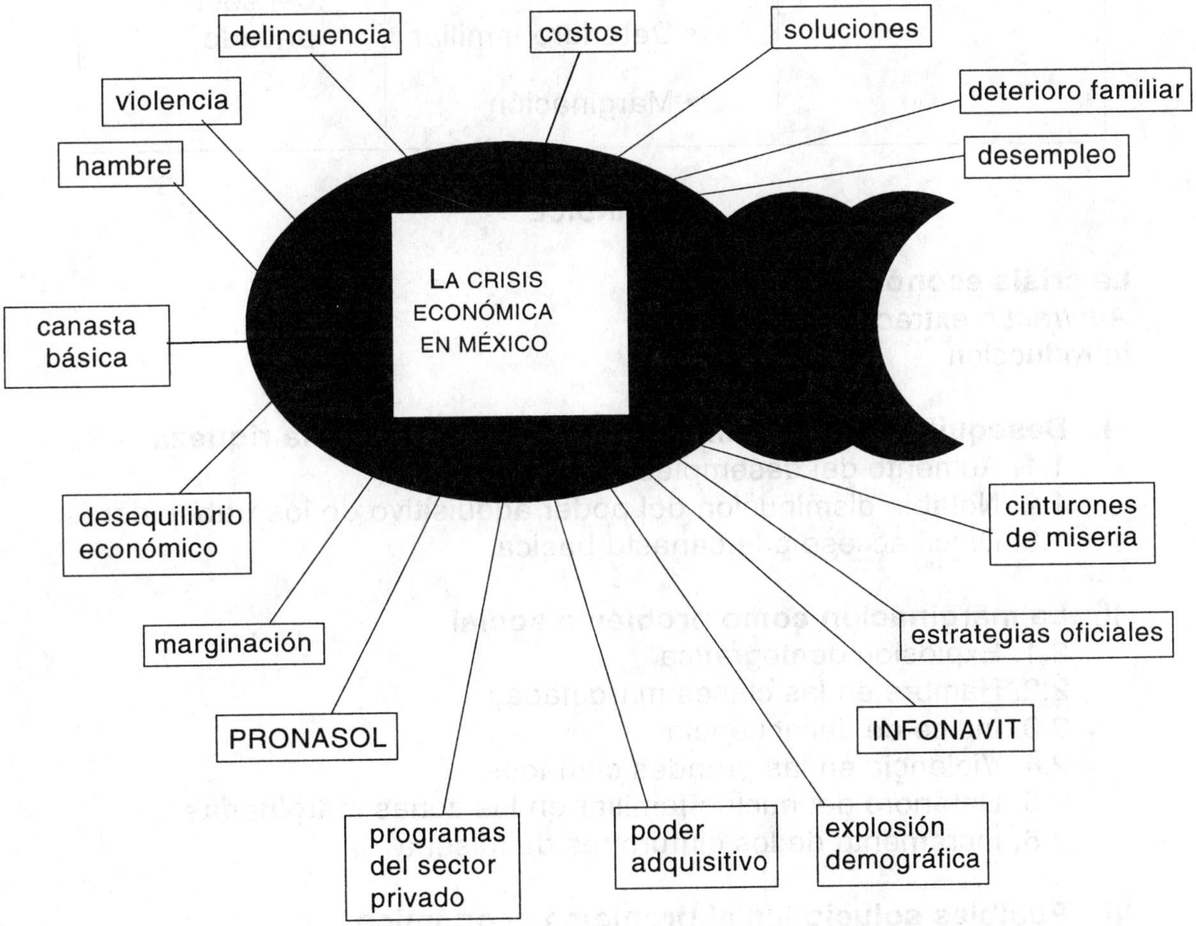

Bloques semánticos

• Desequilibrio económico	• Cinturones de miseria	• Estrategias oficiales
• Desempleo	• Explosión demográfica	• Soluciones
• Poder adquisitivo	• Hambre	• INFONAVIT
• Canasta básica	• Delincuencia	• PRONASOL
• Costos	• Violencia	• Programas del sector privado
	• Deterioro familiar	
	• Marginación	

ÍNDICE

3.3. PRONASOL
3.4. INFONAVIT
3.5. Programas del sector privado

Conclusiones
Bibliografía
Anexos

El modelo del escarabajo, como una técnica para el DESARROLLO DE IDEAS, nos ayuda a delimitar y analizar posibilidades de una manera rápida y efectiva, por lo menos más efectiva que si cerramos los ojos o buscamos en el techo fuentes de ideas. En cierto modo es un modelo que nos invita a pensar y a ser creativos. Cada una de sus fases nos conducirán a una solución congruente ya que no es posible divagar ni alejarnos del objetivo, como lo hace la famosa técnica de la lluvia de ideas.

Nos parece interesante citar el ejemplo de un departamento de proyectos de una empresa X, donde los profesionistas invertían meses pensando para poder desarrollar un proyecto. Cuando conocieron esta técnica descubrieron una metodología sencilla, que en muy poco tiempo los llevó a solucionar problemas, buscar fuentes de ideas y terminar los proyectos en muchísimo menos tiempo, para satisfacción del jefe y, obviamente, para la de quienes les pagaban.

En el análisis y solución de problemas, el modelo nos permite ver objetivamente un problema para encontrar soluciones justas y adecuadas, tanto en el nivel empresarial como en el social, el familiar y otros.

Recomendaciones útiles para el ANÁLISIS Y SOLUCIÓN DE PROBLEMAS

- IDENTIFICAR EL PROBLEMA:
  Ser capaces de percibir las diferentes circunstancias que nos rodean.
- UBICARLO:
  Preguntarnos: ¿En qué contexto se presenta?
- ESTUDIAR SU NATURALEZA:
  Preguntarnos: ¿Qué tipo de problema es? (social, legal, administrativo, personal, comunicativo, psicológico y otros)
- CONOCER SU MAGNITUD:
  Establecer una escala de medición: de poca importancia, de mediana importancia, de mucha importancia, grave.
- AVALARLO CON DATOS CONCRETOS:
  Documentarlo hasta donde sea posible.
- FORMULAR ALTERNATIVAS:
  Es importante tener por lo menos dos alternativas de solución, con el fin de comparar ventajas y desventajas.
- PLANEAR ESTRATEGIAS PARA SOLUCIONARLO:
  A corto, mediano o largo plazo.

Otra aplicación que tiene EL MODELO es cuando se procede A LA INVERSA. De esta forma se parte de un texto escrito para analizar en él los puntos de vista, los bloques semánticos, las ideas principales o clave y los *bytes* que sustentan esas ideas (palabras clave, frecuencia de las mismas y base estructural). Este recurso nos conduce a una mejor comprensión de las ideas en el análisis del texto y facilita notablemente la lectura.

Como el escarabajo también es útil para escribir ensayos incluimos información importante sobre este género de actualidad. EL ENSAYO es un género de naturaleza versátil por el elemento personal y el tono subjetivo que lo caracterizan. El ensayo es "un escrito en prosa, generalmente breve, que expone sin rigor sistemático, pero con hondura, madurez y sensibilidad una interpretación personal sobre cualquier tema sea filosófico, científico, histórico, literario, etcétera" Se le conoce también como: estudios, meditaciones y divagaciones.

"Las fronteras formales del ensayo son imprecisas. En la manera con que se expone y enjuicia un tema colinda con el trabajo científico, con la didáctica y la crítica. Se separa de las anteriores en que no sigue un orden riguroso y sistemático de exposición, ni pretende agotar la materia, ni dar soluciones firmes. Lo personal y subjetivo, el punto de vista que asume el autor al tratar el tema, adquiere primacía en el ensayo. La nota individual —los sentimientos del autor, sus amores, gustos y aversiones— es la que lo define y caracteriza acercándolo a la poesía lírica. Lo que lo separa es el lenguaje; más conceptual y expositivo en el ensayo; más intuitivo y lírico en la poesía.

El ensayo se caracteriza por:

- Su estructura libre, de forma sintética y de extensión relativamente breve.
- Su variedad temática. Se pueden exponer ideas de todas clases: filosóficas, científicas, morales, estéticas, literarias, etcétera.
- Su estilo cuidadoso y elegante sin llegar a la afectación.
- Su tono variado, que responde a la manera particular con que el autor ve e interpreta el mundo, la vida, la naturaleza, los seres humanos y a sí mismo. El tono puede ser profundo, poético, didáctico, satírico, irónico, etcétera.
- La amenidad en la exposición, que sobresale sobre el rigor sistemático de ésta"

Podríamos hablar de dos tipos de ensayo: los científicos, documentados o con fines de investigación, cuya característica principal es que parten de una hipótesis que se desarrolla a través de un sistema de argumentación (observaciones, inferencias y juicios de valor) y una metodología formal. Por otra parte, están los libres o personales con sus diversos matices y estilos. En el periodismo de fondo actual se emplean con mucha frecuencia. En el capítulo siete retomaremos el ensayo dentro de los géneros periodísticos. (ver págs. 278-279.)

Lectura 9

TECNOLOGÍA Y POESÍA

Heidegger nos hace notar que los antiguos griegos utilizaban la palabra *póiesis* (de la cual deriva directamente la palabra poesía) para expresar el acto mediante el cual un objeto adquiere forma e imagen; *póiesis*, entonces, es una manera de designar la producción. Por otra parte, la palabra *physis* significaba el acto por el cual una cosa brota de sí misma (como la flor de su capullo); *physis* era también una forma de producción, es decir, parte de la *póiesis*. De acuerdo con el antiguo concepto griego, producir es hacer que algo pase de un estado invisible a un estado visible; consiste en presentar, en hacer una revelación, palabra que en griego es *alétheia* y que los romanos tradujeron por *veritas* (verdad). Así, Heidegger nos propone explorar el origen de la palabra tecnología, la cual proviene del griego *teknion* y designa aquello que pertenece a la *tekné* (arte o destreza). Para los griegos *tekné* no designaba solamente aquello hecho por los artesanos, sino también el arte en su sentido más elevado: las bellas artes. De hecho, la *tekné* era un aspecto de la producción, es decir, de la *póiesis* y, por lo tanto, tenía una naturaleza poética.

Hasta la época de Platón, la palabra *tekné* estuvo siempre asociada con la palabra *episteme*, de la cual deriva el término *epistemología* (rama de la filosofía que estudia el origen, el método y los límites del conocimiento). Ambas palabras designaban al conocimiento en su sentido más amplio. Sin embargo, Aristóteles fue el primero en hacer una distinción formal entre *episteme* y *tekné*, y entre el descubrimiento específico que corresponde a cada una de estas palabras y la forma en que dicho descubrimiento (revelación) se realiza. Así, la *tekné* pasa a designar un modo particular de revelación (en griego *alétheia*) que consiste en descubrir lo que no es capaz de producirse a sí mismo, lo que todavía no está ante nosotros. Quien construye una casa o un barco revela el objeto que se va a producir de acuerdo con las cuatro causas ya mencionadas. Esta revelación reúne previamente la apariencia exterior y la materia (del barco o de la casa) dentro de la perspectiva del objeto ya terminado y expuesto completamente a nuestra vista. Sin embargo, dicha revelación es independiente de los métodos utilizados para fabricar el barco o la casa; es decir, la *tekné* no tiene nada que ver con el proceso mismo de fabricación. Más bien, es precisamente en su carácter de descubrimiento, de revelación, que la *tekné* se define como una forma de producción. Así, de acuerdo con los antiguos griegos, la tecnología muestra su ser ahí donde tiene lugar la revelación (en oposición al ocultamiento).

Ahora bien, se puede objetar que si bien el pensamiento griego sirve para entender la tecnología artesanal, no es aplicable a la tecnología moderna (motorizada). Precisamente, dice Heidegger, el hecho de que la tecnología moderna –debido a que se basa en las ciencias exactas– difiera a tal grado de la tecnología antigua que resulte imposible compararlas, nos impone la pregunta sobre su naturaleza. Recíprocamente, la física moderna, en su aspecto experimental, depende de materiales técnicos y está ligada al progreso en la construcción de aparatos e instrumentos. Sin embargo, la simple comprobación histórica de este hecho no arroja ninguna luz sobre los fundamentos de la relación recíproca entre ciencia y tecnología. Es necesario analizar la esencia misma de la tecnología moderna para descubrir lo que la motiva a servirse de las ciencias exactas.

Desde un punto de vista general, la tecnología moderna es también una forma de revelación. Sin embargo, esta revelación ya no se manifiesta como una producción en el sentido de *póiesis*. El método de revelación que rige a la tecnología moderna es el de una *provocación*, mediante la cual se permite a la naturaleza liberar una energía que, como tal, puede extraerse y acumularse. Por ejemplo, el antiguo molino de viento ponía su energía a nuestra disposición, pero no podía acumularla. Por el contrario, la minería *provoca* a un territorio al extraer los minerales que pueden ser transportados y acumulados. En la Antigüedad, los agricultores sembraban las semillas y las confiaban a las fuerzas naturales, limitándose a vigilar su crecimiento. En cambio, la agricultura moderna es una industria de alimentación motorizada que cuenta con sistemas artificiales de irrigación, rotación de cultivos y mejora artificial de granos y semillas. Igualmente, hoy en día podemos embalsar la corriente de un río para generar presión hidráulica y transformarla en energía eléctrica. Así, la revelación propia de la tecnología moderna radica en el hecho de que *provoca* a la naturaleza: la energía, oculta en la naturaleza, se libera, se transforma, y se acumula para luego ser distribuida y nuevamente conmutada. Estos procesos no se dejan al azar; por el contrario, la dirección y la seguridad de dirección son las dos características principales de la revelación *provocadora*, que considera a la naturaleza como un "fondo de reserva" para la producción. La tecnología moderna es un proceso de revelación que le impone un cometido (es decir, dirige y ordena) a la naturaleza.

Esta situación provocadora que permite al hombre utilizar como fondo de reserva todo cuanto se revela ante sus ojos es denominada por Heidegger: *Gestell*; palabra alemana que, en su acepción más inmediata, se traduce como andamio, armazón o montura, pero que Heidegger, basándose en la etimología, emplea en un sentido más amplio: interpelar, requerir, inspeccionar, ordenar, comprometer, detener, poner en lugar. Para Heidegger, la tecnología moderna es una *armazón* que detiene, inspecciona y racionaliza (en un sentido cuantificador) a la naturaleza. Esta "armazón intelectual" no concierne a la técnica; es decir, no tiene que ver con los pistones, los engranes y demás piezas móviles que constituyen un aparato. Sin embargo, de ella depende que la revelación propia de la tecnología moderna represente a la realidad como un fondo de reserva. Desde este punto de vista, la concepción instrumental o antropológica de la tecnología se vuelve caduca.

ARMANDO ARANDA ANZALDO

Ejercicios

1. Resuelve el siguiente esquema con las palabras de la lectura anterior que te señale el maestro:

PALABRA	PREFIJO	ORIGEN	SIGNIFICADO	EJEMPLOS
invisible	in-	latino	sin-negación	inverosímil

PALABRA	SUFIJO	ORIGEN	SIGNIFICADO	EJEMPLOS
poética	-ica	griego y latino	relativo a, propiedad	periodística

2. Escribe la idea principal eje y las ideas secundarias de la lectura.

I.P.E. ____

____

____

____

____

I.S. ____

3. Selecciona una palabra clave de la lectura y redacta un escrito de acuerdo con todas las fases del modelo del escarabajo.

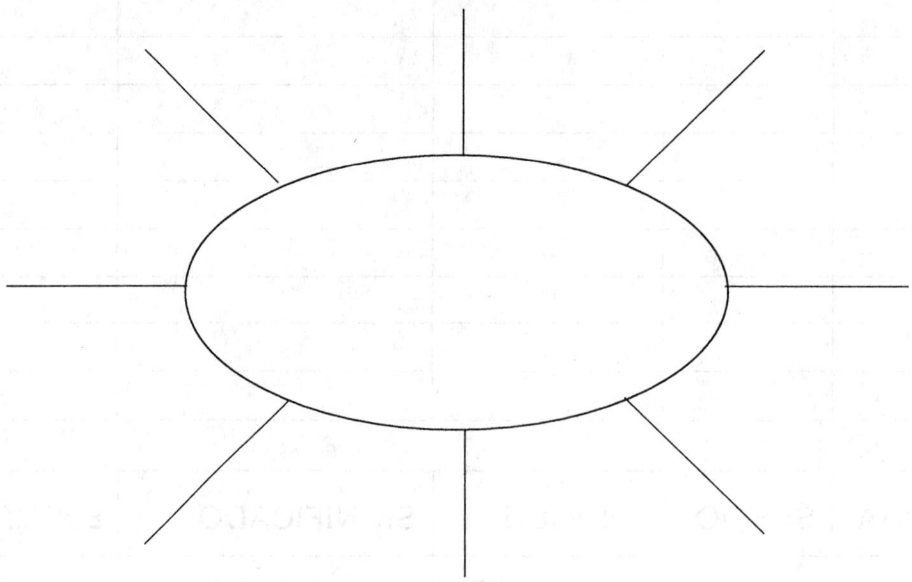

BLOQUES SEMÁNTICOS

Eje temático	Eje temático	Eje temático

SELECCIÓN-JERARQUIZACIÓN-DISCRIMINACIÓN

Puntos de vista.

a)____

b)____

c)____

Características de cada punto de vista.

a)____

b)____

c)____

Escrito.

TÍTULO

4. Con base en el modelo elabora un índice tentativo para desarrollar un tema. Selecciona una de las opciones que te sugiera el maestro.

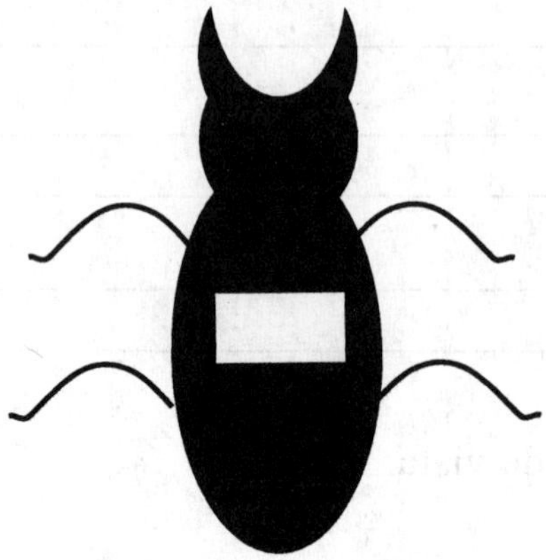

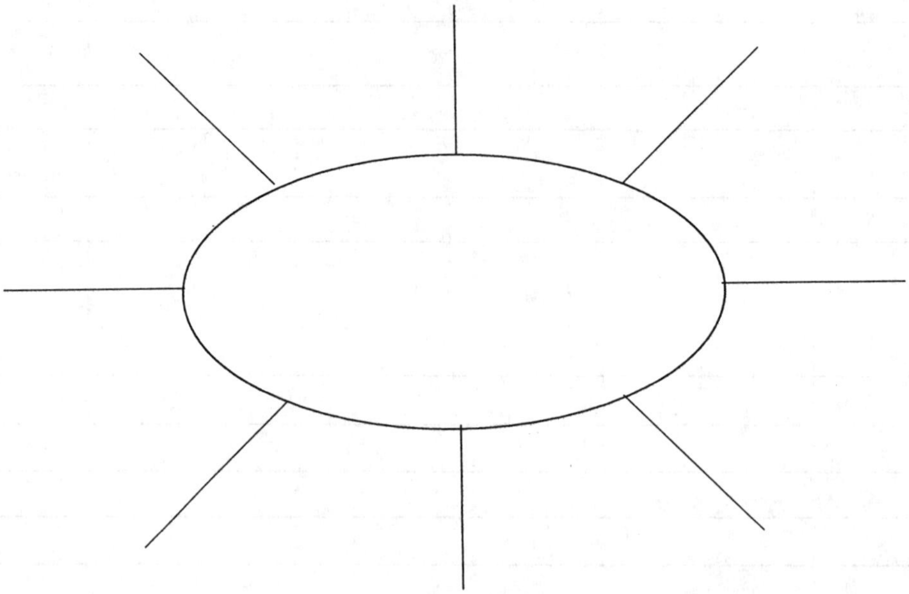

BLOQUES SEMÁNTICOS

Eje temático	Eje temático	Eje temático
______	______	______
______	______	______
______	______	______
______	______	______

SELECCIÓN-JERARQUIZACIÓN-DISCRIMINACIÓN

Puntos de vista.

a)

b)

c)

Características de cada punto de vista.

a)

b)

c)

Índice tentativo.

5. Recopila cinco notas periodísticas sobre un tema de importancia que hayan aparecido durante la última semana.

   a) Léelas.
   b) Selecciona la información relevante.
   c) Subraya las ideas principales en cada una.
   d) Utiliza el modelo del escarabajo para la elaboración de un índice.

Etimologías

Esquema No. 9

PREFIJO	ORIGEN	SIGNIFICADO	EJEMPLOS
a- an-	griego	sin, a falta de	abulia, anarquía, analfabeto
caco-	griego	malo	cacofonía, cacografía
bis-, bi-	latino	dos veces	bisagra, bifurcar
escato-	griego	último	escatológico, escatología
inter-	latino	entre, en medio de	interludio, intervalo
intro-	latino	dentro	introversión, introspección
hecaton-	griego	ciento	hectárea, hecatombe
semi- hemi-	latino griego	mitad mitad	semitono, semicírculo, hemiciclo
di-	griego	dos veces	dilema, diptongo
deutero-	griego	segundo	deuterocanónico
idio-	griego	propio	idioma, idiosincrasia

SUFIJO	ORIGEN	SIGNIFICADO	EJEMPLOS
-dromo	griego	correr	aeródromo, hipódromo
-cidio	latino	matar; -cida designa al ejecutor de este acto	homicidio, matricida
-tecnia	griego	arte, conocimiento, ciencia	pirotecnia, mercadotecnia
-manía	griego	locura, fervor	mitomanía, bibliomanía
-ado	latino	empleo, dignidad o cosa (referente a sustantivos); cualidades	magistrado, dentado
-comio	griego	cuidar	manicomio, nosocomio

6. Revisa el esquema etimológico No.9 antes de resolver el siguiente ejercicio.
   a) Relaciona las columnas.
   b) Subraya el prefijo o sufijo de la palabra que corresponda a la definición correcta.

1. Apatía	( ) asiento para dos personas.
2. Megalomanía	( ) displicencia.
3. Melómano	( ) poderoso por sus ideas.
4. Intromisión	( ) arraigado, viejo, antiguo.
5. Hemistiquio	( ) afición exagerada por la música.
6. Inveterado	( ) delirio de grandeza.
7. Velódromo	( ) cada una de las dos mitades de un verso.
8. Biselio	( ) intervención inoportuna.
9. Deuteronomio	( ) pista para carreras de bicicletas.
10. Ideócrata	( ) libro del Pentateuco.

ALGUNOS VICIOS O ISMOS DEL LENGUAJE

AÍSMO

Uso abusivo e inadecuado de la preposición *a*. Ejemplos:

INCORRECTO	CORRECTO
De acuerdo *a*	De acuerdo con
En relación *a*	En relación con
De arriba *a* abajo	De arriba abajo

BARBARISMO

Vicio que consiste en la aceptación de palabras extrañas al propio idioma. Según el lugar de procedencia los barbarismos son: *galicismos* del francés; *anglicismos* del inglés; *italianismos* del italiano; *germanismos* del alemán; *americanismos* de países latinoamericanos. Ejemplos: *camping*, *amateur*, *leit motiv*, *show*, *clóset*, *esmog*, *affaire*, *elite*.

BLABLISMO

Barbarismo ideológico que consiste en *verbosidad* o rodeos innecesarios en la expresión ("Muchas palabras y poco contenido").

CARACTERÍSTICAS DEL BLABLISMO:

- **Redundancias.** Ejemplo: La idea es pensar en idear una nueva idea para la propaganda. Forma correcta: *La idea es la creación de una nueva forma de propaganda.*

- **Explicaciones muy extensas.** Ejemplo: El señor Pérez, el del traje gris, el que te platiqué; trabaja en la compañía de luz, cuya esposa es presidenta de la junta de mejoras de la colonia, es el que resultó agraciado en el sorteo.
Forma correcta: *El señor Pérez, el del traje gris, es el que resultó agraciado en el sorteo.*

- **Rodeos.** Ejemplo: Si me permite salir de la oficina, aunque yo sé que hay mucho trabajo, trataré, en la medida de mis posibilidades, de comprobar o hacer una relación detallada de todos y cada uno de los hechos ocurridos.
Forma correcta: *Le pido me permita comprobar lo ocurrido.*

- **Formulismo exagerado.** Ejemplo: Sin otro particular, por el momento, de antemano, le doy las más sinceras gracias por las finas y valiosas atenciones que ha tenido a bien brindarle a mi recomendado; le reitero de nueva cuenta, mi gratitud y reconocimiento. Atentamente.
Forma correcta: *Le agradezco sinceramente las atenciones que brindó a mi recomendado. Atentamente.*

- **Coloquialismo.** Ejemplo: De acuerdo con la charla que entablamos el día que nos vimos en ese bonito lugar, orgullo de nuestra ciudad, denominado México típico, donde se puede encontrar lo más delicioso de nuestra cocina regional, así como las bebidas que tan bien nos caracterizan dentro de nuestro país, te comunico que he decidido dar el contrato a tu empresa constructora.
Forma correcta: *De acuerdo con la charla que celebramos recientemente en el México típico, te comunico que he decidido dar el contrato a tu empresa constructora.*

COSISMO

Abuso de la palabra *cosa*, con la que se intenta designar todo. Ejemplos:

FORMAS CON COSA	FORMAS CON OTRO TERMINO
La religión es *cosa* tuya.	La religión es *problema* tuyo.
Trabaja en la *cosa* educativa.	Trabaja en *asuntos* de educación.
La *cosa* es que tienes que ir.	El *asunto* es que tienes que ir.

LAÍSMO "LA", LEÍSMO "LE" Y LOÍSMO "LO"

Fenómeno más generalizado en España. Consiste en el mal empleo de los pronombres personales átonos *la*, *le* y *lo*. En vez de atender al caso gramatical, se atiende a la terminación en *o* o en *a*. Ejemplos:

INCORRECTO	CORRECTO
La di un regalo.	Le di un regalo.
Lo envié un libro.	Le envié un libro.
Le conocí en Madrid.	Lo conocí en Madrid.

MISMISMO

Mal uso del pronombre *mismo*. Ejemplos:

INCORRECTO	CORRECTO
Compraron varios libros y mientras pagaban los *mismos*...	Compraron varios libros y mientras los pagaban...
Hicieron varias entrevistas; las *mismas* serán presentadas.	Hicieron varias entrevistas; éstas serán presentadas.
Terminó la entrega de títulos; los *mismos* serán enviados.	Terminó la entrega de los títulos que serán enviados.

SOLECISMO

Es un vicio sintáctico que consiste en faltar a las reglas de construcción de las distintas partes de la oración. Ejemplos:

FORMA INCORRECTA	FORMA CORRECTA
Me se olvidó.	Se me olvidó.
Reloj en oro.	Reloj de oro.
Es necesario que vuelvas en sí.	Es necesario que vuelvas en ti.

TELECISMOS

Martín Vivaldi llama así a los vicios de construcción derivados de la mala traducción de algunos programas televisivos que intentan utilizar un español estándar. Ejemplos:

TELECISMOS	VERSION CORRECTA
¡Qué bueno que viniste!	Me alegro que hayas venido.
En lo absoluto.	En absoluto.
Deben estar felices.	Deben sentirse felices.
Se los voy a decir.	Se lo voy a decir a ellos.

NOTA: Es importante aclarar que en México, la televisión tiene una fuerte influencia en el manejo del lenguaje. José G. Moreno de Alba afirma en su libro *Minucias del lenguaje:*

> Piénsese en efecto que la televisión, sea por caso, puede en muy poco tiempo extender un neologismo o un extranjerismo por amplias zonas y entre un elevadísimo número de personas. Algo semejante sucede con los demás medios de comunicación: la radio, los carteles callejeros, la prensa.
>
> No me referiré aquí a medios cuya influencia es decisiva, tal es el caso de la televisión, la radio o el cine. Deseo reflexionar un poco sobre otros medios, aparentemente menos influyentes, pero que sin embargo denotan con clara evidencia el avasallador influjo, casi siempre nocivo, que las culturas de pueblos más fuertes y prósperos pueden ejercer sobre otros, en este caso, México. Uno de esos medios lo constituyen los anuncios impresos, particularmente de cosméticos, que aparecen en ciertas revistas pensadas para el consumo femenino en los niveles de clase media y alta.
>
> De los mensajes publicitarios que ahí aparecen, dejamos a un lado los errores ortográficos (uso indiscriminado de mayúsculas, y acentuaciones indebidas, ausencia del signo que abre interrogación o admiración), las impropiedades sintácticas o de traducción (suceso por éxito, por ejemplo), los neologismos absurdos (acertividad*, iniciante, ofertísima...), las expresiones ilógicas en su pretensión de novedad ("dinamizar la estatura", "maquillaje en colores alta costura"), el abuso de adjetivos incoherentes ("maxi-húmedos", "maxi-inquietantes"), etcétera, y refirámonos a los extranjerismos.
>
> Entre ellos predominan muy ampliamente los anglicismos y casi nunca constan de una sola palabra sino que, en un solo anuncio, pueden aparecer hasta diez sintagmas de mediana extensión –los hay hasta de seis vocablos– en inglés o francés sin traducción alguna.
>
> Sobresalen los anuncios que ofrecen artículos de belleza o cosméticos. Véanse algunos ejemplos: "fresh cover-moisture response" (capa fresca, reacción humectante), "savage sands, wild fires, primitive corals" (arenas salvajes, fuegos indómitos, corales impetuosos: tonos de pintura de uñas), "skin-dew moisturizing emulsion" (rocío para la piel, loción humectante), "retesturing whole egg masque" (mascarilla de huevo entero para reafirmar tejidos), "skin polishing sluffing masque" (mascarilla limpiadora para la piel flácida), "sunset coral polished performance lipstick", etcétera, etcétera. Pueden aparecer en francés estas descripciones: "lotion hypo-allergique", "lait corporel". No faltan extranjerismos que anuncian otro tipo de productos, y en otras lenguas: "moda di sole... moda di mare" (para prendas de vestir), "love-seat" (asiento doble, para muebles), "corn-flakes" (con su traducción, "hojuelas de maíz" en letras pequeñas), entre muchos otros.

* acertividad = de acierto, que significa encontrar.
* asertividad = de aserto, que significa afirmación.

7. El maestro te proporcionará diferentes textos para que analices algunos vicios o ismos del lenguaje.

8. Busca material publicitario en revistas y periódicos. Analiza el manejo del lenguaje y discútelo en una dinámica de grupo.

9. Con base en el modelo del escarabajo y en lo que se ha estudiado respecto a vicios o ismos del lenguaje, elabora un escrito con estructura IDC sobre el manejo de estos aspectos en los medios masivos de comunicación (utiliza referencias concretas).

Lectura 10

LOS JÓVENES EN CUESTIÓN (fragmento)

Lo juvenil, un nuevo valor social

El mito de origen

La juventud como concepto se vincula a la modernidad y a la emergencia de espacios de socialización propios de este grupo etario. Esta referencia socio-histórica supone dar cuenta de importantes cambios en el orden cultural de la sociedad capitalista occidental a partir de la consolidación del Estado de Bienestar. Existe acuerdo entre los investigadores: "lo juvenil" es un producto social-cultural asociado a dos procesos, transformaciones científico técnicas que inciden en el proceso de trabajo y en la burocratización creciente de las empresas. Esta transformación de las formas productivas demanda de un largo tiempo de preparación para adquirir las capacidades requeridas para el adecuado desempeño de este papel en la sociedad, demanda la presencia masiva de este grupo etario en el sistema de educación formal.

Es decir, que la expansión masiva de la educación a partir de los 50 constituye el fundamento del fenómeno denominado juventud.

La consolidación del Estado de Bienestar ha producido un mejoramiento de la calidad de vida y supone, a su vez, una mayor esperanza de vida. Obviamente, no tiene el mismo significado tener 20 años en la actualidad que a principios de siglo. A lo largo de la vida de una persona, ser joven abarca un tiempo considerable y significativo, que a partir del periodo que indicamos, se constituye como cultura e identidad específica. Asimismo, la constitución de una categoría juvenil está asociada en el mundo de posguerra a transformaciones culturales que se plasman, por un lado en la cotidianidad juvenil, relacionada con la constitución de espacios de socialización específicos de este grupo etario y otro, al desarrollo de la industria cultural, en particular, la técnica musical (guitarras e instrumentos en general) , la industria del disco y la televisión. El surgimiento de la música rock y la cultura *beat* gestó un principio de identificación etario que transformó los de escuchar música, de disfrutarla y de verlas. Su impresionante difusión, definió una sensibilidad generacional.Es decir, que la aproximación a esto que llamamos cultura juvenil o simplemente los jóvenes debe ser visualizado a través de dos fenómenos, económico-social y cultural. Cabe señalar como dato significativo y constitutivo de un fenómeno que la expansión de la industria del disco es superior a la tasa de crecimiento industrial entre 1965-1970. También el rock se apoderó del cine y la TV, a través de los cuales se difundieron modelos de comportamiento, usos del cuerpo, relaciones entre los sexos y nuevas estéticas. Podríamos afirmar entonces, que en esos momentos quedan plasmados valores que conforman toda cultura juvenil: paz, libertad, anticonvencionalismo, sensibilidad estética, expresibilidad y sentimiento frente a una racionalidad pragmática. Los valores dominantes se asocian a la generación anterior (trabajo, sacrificio, ahorro, moral, a convenciones sociales), mientras el nuevo bienestar construye una cultura del tiempo libre, que si bien es más evidente en los jóvenes, se extiende al conjunto de la sociedad.

La identidad juvenil en los sectores populares urbanos

Según afirmáramos anteriormente, la condición juvenil no sólo se define en sí misma, es decir como grupo etario, sino que constituye un grupo social. La adjudicación de determinado lugar social a los jóvenes se inscribe dentro de procesos sociales que se debaten entre mayor o menor grado de democratización de las sociedades. Sin embargo, a pesar de la vivencia cotidiana de la subordinación social, nuevos valores y nuevas prácticas penetran en el universo simbólico de los sectores populares urbanos a través de los consumos culturales.

Con esta afirmación ponemos en cuestión la atribución a estos sectores de una cultura propia, esencialista y pura. Si bien existen retazos de saberes populares, éstos se van transformando en las prácticas y estrategias cotidianas. Por lo tanto al reflexionar acerca de sus jóvenes, ubicamos a los sectores populares en el mundo y culturas contemporáneas, atravesadas por dos procesos universales: el hiperconsumo, por un lado, y el aumento de la marginalidad, por el otro.

Ahora bien, si por un lado, podemos hablar de una identidad juvenil en términos generales, por otro e inclusive en un espacio social signado por la subordinación, emergen prácticas juveniles diferenciadas según el lugar social que los jóvenes se asignan a sí mismos.

La cultura juvenil en la periferia

Las definiciones de los jóvenes populares entrevistados acerca de la juventud, parecerían no diferir de una definición posible en jóvenes de clase media, ya que pocas veces hacen referencias a un lugar social en ellas. Los jóvenes, entonces, serían todos iguales, tendrían los mismos deseos, y los mismos problemas. La droga, por ejemplo, y su consumo igualaría al conjunto de los jóvenes así como también la opción por determinado tipo de música, en particular la música *"heavy"*. *"En todos lados se ve... en todo barrio que vayas va a haber drogadictos. No hay barrio en los que no haya drogadictos ni borrachos, siempre vas a encontrar: borrachos y drogadictos y los que son laburadores"* (L, 20 años, vive en un asentamiento).

"Porque nadie conoce al mundo heavy, se juntan, discuten, cada uno dice su opinión, no hay coordinación general... " "Los heavy son realegres, la moda heavy no es moda... es un movimiento de locura, es un mundo donde vos vivís para reír; es un placer, un goce" (R, 20 años, vive en un barrio popular).

Según se señala en una investigación realizada en el gran Buenos Aires, los jóvenes dividen al mundo en un sistema de oposiciones irreductibles: loco/careta. Estos códigos se resignifican en los jóvenes de sectores populares. En el primer término del par dicotómico se incluirían las personas honestas, las que cuestionan los valores establecidos, también la gente común, como ellos y en el segundo, lo opuesto: los falsos, "los de Capital", también los deshonestos, los que no se animan a drogarse, los "chetitos".

Lo joven es definido como un sentimiento interior o estado emocional y asume un carácter subjetivo y afectivo, el que a su vez condiciona los vínculos que establecen con los otros. *"Joven es una persona que busca un lugar en el mundo, la felicidad, aquellos que no están en grupo están desorientados"* (L, mujer joven, 17 años, vive en un barrio popular).

Las búsquedas de los jóvenes se orientan al reconocimiento de su singularidad y de la aceptación de sus lugares propios. La emergencia de la subjetividad constituye un tema relevante en este sentido, ya que en los ámbitos donde los jóvenes expresan su condición juvenil generan prácticas de carácter simbólico afectivo.

Mujeres jóvenes populares y vida cotidiana: entre el deseo de ser modernas y el temor de ser castigadas

Existe una mayor legitimación social barrial de la existencia de una dimensión juvenil en los varones de los sectores populares. También, cuando se alude a la juventud como problema en el imaginario barrial (drogas, delincuencia, vagancia, vestimenta, etcétera) en realidad se incluye sólo a los varones. En general, pocas son las mujeres que se drogan, están "en las esquinas" tomando vino, perdiendo el tiempo y contestando "mal". Esta supuesta anomia juvenil pareciera tener otras manifestaciones o emergen de un modo diferente en la mujer, ya que rara vez las mujeres jóvenes en estos sectores sociales tienen algo que ver con la calle y el espacio público, ¿dónde están las mujeres jóvenes?

Lo subjetivo, la diferencia, se encuentra fuertemente reprimido en cuanto a la expresión del gusto y en mayor medida cuanto se trata de mujeres.

"Yo tengo que decir que me gusta si no, no me van a llevar más" (L, 15 años, vive en un asentamiento).

También cabe destacar el peso de la Iglesia como casi el único espacio de socialización barrial legitimado fuera del núcleo familiar, haciendo imposible nombrar, por ejemplo el tema del aborto y/o otras opciones de vida. Si bien el discurso de la modernidad parece haber penetrado en la cotidianidad popular, como por ejemplo, ciertos fragmentos de discursos públicos acerca de la participación de la mujer, el cuidado del cuerpo (visibles en la organización de actividades como danza jazz o gimnasia en sociedades de fomento barriales) generalmente éste se enfrenta a valores y prácticas en las que las jóvenes populares fueron educadas. A los modelos femeninos tradicionales se suma el de la mujer participativa. Aunque, por otro lado, ésta es visualizada como posible hasta el casamiento. También se observan diferencias en cuanto a modelos de vida, vivencia de la sexualidad y, en nuestro caso, de la cultura juvenil. Si bien tienen una mirada resignada sobre sí mismas, expresan una mayor identificación con los cánones de la cultura juvenil e internacional difundida por la industria cultural, y con los patrones de consumo urbanos.

Las mujeres jóvenes son más permeables a identificarse con la música difundida por las radios y las *discotheques* -música americana, según ellas denominan al conjunto de música internacional comercial-. También las mujeres jóvenes son sensibles a registrar las modas femeninas y de lo femenino. Madonna, Valeria Lynch aparecen como sus modelos. El cuerpo y la imagen constituyen una preocupación de las mujeres jóvenes. Aún en la precariedad, las jóvenes procuran tener algún elemento, objeto o marca que las incluyan en el conjunto de "chicas modernas". Las mujeres de este sector social aparecen como portadoras de "lo moderno", que prácticamente quiere decir lo mismo, a diferencia de los varones.

Sin embargo, cuando se alude a la moda y al cuerpo aparece el fantasma irremediable del embarazo. Con temor, las mujeres se interrogan en torno a su esquema corporal. El embarazo, o mejor dicho el cuerpo de la embarazada es visualizado como la imagen de la resignación y la repetición de un estilo de vida: ser madre de muchos hijos y dedicarse al hogar. A través de esta preocupación por el cuerpo se pone en evidencia el deseo de ser, moverse o parecerse a las mujeres prestigiosas. Pero este tipo de pensamiento les genera un profundo sentimiento de culpa. No resulta casual que una de las jóvenes entrevistadas recuerde la letra de una cumbia que hablaba de "una chica que se hace sacar el hijo y murió". Como decíamos anteriormente, no existen mediaciones frente a aquellos que contradicen la costumbre, el hábito, sino la muerte. Los sentimientos más primarios definen la vida cotidiana.

La relación entre imagen-cuerpo-mujeres-moda, nos conduce a la cuestión del baile. Si bien los jóvenes de ambos sexos hablan del baile, como un lugar de encuentro entre jóvenes y lugar de reunión barrial, para las mujeres parecería tener un significado especial. Todas las mujeres aluden al baile, saber bailar, saber moverse, moverse a la moda, mirar películas en las cuales se baila, fantasean con ser bailarinas, etcétera.

Las mujeres se encuentran en los ratos libres para bailar, cuando no tienen que ocuparse de sus hermanos, unas a otras se miran y aprenden nuevos pasos de moda. Asimismo, como decíamos al principio, las mujeres no se identifican plenamente con la música "que se escucha" en el barrio. Más bien tratan de diferenciarse o abrirse a nuevos estilos. Los varones manifiestan cierto rechazo por las cosas nuevas, las modas, lo moderno. Se identifican, a modo inclusivo con su espacio social y dicen "esto no es para nosotros"

ANA WORTMAN

Ejercicios

1. Analiza la lectura anterior y contesta lo que se pide en cada inciso.

a) Puntos de vista y características.

b) Ideas principales.

c) Palabras que sustentan las ideas principales y frecuencia en el texto.

d) Base estructural (ver pág. 26).

e) Tonos.

2. Deriva un tema de la lectura y trabájalo con todas las fases del modelo del escarabajo.

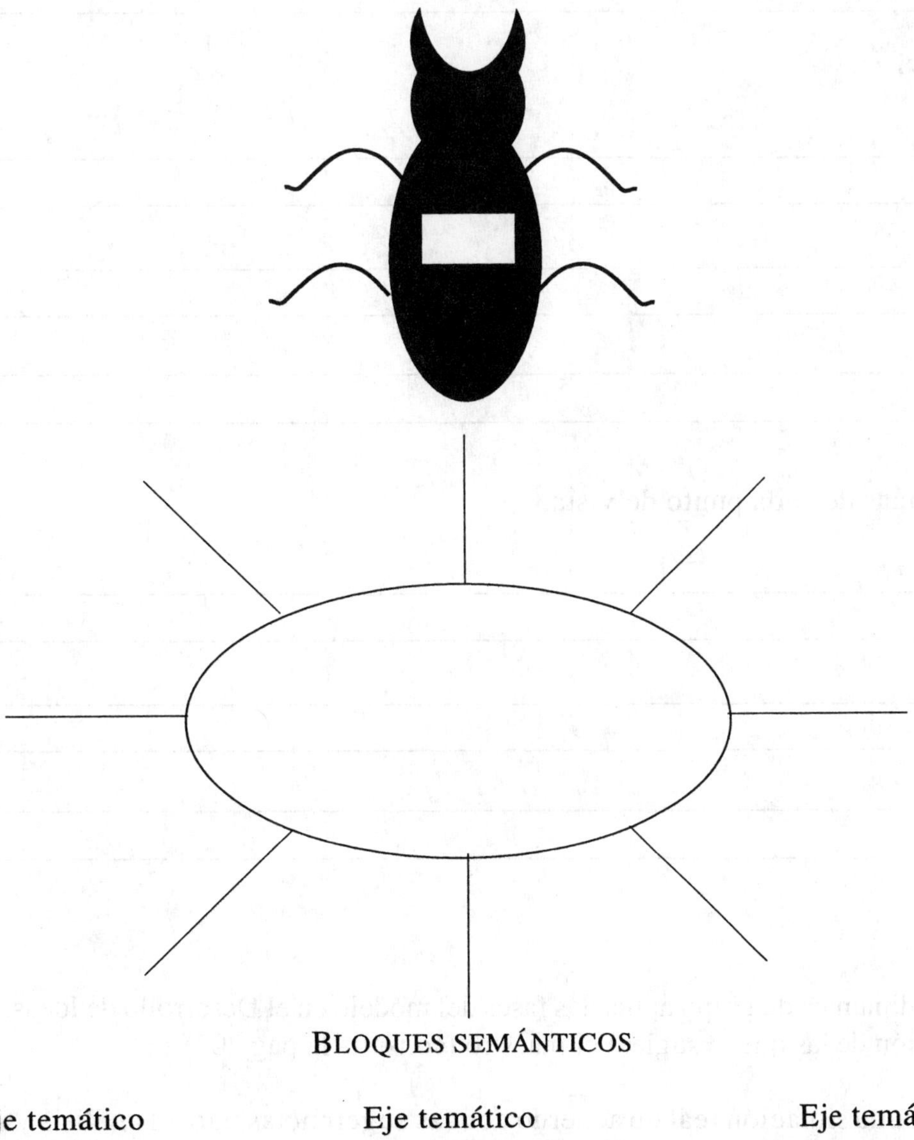

BLOQUES SEMÁNTICOS

Eje temático	Eje temático	Eje temático

____________	____________	____________
____________	____________	____________

SELECCIÓN-JERARQUIZACIÓN-DISCRIMINACIÓN

____________	____________	____________
____________	____________	____________
____________	____________	____________
____________	____________	____________

Puntos de vista.

a) ____

____

b) ____

____

c) ____

____

Características de cada punto de vista.

a) ____

____

b) ____

____

c) ____

____

Escrito:

3. En una dinámica de grupo aplica las fases del modelo en el Desarrollo de Ideas. Selecciona una opción de las que te sugiera el maestro (consulta la pág 203).

4. Analiza una situación real de acuerdo con las sugerencias para el análisis y solución de problemas: utiliza el modelo del escarabajo.

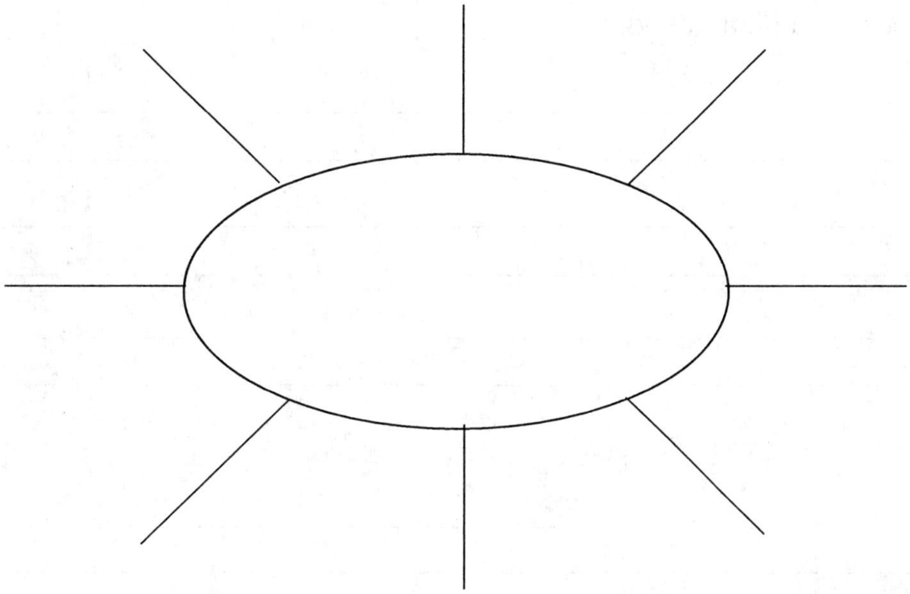

BLOQUES SEMÁNTICOS

Eje temático	Eje temático	Eje temático

SELECCIÓN-JERARQUIZACIÓN-DISCRIMINACIÓN

Puntos de vista.

a)

b)

c)

Características de cada punto de vista.

a) ____

____

b) ____

____

c) ____

____

Escrito:

____

____

____

____

____

____

TÍTULO

____

5. Revisa lo expuesto en este capítulo sobre el ensayo y analiza los siguientes ejemplos.

LA HUMILDAD PREMIADA

En una Universidad poco renombrada había un profesor pequeño de cuerpo, rubicundo, tartamudo, que como carecía por completo de ideas propias era muy estimado en sociedad y tenía ante sí brillante porvenir en la crítica literaria.

Lo que leía en los libros lo ofrecía trasnochado a sus discípulos la mañana siguiente. Tan inaudita facultad de repetir con exactitud constituía la desesperación de los más consumados constructores de las máquinas parlantes.

Y así transcurrieron largos años hasta que un día, en fuerza de repetir ideas ajenas, nuestro profesor tuvo una propia, una pequeña idea propia luciente y bella como un pececito rojo tras el irisado cristal de una pecera.

JULIO TORRI

DEL EPÍGRAFE

El epígrafe se refiere pocas veces de manera clara y directa al texto que exorna; se justifica pues por la necesidad de expresar relaciones sutiles de las cosas. Es una liberación espiritual dentro de la fealdad y pobreza de las formas literarias oficiales, y deriva siempre de un impulso casi musical del alma. Tiene aire de familia con las alusiones más remotas y su naturaleza es más tenue que la luz de las estrellas.

A veces no es signo de relaciones, ni siquiera lejanas y quebradizas, sino mera obra del capricho, relampagueo dionisíaco, misteriosa comunicación inmediata con la realidad.

El epígrafe es como una lejana nota consonante de nuestra emoción. Algo vibra, como la cuerda de un clavicordio a nuestra voz, en el tiempo pasado.

JULIO TORRI

LOS ALTOS SE ME ESTÁN ECHANDO ENCIMA

El concejo municipal de Los Altos, en el norte de California, votó recientemente al inglés como idioma oficial. Tengo entendido que los trámites fueron efectuados en idioma inglés.

Afirmar que en Los Altos abundan los individuos latinos sería apartarse de la verdad. Decir que tiene un pequeño barrio hispano también sería una mentira. Con la excepción de algunos pocos residentes, las únicas personas de habla hispana en Los Altos son los jardineros, el personal doméstico y algunos empleados de los restaurantes.

En su mayoría, Los Altos es una comunidad anglo-americana adinerada, situada entre San Francisco y San José, cerca del Valle Silicón. Tiene una población de 28 630 personas, sin contar a los jardineros, sirvientes y cocineros. No obstante, para conformar con una tendencia patriótica estadounidense, Los Altos se unió a otras ciudades del país en votar por el inglés como idioma oficial. Con el mismo espíritu estadounidense, creo que Los Altos debiera haber llevado ese patriotismo hasta el punto de cambiar su nombre hispano a *The Highs*, *Highlands* o más bien *The Tall Ones.*

Por todo el país, los defensores del inglés de antaño harían bien en convertir al inglés todos los nombres extranjeros de nuestras ciudades y pueblos.

Por ejemplo, aquí en California podríamos empezar por traducir *Los Baños* a *Bathrooms* y *Sobrantes* a *Leftovers. San Francisco*, desde luego, cambiaría su nombre a *Saint Francis of Assissi*; *Atascadero* podría convertirse en *Mud Puddle*; *Manteca*, en *Lard*, *Panocha* en *Brown Sugar*, y *Aromas* se convertiría en *Smells*, California. *Palo Alto* sería *Tall Stick* y *San José* se convertiría en *Saint Joe's*, para distinguirlo del Saint Joseph de Missouri.

¿Y *Los Angeles?* Anaheim ya le quitó el equipo de béisbol Angels, de modo que ¿por qué no llamarla *Lost Angels* o *Lost Anglos*?

Eso es solamente en California. Texas y otros estados tienen otros tantos pueblos y ciudades con nombres españoles. Por ejemplo, *Tornillo*, Texas, podría fácilmente cambiarse a *Screw*, Texas. *Laredo* podría traducirse a una escala musical diferente, como *Doremí.* Mi ciudad natal de *El Paso* podría convertirse en *The Pass.*

Algunos nombres perderían mucho con el cambio. Por ejemplo, *Amarillo,* Texas tendría un sonido menos viril como *Yellow*, Texas. Sin embargo, para conservar la pureza del idioma inglés, tendría que cambiarse de nombre.

En algunos casos, hay dos pueblos con nombres exactamente iguales. Tal es el caso de *Socorro*, New Mexico, y *Socorro*, Texas. Para evitar la confusión, yo sugeriría llamarlos *Help I* y *Help II.* Si se presta socorro a uno, habría que socorrer al otro también.

En la Florida, puede que hayan oído hablar de *Boca Ratón*, pero ¿les gustaría vivir en *Rat's Mouth*, Florida?

Y, por supuesto, lo que vale para el español, vale también para otros nombres extranjeros. De modo que *Baton Rouge*, Louisiana, tendría que cambiarse a *Red Stick.* La lista de nombres franceses, alemanes e indígenas es interminable.

El próximo paso sería que algún legislador valeroso presentara un proyecto de ley para forzar a aquellos de nosotros que tenemos nombres anti-estadounidenses, tales como *Anaya*, o *Burciaga*, o

Cisneros, a cambiarlos. Mi amigo *Nieves Palomares* se convertiría en *Ice Cream Pigeonhouse* y *José Feliciano* pasaría a llamarse *Joe Happiness*. Algunos no serían tan difíciles de traducir. ¿Qué sería de Facundo por ejemplo? A lo mejor lo tendrían que deportar.

Y si *Julio Iglesias* y *Plácido Domingo* se convirtieran en residentes permanentes, tendrían que cambiar sus nombres a *July Churches* y *Placid Sunday*, lo cual podría afectar las ventas de sus respectivos discos.

Mis amigos anglo-americanos monolingües se quejan a veces de mi nombre. Dicen que es demasiado largo. Yo les pregunto si preferirían que me llamara *Joseph Anthony Big-Headed*. En español, mi nombre sólo tiene diez y nueve letras. En inglés tendría veintidós.

Quizás no haya una pizca de maldad en estos patriotas que favorecen al inglés como idioma oficial. Pero me están convirtiendo en un estadounidense muy preocupado. Me molestaría que me rechazaran por no ser oficial sólo porque alguien en Los Altos no puede pronunciar el nombre de su pueblo.

José Antonio Burciaga

6. Redacta un ensayo con tema libre. Emplea el modelo del escarabajo.

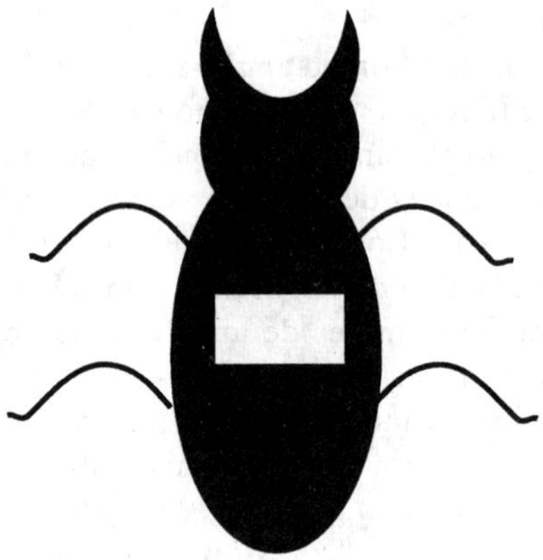

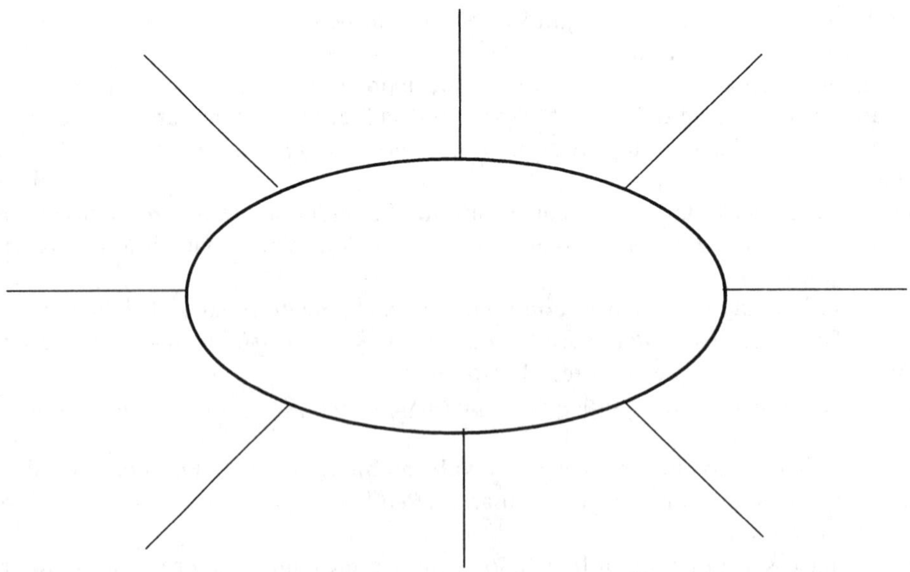

BLOQUES SEMÁNTICOS

Eje temático	Eje temático	Eje temático

SELECCIÓN-JERARQUIZACIÓN-DISCRIMINACIÓN

Puntos de vista.

a)

b)

c)

Características de cada punto de vista.

a)

b)

c)

Ensayo.

TÍTULO

NOTA: Para complementar el tema de la lectura se pueden utilizar películas como: *Los olvidados*, *La banda de los panchitos* u otras que se relacionen con el tema.

Etimologías

Esquema No. 10

PREFIJO	ORIGEN	SIGNIFICADO	EJEMPLOS
pseudo-	griego	falso	pseudónimo, pseudointelectual
estereo-	griego	sólido	estereotipo, estereoscopio
eu-	griego	bien, bueno	eufonía, eutanasia
pleto-	griego	estar lleno	plétora, pletórico
pluri-	latino	muchos, varios	plurilateral, plural
ante(i)-	latino	antes de, delante de	anticipar, anteceder
endo-	griego	dentro	endócrino, endodoncia
amb- anfi-	latino griego	ambos, alrededor	ambidiestro, ámbito, anfiteatro, anfibio
equi-	latino	igual	ecuanimidad, equidistante
hiera-, jera-	griego	sagrado	hierático, jerarca

SUFIJO	ORIGEN	SIGNIFICADO	EJEMPLOS
-megalia	griego	grande	cardiomegalia
-nomía	griego	ley, norma, regla, ciencia	economía, gastronomía
-oide, -oideo	griego	forma, semejanza	antropoide, tiroides
-grafía	griego	escritura, descripción	biografía, taquigrafía
-dad	latino	cualidad abstracta del término del que deriva	nimiedad, espontaneidad

7. Revisa el esquema etimológico No. 10 antes de resolver el siguiente ejercicio.
   a) Relaciona las columnas.
   b) Subraya el prefijo o sufijo de la palabra que corresponda a la definición correcta.

I	Anfibología	( )	historia de las vidas de los santos.
II	Endógeno	( )	que se origina en el interior.
III	Corporeidad	( )	material plástico moldeable.
IV	Celuloide	( )	cualidad abstracta de corpóreo.
V	Radiografía	( )	que tiene más de dos valores.
VI	Equilibrio	( )	expresión con la que se sustituye otra malsonante.
VII	Plurivalente	( )	situación recíproca de dos cosas que se contrarrestan.
VIII	Eufemismo	( )	procedimiento para obtener una fotografía mediante Rayos X.
IX	Hagiografía	( )	que no depende de otro.
X	Autonomía	( )	que tiene más de un significado.

ANGLICISMOS

Los anglicismos en el español de México pueden ser:

Generales: Si los han adoptado todos los hablantes. Ejemplos: *basquetbol, claxon, clóset, champú, futbol, ponchar, refrigerador, suéter.*

Locales: Propios de ciertas regiones, como es el caso de las zonas fronterizas. Ejemplos: *bos* (*bus*), *troca* (*truck*), *naifa* (*knife*), *bloque* (*block*), *guachar* (*to watch*), *marqueta* (*market*). Evidentemente, este tipo de vocabulario lo usan gentes de bajo nivel cultural.

Préstamos antiguos: Palabras que tienen mucho tiempo dentro del idioma español. Ejemplos: *club, coctel, cheque, esmoquin, líder, mitin, vagón.*

Transferencias recientes: *jet, shorts, blazer, polución, bafle, discotheque, esmog, stewardess.*

Hay anglicismos que conservan idéntica su estructura fonológica; otros, la modifican ligera o profundamente. Ejemplos: *sandwich, hockey, roast beef, baby doll, boxear, pluma fuente, panqué, reversa, supermercado, chequera.*

Existe una serie de extranjerismos que tienen su equivalente en español; sin embargo, los hablantes prefieren la forma extranjera. Ejemplos: *tiro de castigo* (*penalty*), *falta* (*foul*), *balompié* (*football*), *perro caliente* (*hot dog*).

NEOLOGISMOS

José G. Moreno de Alba, en su libro *Minucias del lenguaje*, nos dice que hay que establecer una diferencia entre las voces totalmente nuevas en la lengua (extranjerismos) y los neologismos derivados que suponen, como novedad, el hecho de combinar en forma actual un sufijo y una raíz. Ejemplo: **representatividad** se forma de la voz **representativo** y el sufijo **-idad.**

Derivaciones normales

SUFIJO	EJEMPLOS
-ble	almacenable, financiable, objetable.
-dor	calculador, fraccionador, ratificador. y los **femeninos**: computadora, grabadora, rasuradora.
-al	actual, delegacional, salarial.
-ario	accionario, cambiario, inflacionario.
-idad	afectabilidad, provisionalidad, almacenabilidad.
-ismo	amarillismo, bracerismo, burocratismo.
-ista	activista, armamentista, consumista, inflacionista.
-oso	exitoso.
-izar	exclusivizar, problematizar, maximizar, verbalizar, mexicanizar.

Pueden aceptarse también las terminaciones de origen griego **ólogo** y **ología**. Ejemplos: *sexólogo, politólogo, comunicólogo, sexología.*

Neologismos derivados de sustantivos

encuestar
impactar
incentivar
colapsar

Sufijos que se unen a una raíz que a su vez es un derivado neológico

Ejemplos:

sufijo **-ación**:	politización	neologismo: *politizar*
	nuclearización	neologismo: *nuclearizar*
sufijos **-dor**,**-dad**:	democratizador	neologismo: *democratizar*
	competitividad	neologismo: *competitivo*

Neologismos donde el sufijo adquiere una nueva significación

SUFIJO	EJEMPLO
-al	dineral, montonal.
-ario	prioritario, retardatario.
-encia	transparencia (diapositiva).
-ero	espiritualero, patriotero.
-oide	comunistoide, intelectualoide.

NOTA: La mayoría de estos neologismos se utilizan con frecuencia en lenguaje periodístico.

8. Busca una nota periodística o un artículo en un periódico o una revista —*La Jornada*, *Nexos*, *Vuelta*, *Plural*, *Uno más Uno*— y subraya las palabras que se relacionen con los temas que se manejan en estas últimas páginas.

Palabras que deben escribirse separadas

a veces
a través
a gusto
arco iris
a medias
de balde
de pronto
de frente
de pie
de repente
en medio

Términos de uso común en informática
(La mayoría no figura en el DRAE*)

click
CD-ROM
correr
chip
computadora - ordenadors (España)
disquete-disquetes, disquéts, disquets
drive
flopi
formatear
hardware
icono
inicializar
internet (red electrónica de información) podría castellanizarse al agregarle una e:
internete.
módem-modems
mainframe
navegar
ratón (*mouse*)
red
P.C.
Macintosh
super carreteras electrónicas

Todos los nombres de programación: *windows*, *microsoft*, *pagemaker* y otros.

* Diccionario de la Real Academia Española

Algunas palabras de uso frecuente que no figuran en el DRAE

baffle
barman
beige -beis
boom
compact-disc
charter
flash back
flash forward
gay
handicap
hobby
know how
klennex
leit motiv
mass media
rally
relax
star
test

CAPÍTULO SEIS

REDACCIÓN DE INFORMES

El informe es una forma de comunicación escrita que se emplea actualmente en las empresas e instituciones públicas y privadas con distintos fines prácticos: manejo de información, análisis o exposición de hechos, resumen de actividades, previsión de situaciones y solución de problemas, entre otros importantes.

En este tipo de documento el emisor maneja información concreta para un determinado receptor. Esto evita que se incluyan aspectos de inspiración personal ya que su intención es llegar a un conocimiento exacto de la realidad. Por su contenido y objetivos se pueden mencionar tres TIPOS DE INFORMES: EXPOSITIVO, INTERPRETATIVO Y DEMOSTRATIVO. Para entenderlos mejor revisaremos las características de cada uno de ellos:

EXPOSITIVO:

- Se exponen los hechos o situaciones en forma ordenada de acuerdo con el objetivo (de mayor a menor o a la inversa).
- Se evitan las posturas analíticas o interpretativas: (yo creo, yo pienso, sugiero, etcétera).
- Se destaca el antecedente en un resumen introductorio de interés para los receptores.
- Su estilo es formal, conciso. Se recurre al tono narrativo y descriptivo.
- No se incluyen conclusiones, sólo datos e información relevantes.

Ejemplo: Informes sobre procesos de manufactura.

INTERPRETATIVO:

- Se analizan, interpretan (valoran o miden) hechos y situaciones de trascendencia para la empresa o institución.
- Se incluyen datos, recomendaciones y conclusiones que sirven para la toma de decisiones.
- Su estilo es analítico, documentado y formal.

Ejemplo: Informes sobre expansión, reducción o cambio de una empresa.

DEMOSTRATIVO:

- Se parte de una tesis.
- Es necesario establecer una distancia clara entre los hechos y sus comentarios.
- Se deben evitar las opiniones superfluas.
- Se deben presentar todos los pasos que avalen las principales proposiciones del documento.
- Su estilo es formal, argumentativo, deductivo.

Ejemplo: Un informe cuya tesis puede ser: "Importancia de una educación ecológica en nuestro país".

En la redacción de informes es importante tomar en cuenta los TIPOS DE ESCRITO heredados del sistema retórico clásico —griegos y romanos— porque son esenciales para la comprensión del vínculo que se establece entre emisor y receptor, así como también para las partes del discurso. La **inventio** —invención y/o documentación—- la **dispositio** —disposición— y la **elocutio** —elocución— siguen siendo las operaciones principales que se advierten en el tema de cualquier escrito.

La **invención** y/o documentación hay que entenderla como la fase donde se desarrolla la idea que se va a tratar, ya sea por medio de la imaginación creadora o a través de la documentación en diversas fuentes.

La **disposición** consiste en la organización del material que se obtuvo en la fase anterior. Siempre existe una especie de voluntad estructurante por parte del autor.

La **elocución** se refiere tanto a la expresión lingüística adecuada para cada tipo de escrito y al empleo de la estructura IDC.

Estas operaciones estarán presentes en los diferentes textos de acuerdo con lo que el emisor pretenda hacer con el mensaje. La **disposición** impacta de la misma manera a todos los mensajes. Sin embargo, cada autor elige el tipo de escrito que desea desarrollar, aunque cada tipo de escrito observe sus características propias: EXPOSICIÓN, NARRACIÓN, DESCRIPCIÓN Y ARGUMENTACIÓN.

Incluimos en este capítulo la explicación y las características de los tipos de escrito: **expositivo**, **narrativo**, **descriptivo** y **argumentativo**, con el fin de que podamos recurrir a ellos en la redacción de informes.

El objetivo del texto **expositivo** es explicar o informar ampliamente sobre un tema —asunto— para que lo aprendan o entiendan el o los receptores a quienes va dirigido. Es común que la exposición se relacione con la argumentación cuando el autor apoya sus puntos de vista con argumentos. En estos casos el texto es **expositivo —argumentativo**.

Veamos el siguiente ejemplo de texto expositivo que cita Juan Luis Onieva Morales en su *Curso superior de redacción*:

SAPOS, LA ÚLTIMA DROGA

Un sapo originario de Centroamérica y América del Sur se ha convertido en uno de los animales más perseguidos por los drogadictos y la policía antidroga estadounidense. Se trata de un batracio de carne y hueso, conocido vulgarmente como sapo marino o de las cañas, y científicamente, como *Bufo marinus*. El animal, de unos 25 centímetros de longitud, para defenderse de los posibles depredadores, secreta un potente tóxico, la *bufofenina*. Esta sustancia tiene un alto poder alucinógeno, y está empezando a ser utilizada por algunos toxicómanos norteamericanos como sustituto de otras drogas tradicionales.

Hace dos años, en un prestigioso diario estadounidense se podía leer una noticia en la que se señalaba que los *hippies* australianos —cansados de consumir las drogas de siempre— hervían sapos de cañas, para luego beber el caldo mágico. Incluso, en algunas zonas, se han dado casos de jóvenes que lamían la joroba del animal, situada detrás del ojo, donde se aloja la glándula venenosa. Tan peligrosa práctica ya le ha costado la vida a más de uno.

La *bufofenina*, también presente en el hongo *Amanita muscaria* y en el árbol tropical *Piptadenia peregrina*, fue aislada por primera vez en 1934. Debido a su semejanza con el neurotransmisor cerebral *serotonina*, los psiquiatras empezaron a estudiar sus efectos en humanos, que recordaban a los de la *mescalina* y el LSD. Esta sustancia —que también actúa como un potente constrictor de los vasos sanguíneos— era utilizada en forma de polvo, el *cohoba*, por los indios de Trinidad y del Orinoco.

En Australia, donde el sapo marino fue introducido para combatir a un tipo de escarabajo que dañaba la caña de azúcar, es una plaga, hasta el punto que algunos perros se han convertido en adictos de la *bufofenina* y buscan desesperados un sapo al que lamer.

RECOMENDACIONES PARA EL DESARROLLO DEL TEXTO EXPOSITIVO

- Selecciona un tema que conozcas bien.
- Evita generalizaciones. Limita el tema a aquellos aspectos que se puedan desarrollar en un escrito corto.
- Busca información relevante que apoye o amplíe la que ya conoces sobre el tema.
- Toma en cuenta el nivel cultural del destinatario para realizar las adecuaciones que se requieran.
- Haz un bosquejo: utiliza el modelo del escarabajo.
- Utiliza una redacción que motive al Lector – Receptor.
- Cuida la coherencia del escrito.
- Utiliza el tono adecuado.
- Verifica que la conclusión incluya los puntos que se desarrollaron en el escrito.
- Elige un título.
- Evita errores ortográficos, de puntuación, sintaxis y coherencia.

El texto **narrativo** nos remite al hecho de narrar. Narrar es contar uno o varios hechos reales o imaginarios que han sucedido en un tiempo y en un espacio, relacionados con personajes y encaminados a un desenlace.

La narración no sólo es del dominio de escritores, también se utiliza en los géneros periodísticos y con frecuencia en otros escritos que precisan una narración de hechos ordenados cronológicamente o por su importancia.

En la narración debe considerarse la forma de narrar, tanto por la persona gramatical como por el punto de vista: el de un **narrador omnisciente** que conoce todo sobre el universo narrado o el de un **narrador objetivo** que marca una distancia entre él y el universo que narra. Los otros componentes necesarios de la narración son: las personas y sus acciones, el lugar, el tiempo y el tema. Aunque el texto narrativo se trata más ampliamente en los capítulos siete y ocho de este libro, nos interesa aquí como un recurso en la redacción de informes.

La **descripción** se explica detalladamente en el capítulo cuatro, e interesa porque también es un recurso de primer orden en la redacción de informes.

Por otra parte, la argumentación consiste en aportar razones o argumentos que apoyen o defiendan ideas u opiniones sobre un tema. El propósito de la argumentación es convencer al receptor. Se puede decir que todos los tipos de texto utilizan la argumentación: filosóficos, políticos, económicos, publicitarios, científicos y otros más.

Si un emisor defiende con razonamientos su punto de vista sobre un tema, está utilizando la **argumentación**. Cuando los textos argumentativos rechazan las opiniones contrarias a los de su autor entonces se presenta la **refutación**.

Cuando las partes argumentan posiciones contrarias sobre un mismo tema se establece un **debate**, con ideas a favor o en contra.

La **tesis** es la idea básica sobre la cual se reflexiona, su lugar puede ser al principio o al final del escrito. Es relevante que la tesis sea clara y creativa y que no contenga un número excesivo de ideas para que el receptor no se confunda y la defensa de la misma no resulte complicada.

Si un autor apoya su razonamiento en opiniones de prestigio intelectual para reforzar su argumento se vale del **argumento de autoridad**. También puede sustentarse en *proverbios* y *refranes* por la fuerza expresiva que éstos tienen y el valor de verdad que comúnmente se acepta. El otro tipo de argumento que se utiliza en el razonamiento es el que nos remite al **sentir social**. En éste se alude a la operación general de la sociedad o de un grupo en particular. La finalidad es convencer al receptor.

La **ejemplificación** es otro de los recursos que emplea la argumentación para ilustrar lo que se pretende demostrar, al igual que la *repetición*, figura que impacta sobremanera al receptor.

ESQUEMA DE LA ARGUMENTACIÓN

- **tesis - exposición**

Cuerpo de la argumentación

- **razonamiento** (a)
- **razonamiento** (b)
- **razonamiento** (c)
- **Conclusión** (invitación a la acción)

Veamos el siguiente ejemplo que cita Juan Luis Onieva Morales en su *Curso superior de redacción*:

<table>
<tr>
<td>Tesis

1a. Razón

Argumento de autoridad

2a. Razón

3a. Razón

Ejemplos que apoyan la tesis

Experiencias personales que apoyan su razonamiento

Refutación de opiniones contrarias

Conclusión</td>
<td>EL HOMBRE SE POSEE EN LA MEDIDA QUE POSEE SU LENGUAJE

No habrá ser humano completo, es decir, que se conozca y se dé a conocer, sin un grado avanzado de posesión de su lengua. Porque el individuo se posee a sí mismo, se conoce, expresando lo que lleva dentro, y esa expresión sólo se cumple por medio del lenguaje. Ya Lazarus y Steinthal, filólogos germanos, vieron que el espíritu es lenguaje y se hace por el lenguaje. Hablar es comprender, y comprenderse es construirse a sí mismo y construir el mundo. A medida que se desenvuelve este razonamiento, se advierte esa fuerza extraordinaria del lenguaje en modelar nuestra misma persona, en formarnos, se aprecia la enorme responsabilidad de una sociedad humana que deja al individuo en estado de incultura lingüística. En realidad, el hombre que no conoce su lengua vive pobremente, vive a medias, aun menos. ¿No causa pena, a veces, oír hablar a alguien que pugna, en vano, por dar con las palabras, que al querer explicarse, es decir, expresarse, vivirse, ante nosotros, avanza a trompicones, dándose golpazos, de impropiedad en impropiedad, y sólo entrega al final una deforme semejanza de lo que hubiese querido decirnos? Esa persona sufre como de una rebaja de su dignidad humana. No nos hiere su deficiencia por vanas razones de bien hablar, por ausencia de formas bellas, por torpeza mecánica, no. Nos duele en lo humano; porque ese hombre denota con sus tanteos, sus empujones a ciegas por las nieblas de su oscura conciencia de la lengua, que no llega a ser completamente, que no sabremos nosotros encontrarlo. Hay muchos, muchísimos inválidos del habla, hay muchos cojos, mancos, tullidos de la expresión. Una de las mayores penas que conozco es la de encontrarme con un mozo joven, fuerte, ágil, curtido en los ejercicios gimnásticos; dueño de su cuerpo, pero cuando llega el instante de contar algo, de explicar algo, se transforma de pronto en un baldado espiritual, incapaz casi de moverse entre sus pensamientos; ser precisamente contrario, en el ejercicio de las potencias de su alma, a lo que es en el uso de las fuerzas de su cuerpo. Podrán aquí salirme al camino los defensores de lo inefable, con su cuento de que lo más hermoso del alma se expresa sin palabras. No lo sé. Me aconsejo a mí mismo una cierta precaución ante eso de lo inefable. Puede existir lo más hermoso de un alma sin palabras, acaso. Pero no llegará a formar forma humana completa, es decir, convivida, consentida, comprendida por los demás.

(PEDRO SALINAS: El defensor)</td>
</tr>
</table>

RECOMENDACIONES PARA LA REDACCIÓN DE TEXTOS ARGUMENTATIVOS

- Selecciona un tema serio que se preste a la discusión.
- Diferencia entre *hechos* y *opiniones*. Un *hecho* es una afirmación cuya verdad se puede comprobar. Una *opinión* es un juicio cuya veracidad o falsedad es imposible demostrar. Sólo se pueden discutir las *opiniones* no los *hechos*. Ejemplos: México es uno de los países más importantes de Latinoamérica (hecho). Se debería suprimir la pena de muerte (opinión).

Como las opiniones no pueden debatirse, resultan inapropiadas para la argumentación. Ejemplo: Vargas Llosa es el mejor escritor de Latinoamérica.

RECOMENDACIONES PARA LA REDACCIÓN DE UN ESCRITO ARGUMENTATIVO.

- Cuida que la tesis no generalice y se exprese en forma clara.
- La argumentación debe contener al menos tres razones.
- Cada razón debe ser distinta de las otras.
- Cada razón debe relacionarse directamente con la tesis.
- No utilices razones irrelevantes.
- Ordena las razones según su importancia.
- Recapitula y reafirma la tesis en la conclusión.
- Evita errores ortográficos, de puntuación, sintaxis y coherencia.

Comúnmente se habla de informes extensos e informes cortos, sin embargo, los PUNTOS BÁSICOS de esta forma de comunicación no varían: tema, destinatario, método y meta.

Tema: ¿De qué trata el informe? ¿Es válido?
Destinatario: ¿A quién o a quiénes va dirigido?
Método: ¿Cómo se elabora?
Meta: ¿Qué pretende informar y hasta dónde?

Aunque existen diferentes METODOLOGÍAS para su elaboración la que aquí se propone contiene los aspectos de mayor importancia:

- PORTADA
- *ABSTRACT* (extracto)
- ÍNDICE
- INTRODUCCIÓN
- CUERPO DEL TRABAJO (desarrollo)
- CONCLUSIONES, RECOMENDACIONES Y SUGERENCIAS
- APÉNDICES Y NOMENCLATURAS
- NOTAS O REFERENCIAS
- BIBLIOGRAFÍA

En la **portada** se incluyen:

- Nombre de la institución o empresa
- Título del estudio
- Subtítulo
- Nombre del autor
- A quién se presenta
- Lugar y fecha

El ***abstract*** o extracto es un texto breve, objetivo y específico donde se resumen las ideas esenciales de un trabajo. Se coloca una página después de la portada. Los especialistas dicen que equivale a un 5 por ciento del contenido total. En el *abstract* no se deben incluir citas, gráficas o evidencias. Sus ventajas:

- Ayuda al investigador en la búsqueda y manejo de información
- Por la brevedad, cumple con su función informativa
- Economiza tiempo

Existen dos tipos de *abstract*: el de tópico y el informativo:

***Abstract* de tópico**
Es como una tabla de contenido objetivo: expresa en forma breve de qué trata el informe.

Ejemplo
Se están comparando dos métodos para el secado de madera: la maduración del solvente y secado por vapor. La evaluación se hace con base en el tiempo de secado, complejidad de la operación, costo, efectos de la resistencia de la madera, y aparición de defectos en ella.

***Abstract* informativo**
Comprende ambos elementos:
- el contenido
- opiniones sobre el mismo

Ejemplo
Se están comparando dos métodos para el secado de madera: la maduración de solvente y el secado por vapor.
La aplicación de solventes es mejor cuando se desea que la madera resulte con un bajo contenido de humedad. El secado por maduración solvente toma más tiempo, requiere de una operación más compleja que el secado por vapor y de productos químicos más caros.

El **índice** es la organización de temas y subtemas en forma jerárquica y dependiente. Metodológicamente se recomienda utilizar el sistema decimal, el de números romanos o el de letras, con las subdivisiones correspondientes. Ejemplo:

Índice

En la **introducción** se explican:

- Objetivo
- Método
- El por qué del contenido
- Metas
- Otros aspectos de importancia en la elaboración

Esta parte del informe se recomienda escribirla cuando se haya concluido la redacción final, ya que durante el desarrollo ocurren algunos hechos o cambios relevantes que necesitan incluirse y explicarse en este estadio.

Para el **desarrollo** o **cuerpo del trabajo** es necesario revisar los esquemas de la estructura del párrafo, ideas principales, y el de la estructura de un escrito, con el fin de darle un orden adecuado a la información que se maneje.

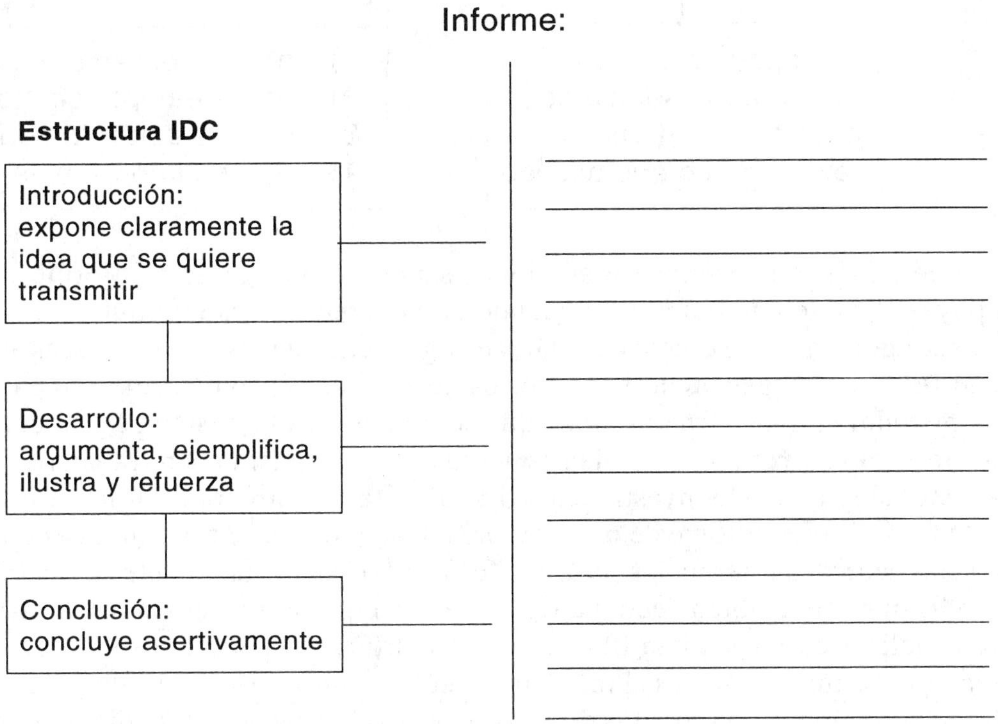

Las **conclusiones** se pueden redactar de dos maneras: *globalmente* o *con base en incisos.* Las primeras requieren rasgos del ensayo. Se concluye integrando los aspectos de más importancia en un texto que resume las ideas básicas. El estilo debe ser claro, conciso, fluido, con frases cortas y tono asertivo.

Las *conclusiones* que se elaboran *con base en incisos* presentan menos dificultades porque se revisan los contenidos del informe y se resume lo de mayor trascendencia en cada uno de ellos. Se retoman las ideas clave de cada parte y se ordenan por incisos de acuerdo como fueron surgiendo. Sin lugar a dudas, esta forma es más convencional pero más sencilla que la anterior.

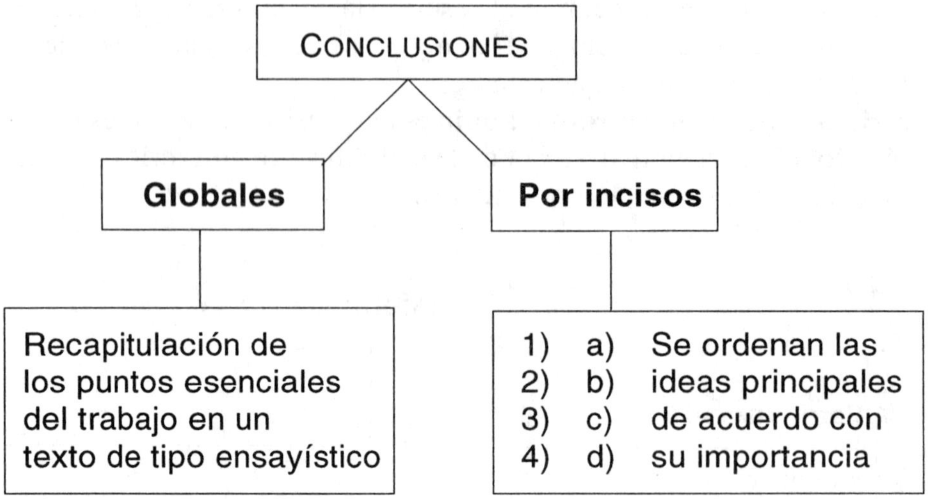

Los **apéndices** son documentos adicionales que complementan el informe. Se incluyen para apoyar el contenido del mismo cuando el o los receptores lo requieren. Las **nomenclaturas** se agregan con el objeto de aclarar el significado de los símbolos y las abreviaturas que se utilizan. Las **sugerencias** son datos o alternativas que ayudan en la toma de decisiones. La metodología moderna propone que se ubiquen en la misma página del *abstract*.

Las **notas o referencias**, también conocidas como citas, deben trabajarse de acuerdo con la metodología para la investigación. Es importante entrecomillar la información textual (cita textual) que se tome de otros autores. Cuando se parafrasean ideas o fragmentos bastará con hacer las referencias, usar un "*confer*" o incluir las fuentes en la bibliografía.

La **bibliografía** también deberá apegarse a la metodología para la investigación con el objeto de aclarar cómo se citan libros, revistas, artículos, periódicos y demás fuentes de información. Lo más común es el método alfabético: autor, título del libro, editorial, lugar y fecha de la edición. Con artículos de revistas, periódicos y enciclopedias deberán hacerse los cambios que señale la metodología. Para cerrar este tema consideramos valioso añadir los siguientes datos sobre el informe:

Ventajas:

- Los informes son archivos esenciales en cualquier empresa e institución pública o privada, que contribuyen a su imagen y prestigio.
- Son de utilidad para la toma de decisiones.
- Sirven al nuevo personal como parte de su capacitación.

En la técnica y el estilo:

- Emplea el modelo del escarabajo con la modalidad que se ajuste a tus objetivos.
- Usa frases cortas, lenguaje directo.
- Utiliza los tipos de escrito adecuados.

- Revisa la ortografía y la puntuación: consulta las dudas en diccionarios especializados.
- Evita circunloquios.
- Sé objetivo, cuida el tono.
- Conserva un orden lógico en los párrafos: destaca las ideas principales.
- Evita el servilismo.
- Fundamenta tus opiniones: argumenta.
- Incluye los datos necesarios.
- Cuando el informe sea muy extenso subdivídelo en partes.
- Utiliza el medio audiovisual sólo cuando su naturaleza lo permita.
- No falsees o equivoques datos y términos.
- Evita las contradicciones.
- No dejes datos incompletos.
- Evita repeticiones.

En la presentación:

- Sé pulcro.
- Apégate a una sola metodología.
- Cuida la tipografía y la disposición de las partes.
- Destaca lo más importante.
- Emplea una comunicación gráfica adecuada.

Con el fin de practicar la redacción y el análisis de informes, el maestro trabajará varias dinámicas de grupo con fuentes reales: revistas actuales, notas periodísticas, libros, entrevistas y encuestas. Se sugiere que los estudiantes elaboren un bosquejo con el modelo del escarabajo y consulten con el maestro sus dudas respecto a la metodología para la investigación.

Antes de finalizar este capítulo se explicarán los siguientes conceptos:

MONOGRAFÍA: Es un escrito en el que se exponen con profundidad y seriedad los logros de un trabajo personal sobre un tema específico. El trabajo monográfico debe realizarse con método, tanto en el manejo de fuentes de información como en su estructura.

A este tipo de escrito, en el ámbito académico, suele llamársele también trabajo de investigación o investigación, pero, hay que aclarar que éste último es más riguroso y objetivo. Generalmente abre caminos a otros investigadores, sin demeritar el valor que la **monografía** suele tener en algunos casos muy especiales.

Recomendaciones para elaborar una monografía

- Delimita el tema: formula preguntas.
  Utiliza el modelo del escarabajo.

- Documéntate: Busca información en diferentes fuentes: libros, revistas, monografías, medios electrónicos.
- Para la información electrónica revisa los protocolos de uso. Puedes consultarlos en ese mismo medio.
- Organiza el material: cuida la estructura.
- Utiliza diferentes tipos de texto en la redacción: expositivo, descriptivo, argumentativo.
- Utiliza una metodología clara y consistente para las fuentes consultadas.
- En la redacción final emplea: introducción, desarrollo, conclusiones, citas, bibliografía, apéndices, índice y título.

REPORTE: Existen dos tipos:

El **esquemático o técnico**, que se ajusta a una forma elaborada de antemano con los datos básicos. Cumple diferentes funciones: verificar asistencia del personal, existencia de mercancía, entradas y salidas de productos o producción diaria, entre muchas otras.

También se pueden considerar los reportes que se parecen a los informes cortos. En ellos se ordenan los datos de un hecho, un viaje o actividades de acuerdo con su importancia. En algunos laboratorios académicos (física o química, por citar algunos) también se emplean los reportes.

PONENCIA: Según Antonio Miguel Saad: "Es un documento en el que el autor presenta un tema concreto que se somete al examen o resolución de una asamblea. En él se establece una verdad como tesis, se concluye un resultado con apoyo en hechos, que el autor descubre y prueba de manera terminante, y sugiere recomendaciones.

"La tesis que propone y que sostiene puede ser totalmente original, derivada de su genio, observación e investigación; o bien, puede ser la conclusión particular de comparar, analizar y escudriñar en informes, trabajos relativos, etcétera. En cualquier caso, la estructura de este documento debe contener:

1. Antecedentes
2. Proposición
3. Confirmación
4. Recomendación(es)
5. Conclusión(es)"

Las ponencias deben ajustarse a los lineamientos o características metodológicas y de tiempo que establece la institución que convoca.

Modelo para ponencias y monografías

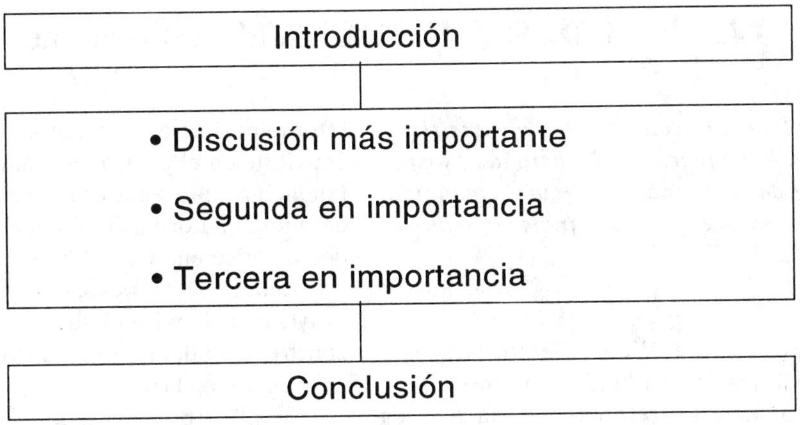

Modelo normativo: para proyectos, planes de trabajo

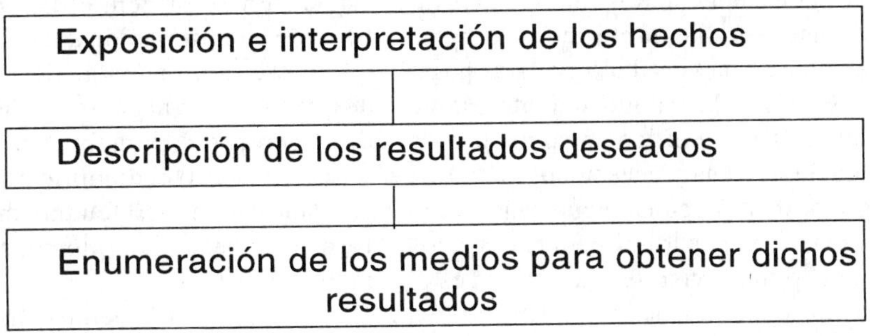

Lectura 11

LEY Y PODER (DEMOCRÁTICO) (fragmento)

La justicia sin fuerza es contradicha, porque siempre hay malvados. La fuerza sin la justicia es sospechosa. Hay que ensamblar a la justicia y a la fuerza, y para eso que lo que es justo sea fuerte o lo que es fuerte sea justo.

Blas Pascal

Vivimos tiempos maquiavélicos. Tiempos de inseguridad, de extrema incertidumbre, momentos en los que se desploman los referentes de la política tradicional. Política sin piso. No hay necesidad más apremiante que la de asfaltar un suelo para la política mexicana. El problema no es tanto el tamaño del Estado como el piso del Estado. Por ello ha brincado en nuestros días el problema clásico de la moral y la política que bien se ha ventilado en estas páginas. Ante el despeñadero, ha habido una interesante revaloración del realismo político en su mezcla de prudencia y audacia, fortuna y necesidad. La política desde el mirador de la circunstancia. Más que la búsqueda de reglas firmes para el poder, consejos para sacar jugo de lo imprevisible. La política es el territorio de lo excepcional, se dice. Una nueva búsqueda de la razón de Estado, esa "máxima del obrar político" que, según Meinecke, "dice al político lo que tiene que hacer, a fin de mantener al Estado sano y robusto".[1]

Pero frente a esa razón de Estado se levanta la *otra* razón de Estado: la razón del derecho. Unos días antes de que fuera asesinado en su despacho de la Universidad Autónoma de Madrid, por un terrorista de ETA, el jurista y expresidente del Tribunal Constitucionalista Español, Francisco Tomás y Valiente, defendía al Estado a través de lo que llamó "buena razón de Estado", esa que constituye la vértebra del Estado moderno. Escribía Tomás y Valiente: "La razón de Estado del Estado de Derecho es el derecho, o mejor todavía, los derechos, sobre todo los fundamentales de los ciudadanos".

No es extraño que en nuestro zarandeado fin de época la ley se coloque en el centro. Luego de la impaciencia modernizadora se impone un ánimo de serenidad, un reclamo de legalidad. Disipadas las ilusiones del primermundismo-en-un-solo-sexenio, y sin retorno posible al autoritarismo consensual, la ley se convierte en el centro de gravedad de la política. El fenómeno representa, en buena medida, la cuarteadura del molde autoritario, el hecho de que la aspiración democrática empieza a clarear.

Encuentro tres espacios fundamentales en este proyecto de legalidad: la reafirmación del Estado, la construcción del régimen democrático y la vertebración del ciudadano.

Empiezo por el Estado. Estos son malos tiempos para el Estado. Hay muchos que insisten en denunciarlo como el origen de todos los males. Frente a la limpieza de la sociedad civil, la suciedad del poder estatal. En su origen, el Estado supone la racionalización y legitimación del poder. La soberanía estatal no es, como apunta Blandine Kriegel, un poder despótico. Todo lo contrario, se trata de un poder atado al derecho, "Un gobierno no estabilizado por límites es volátil; el dominio no circunscrito por leyes es evanescente".[2] El feudalismo o el caciquismo, dos formas de despotismo local, son la antítesis del Estado soberano.

La ley es un elemento constitutivo de ese proyecto civilizatorio que sigue siendo el Estado. El politólogo argentino Guillermo O'Donnel hablaba en ese sentido de la crisis del Estado como la reaparición de circuitos de poder local que han reprivatizado el poder, cortando el cordón de la legalidad. Neofeudalismo, lo llama. La "evaporación" del Estado no es la aparición de la democracia regional. Todo lo contrario, significa una grave reversión política.[3]

La construcción de la democracia exige una política de legalidad que sea una política en la legalidad y para la legalidad. Se ha dicho muchas veces que el gobierno democrático es un gobierno de leyes. Un régimen que logra levantar una alambrada jurídica al Poder. El estado de derecho, en efecto, no cae de los árboles. No es un equilibrio natural. Es una construcción histórica que requiere una política que permita su realización. Una estrategia que ha de seguir los canales de la norma. Para la construcción del estado de derecho no valen los atajos de la ilegalidad, es necesaria una *política en la legalidad.* Los brincos no aceleran, desvían. Por ello tiene mucha razón el Presidente cuando cuestiona a quienes reclaman la imposición de la democracia por la vía de la ilegalidad. Pero tiene menos razón cuando piensa que basta con dejar hacer y dejar pasar para que prenda el estado de derecho. Para conformar el régimen de la legalidad es necesaria una *política para la legalidad.* Una determinación eficaz. Una compleja operación entre la ingeniería jurídica y la maniobra política.

La democracia liberal hace una trenza con el derecho. Si inicialmente la democracia era vista como el reino desbordado del pueblo, después se convirtió, como quería Benjamín Constant, en la legalidad impuesta al poder. El proyecto democrático en México se impone como la exigencia de tomar la ley en serio, de terminar el simulacro de legalidad que ha caracterizado al autoritarismo mexicano. Y aquí la Constitución ocupa un lugar fundamental. En la idea de la Constitución está, más que la norma suprema, la suprema confusión. El constitucionalismo mexicano vive bajo la sombra de un constitucionalismo oficial, la cosmovisión autoritaria aposentada en el estudio de la Constitución.

El constitucionalismo oficial significa, antes que nada, la sobrepolitización de la Constitución. La Constitución como síntesis de las grandes gestas históricas, el agregado de conquista sociales, suma de los factores reales de poder, el resumen de nuestro Proyecto Nacional. La Constitución, se dice y se repite, es algo más que pura norma. Así, la Constitución no se lee como norma sino como el catálogo de los deseos que inspiran pero no obligan. Constitución social, constitución como forma de vida, constitución como aspiración, constitución como síntesis de la historia, constitución como proyecto de nación, constitución como representación de futuro... La fraseología constitucional es infinita. Aquí, parafraseando a Krauze, podríamos decir que necesitamos una constitución sin adjetivos. Una estructura normativa que funde y limite el poder. Dejar de ver la constitución como un catálogo de deseos y empezar a verla como una ley. La sobrepolitización de la Constitución equivale a una lobotomía del estado de derecho.

La adopción de la teoría constitucional de Carl Schmitt no es inocua. En efecto, las ideas del jurista del Reich han sido, durante décadas, hegemónicas en el estudio constitucional. Al concebir la Constitución como un agregado de decisiones políticas fundamentales, los constitucionalistas mexicanos se han tragado la píldora del antiliberalismo schmittiano. Entendida como decisión, la Constitución mexicana es analizada como un acto de voluntad del soberano, como una determinación política, no como el principio normativo que deslinda con claridad lo políticamente posible de lo jurídicamente lícito. Así, la Constitución sobrepolitizada se convierte en Constitución desarmada. Si la Constitución no es vista como norma jurídica, es decir como regla que obliga a los poderes y que define como antijurídica su infracción, entonces se convierte en banalidad literaria. La fuerza política de la Constitución reside en su carácter normativo.

La sobrepolitización constitucional coincide en México con el sentimentalismo constitucional. La propensión a leer la Constitución a través de los afectos y los impulsos. Emilio Rabasa denunciaba este sentimentalismo constitucional en las postrimerías del régimen porfiriano. "La época del sentimentalismo ha pasado ya para la constitución", escribía en su obra clásica. Hoy es necesario retomar ese llamado para tomar en serio la Constitución y reinterpretarlo democráticamente. En este terreno tenemos mucho que aprender de la transición española. Las coordenadas constitucionales de la democratización española no son nada despreciables. En efecto, durante los años de la transición se produce una interesante reflexión sobre el carácter de la norma constitucional que acentúa su naturaleza estrictamente jurídica.[4]

La ley es por otro lado un engranaje fundamental en el procesamiento de la incertidumbre democrática. Claude Lefort entiende que la democracia se instituye por la "disolución de los referentes de certidumbre".[5] El poder no encarna en personaje alguno. Quienes ejercen el poder no son sus dueños. La democracia desencadena un proceso de perpetuo cuestionamiento, una sucesión interminable de preguntas. En un régimen democrático el conflicto se institucionaliza de tal manera que el ejercicio del poder está sometido a constantes redistribuciones. Adam Przeworski afirma en ese mismo tenor que en democracia el poder está repartido de tal manera que "los procesos políticos están hasta cierto punto indeterminados con respecto a las posiciones que ocupan los participantes en todas las relaciones sociales, incluyendo las relaciones de producción y las instituciones políticas".[6] La idea de la incertidumbre democrática no puede terminar en la incertidumbre electoral. Incertidumbre parlamentaria, incertidumbre al interior de los partidos, incertidumbre en la formulación y ejecución de las políticas públicas, incertidumbre en relación a las reacciones de la opinión pública. Incertidumbre también alrededor del significado de la ley. Siendo norma, la ley es un texto que requiere intérpretes. El reino del derecho es un espacio de acotada incertidumbre. Como advierte Kelsen en su *Teoría pura del derecho*, todo sistema de normas deja abiertas varias posibilidades de interpretación. Cualquier norma, empezando por las constitucionales, tiene una pluralidad de sentidos que corresponden con la multiplicidad de visiones del mundo que se expresan en un régimen de democracia pluralista. Una sociedad demócratica, apunta el seguidor de Karl Popper y constitucionalista, Peter Häberle, es una sociedad abierta para los intérpretes de la Constitución.[7] Una sentencia del Tribunal Constitucional español expone con claridad esta necesidad de que la Constitución se abra a diversas configuraciones: "La Constitución es un marco de coincidencias suficientemente amplio como para que dentro de él quepan opciones políticas de muy diverso signo. El valor de integración de la Constitución no consiste necesariamente en cerrar el paso a las opciones o variantes, imponiendo autoritariamente una de ellas".[8]

El ascenso del pluralismo político y la aceptación de que la Constitución es, ante todo, norma, abre la Ley Suprema al debate de la interpretación.[9] La lucha por el sentido de la Constitución. Dice el constitucionalista español Francisco Rubio Llorente que el principal problema de la Constitución es el de la interpretación constitucional. Añadiría que ello se convierte en uno de los problemas de la propia democracia contemporánea: la batalla por la lectura del código político. No puede negarse que la reconstrucción judicial de la Constitución ha de tener un impacto definitivo en el funcionamiento del régimen democrático. Así, el Poder Judicial se levanta como una pieza fundamental de la maquinaria democrática. En esa institución que para los federalistas norteamericanos constituía la menos peligrosa de las ramas del poder, está una pieza imprescindible en la balanza de la democracia. La vigencia de un régimen democrático, pues, no puede separarse de la praxis constitucional. Y ésta no puede evadir al Poder Judicial.

La ley también es armazón de la ciudadanía. El estado de derecho es el ámbito natural de la condición ciudadana. En este sentido, más allá de la macropolítica de la Constitución, la ley se convierte en parte fundamental de la micropolítica democrática. La legalidad, ha dicho el ensayista italiano Paulo Flores D'Arcais, es "el poder de los sin poder". Quien carece de dinero e influencia tiene en la ley un refugio frente a la discriminación y el abuso. Es por ello que, como afirma Cerroni, la dignidad del hombre moderno tiene una importante dimensión jurídica: "sin el sistema de los derechos y los deberes jurídicos (...) la dignidad moral de la persona aparece, si no vacía, sí frágil, aleatoria, insegura y, sobre todo, estrecha".[10]

Referencias

1 Friedrich Meinecke: *La idea de la razón de Estado en la Edad Moderna*, Centro de Estudios Constitucionales, Madrid, 1983, p. 3.

2 Blandine Kriegel: *The State and the rule of law*, Princeton University Press, 1995, p. 18.

3 Guillermo O'Donnel: "The State, democratization, and some conceptual problems", en William C. Smith, Carlos H. Acuña y Eduardo A. Gamarra, ed., *Latin American political economy in the age of neoliberal reform*, New Brunswick, Transaction Publishers, North South Center, 1994.

4 Véase, por ejemplo, Ignacio de Otto, *Derecho constitucional. Sistema de fuentes*, Ariel, Barcelona, 1991.

5 Claude Lefort, *La invención democrática*, Ediciones Nueva Visión, Buenos Aires, 1990.

6 Adam Przeworski, "La democracia como resultado contingente de los conflictos", en *Zona abierta*, Madrid, abril-septiembre, 1986.

7 Hans Peter Schneider, *Democracia y constitución*, Centro de Estudios Constitucionales, Madrid, 1991, p. 61.

8 Citada por Ignacio de Otto, obra citada, p. 48.

9 Véase el ensayo de José Ramón Cossío y Luis Raigosa, "Régimen político e interpretación constitucional", en *Este país*, marzo de 1996.

10 Umberto Cerroni, *Reglas y valores en la democracia. Estado de derecho, Estado social, Estado de cultura*, Alianza Editorial-Conaculta, México, 1991.

JESÚS SILVA-HERZOG MÁRQUEZ.

Ejercicios

1. Selecciona algunas palabras de la lectura anterior que contengan prefijos o sufijos. Escríbelos en los siguientes espacios e incluye su significado.

PALABRA	PREFIJOS	SIGNIFICADO	SUFIJOS	SIGNIFICADO

2. Analiza las ideas principales en la lectura. Utiliza los pasos del modelo a la inversa.

   a) Puntos de vista y características.

   b) Ideas principales.

c) Palabras que sustentan las ideas principales y frecuencia en el texto.

d) Base estructural.

e) Tonos.

3. Redacta tres puntos de vista con una de las siguientes palabras. Utiliza el modelo del escarabajo.

- Gobierno
- Burocracia
- Sociedad
- Democracia
- Modernización
- Población
- Educación

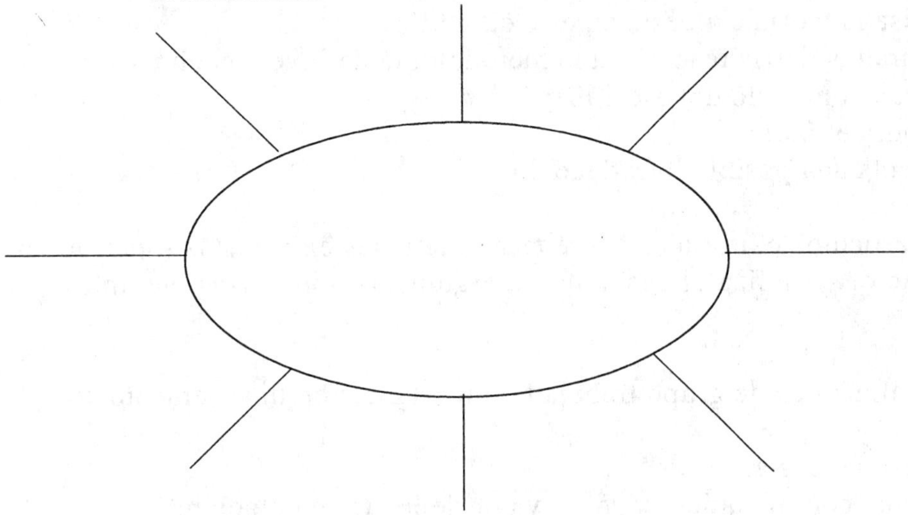

Puntos de vista:

1. ____________________

2. ____________________

3. ____________________

4. Clasifica los *abstract* que te proporcione el maestro. Justifica tu respuesta.

DE TÓPICO	**INFORMATIVO**
________	________
________	________
________	________
________	________
________	________
JUSTIFICACIÓN	**JUSTIFICACIÓN**
________	________
________	________

5. Busca en la biblioteca un ejemplo de cada uno de los tipos de informe (expositivo, interpretativo y demostrativo). Analiza sus características fundamentales y discútelos en clase.

6. En una dinámica de grupo trabaja la información que te proporcione el maestro y elabora un índice para un posible informe.

   a) Revisa la teoría expuesta en este capítulo.
   b) Aclara tus dudas respecto a la metodología de investigación.
   c) Utiliza el modelo del escarabajo.
   d) Elabora el índice.
   e) Redacta una posible introducción.

7. Busca artículos editoriales sobre temas actuales en revistas o periódicos de reciente publicación. Analiza el esquema de argumentación en tus ejemplos y discútelos en clase.

8. En una dinámica de grupo trabaja la importancia de la argumentación.

   a) Revisa la teoría.
   b) Discute con tu equipo sobre el valor de la argumentación.
   c) Escribe un texto argumentativo de acuerdo con las recomendaciones que se señalan en este capítulo. Destaca el valor de las opiniones.

Etimologías

Esquema No. 11

PREFIJO	ORIGEN	SIGNIFICADO	EJEMPLOS
sub (sus, su, sos, so, s)-	latino	debajo	subasta, sufragar, sostener, suscitar
hiper-	griego	sobre, encima, exceso, superioridad	hipérbaton, hipertrofia
necro-	griego	cadáver	necrópolis, necropsia
decem-	latino	diez	decano, decenio
orto-	griego	recto, derecho, correcto	ortopedia, ortografía
cata-	griego	hacia abajo	catálogo, catacumba, cátodo, catarro
post-	latino	después, más adelante	postergar, postgrado
tele-	griego	lejos	telepatía, telégrafo
ex-, e-	latino	de, desde, fuera de	exhumar, excéntrico
exo-	griego	fuera	exotérico, exótico
meta-	griego	más allá, tras, entre, en medio	metamorfosis, metáfora

SUFIJO	ORIGEN	SIGNIFICADO	EJEMPLOS
-cultura	latino	cultivar, cuidar	acuacultura, fruticultura
-cracia	griego	poder, autoridad, gobierno	tecnocracia, democracia
-terapia	griego	curación	hidroterapia, fisioterapia
-enta, -inte	latino	reunión de decenas	ochenta, veinte
-ánima, -ánime	latino	alma, espíritu	pusilánime, ecuánime
-logía	griego	tratado, estudio, ciencia	psicología, morfología

9. Estudia cuidadosamente el significado de los siguientes prefijos y sufijos. Forma dos palabras distintas de los ejemplos.

	Palabras	
1. necro-	____________	____________
2. cata-	____________	____________
3. tele-	____________	____________
4. hiper-	____________	____________
5. orto-	____________	____________
6. exo-	____________	____________
7. -cracia	____________	____________
8. -terapia	____________	____________
9. -ánime	____________	____________
10. -logía	____________	____________

SUSTANTIVOS Y ADJETIVOS NUMERALES

Son numerales los sustantivos o adjetivos que expresan un número determinado. Los numerales, según algunos gramáticos, se dividen en cardinales y ordinales. Los primeros constituyen la serie natural de los números (uno, dos, tres, ... treinta ... cien ... mil, etcétera). Los segundos añaden la idea de orden a la de número (primero... cuarto... décimo, etcétera).

Los cardinales que van del 16 al 19 se escriben en una sola palabra (dieciséis), pese a que los términos que los designan se compongan de la voz diez, la conjunción *y* y el cardinal correspondiente. Lo mismo ocurre con la decena del 21 al 29.

Respecto a los ordinales que representan los números 11 y 12, las formas reconocidas por los gramáticos son undécimo y duodécimo, respectivamente. No deben usarse, por lo tanto, las formas décimoprimero y décimosegundo, como ocurre con frecuencia en el lenguaje ordinario.

Otra clase de sustantivos o adjetivos numerales está integrada por los partitivos. Éstos expresan, como su nombre lo indica, la división de un todo en partes iguales; ejemplo: *El número 12 es la doceava parte de 144.* Es necesario no cometer el error de usar esta clase de términos para expresar orden. Así, expresiones como: *el atleta quedó en doceavo lugar* deben evitarse; en su lugar, es más adecuado decir: *El atleta quedó en duodécimo lugar.*

Los cardinales se emplean como ordinales en muchas ocasiones: el capítulo tres, el artículo ocho, el siglo veinte. En los libros, al citar capítulos o artículos, se usan indiferentemente —hasta el número diez— los cardinales o los ordinales; se puede decir el capítulo nueve o el capítulo noveno. Sin embargo, se prefieren los cardinales al referirse a los numerales del 10 en adelante: artículo doce, capítulo catorce, etcétera.

CARDINAL	ORDINAL
uno	primero
dos	segundo
tres	tercero
cuatro	cuarto
cinco	quinto
seis	sexto
siete	séptimo
ocho	octavo
nueve	noveno
diez	décimo
once	undécimo
doce	duodécimo
trece	décimotercero
catorce	décimocuarto
quince	décimoquinto
dieciséis	décimosexto
diecisiete	decimoséptimo
dieciocho	décimoctavo
diecinueve	décimonoveno
veinte	vigésimo
veintiuno	vigésimo primero
veintidós	vigésimo segundo
veintinueve	vigésimo noveno
treinta	trigésimo
cuarenta	cuadragésimo
cincuenta	quincuagésimo
sesenta	sexagésimo
setenta	septuagésimo
ochenta	octagésimo
noventa	nonagésimo
cien	centésimo
doscientos	ducentésimo
trescientos	tricentésimo
cuatrocientos	cuadringentésimo
quinientos	quinquentésimo

seiscientos	sexcentésimo
setecientos	septingentésimo
ochocientos	octingentésimo
novecientos	noningentésimo
mil	milésimo
diez mil	décimo milésimo
cien mil	centésimo milésimo
millón	millonésimo

NOTA: Los números romanos se utilizan cuando se refieren a soberanos, pontífices o siglos, generalmente.

Lectura 12

LA DIVISIÓN POR SÍLABAS EN ESPAÑOL

En el proyecto de neurociencias de la Escuela Nacional de Estudios Profesionales (ENEP) Iztacala se realizan estudios para encontrar correspondencias entre las medidas fisiológicas del sistema nervioso central y la ejecución conductual en diversas áreas. Una de las conductas que se han explorado ahí es la lectura, tanto en los aspectos formales (decodificación, ritmo, entonación) como en la comprensión. En la literatura especializada en psicología educativa se informa que el número de sílabas de un texto es una buena medida de su longitud, tanto o más que el número de letras o de palabras. Por esta razón, ha sido necesario analizar algunos textos de prueba considerando su número de sílabas. Como la computadora interviene en varias fases del trabajo regular, se consideró conveniente usarla también para contar de manera automática las sílabas de un texto cualquiera.

Por extraño que parezca, las definiciones de sílaba no aclaran cómo debe dividirse una palabra. Considérense las dos siguientes: "Sílaba: Parte de una palabra que constituye una unidad sonora. Ej.: pa-ya-so; an-ti-guo; mé-di-co."; "La sílaba es el sonido o conjunto de sonidos articulados que constituyen un solo núcleo fónico entre dos depresiones sucesivas de la emisión de voz." En ambos casos, se considera que alguien habla o escucha. Pero, ¿cómo hará un tipógrafo mudo para cortar las palabras en el fin del renglón? ¿Cuáles son las reglas que debe seguir un programa de computadora, que no entiende de núcleos fónicos, para dividir una palabra? Los textos de ortografía se limitan a poner algunos ejemplos de las diversas formas de dividir las palabras, y confían en que el aprendiz abstraiga la regla implícita. La excepción es la regla acerca de la disolución de los diptongos que se listan más abajo. Pero las reglas existen, pues aun las personas sin conocimientos formales de gramática ni de preceptiva poética pueden separar correctamente las sílabas. Puesto que existen, debe ser posible formularlas de modo que una computadora pueda seguirlas. En lo que sigue, se expone un grupo de reglas prácticas, sorprendentemente simples, con las cuales pueden dividirse las palabras sin necesidad de pronunciarlas. Al final se explicará el funcionamiento de un programa de cómputo que sigue esas reglas.

La primera regla es que toda sílaba tiene por lo menos una vocal; la segunda, que la sílaba termina inmediatamente antes de la siguiente combinación consonante-vocal. Obsérvense las siguientes palabras divididas con esas dos reglas: pa-ya-so; an-ti-guo; ar-que-ti-po. Pero la segunda regla falla en palabras como *carro y chucho* que serían divididas car-ro y chuc-ho. Esto es porque existen muchas dobles consonantes que nunca deben cortarse; no sólo las reconocidas ch, rr y ll sino las clandestinas bl, br, cr, cl, dr, fr, fl, gr, gl, pr, pl, tr, tl, y la rara ps. Entonces la tercera regla es que la sílaba termina antes de la siguiente combinación consonante-consonante-vocal cuando las dos consonantes forman una doble de las enlistadas arriba. Estas tres reglas son suficientes para el tipógrafo mudo encargado de componer las galeras. Nunca cortará donde no se debe, aunque la palabra pueda cortarse también en otras partes.

La cuarta regla modifica las anteriores, pues dice que si en un diptongo la vocal débil (i, u) está acentuada, la sílaba termina entre las dos vocales. Al aplicar estas cuatro reglas pueden dividirse correctamente palabras como se-cre-ta-rí-a, diferente de se-cre-ta-ria, y en-gre-í-do, que no es lo mismo que en-grei-do. Introducir esta regla produce algunos problemas inesperados ya que si se define que el diptongo formado por í o ú acompañadas de otra vocal en cualquier orden debe romperse se yerra en palabras como *aquí* y *lingüística*, que se dividirán a-qu-í y lin-gü-ís-ti-ca. Lo mejor que se puede hacer es manejar las palabras que contengan guí, güi y quí como excepciones.

La quinta y última regla produce más problemas de los que resuelve pues no es fácil aplicarla correctamente. Las palabras terminadas en *e* seguida de otra vocal deben cortarse después de la *e*. Este es el caso de co-rre-o, ta-re-a, a-le-te-a, etcétera; aunque falla en nú-cleo, fé-rreo y pe-leó. Es decir, esta regla se aplica cuando no hay vocales con acento gráfico en la palabra.

Con esas cinco reglas se elaboró un programa de cómputo que divide las palabras. Su funcionamiento consta, en esencia, de tres pasos:

1. A partir del principio de la palabra busca una vocal.
2. A partir del lugar de la vocal busca el fin de la sílaba, de acuerdo con las reglas, y separa la sílaba.
3. Con el resto de la palabra vuelve al paso 1.

Como está escrito en lenguaje *Prolog,* que todavía es poco común, conviene explicarlo con cierto detalle.

La primera sección, *domains*, establece los objetos de los que se va a ocupar el programa; en este caso, letras, sílabas y palabras, ya sea solas o agrupadas en listas. Esta sección es semejante a la declaración de tipos en *Pascal.*

La ínfima base de datos, *database*, es la memoria del programa, y en este caso se limita a señalar si la palabra por dividir tiene o no acento gráfico.

La sección encabezada por *predicates* enlista las proposiciones lógicas que intervendrán: qué se dirá acerca de cuáles objetos. Es como si en *Pascal* debiera declararse una lista de los procedimientos y las funciones que se utilizarán en el programa.

La sección objetivo o *goal* define el grupo de proposiciones o predicados cuya verdad tratará de demostrarse; en este caso, comprobando que la palabra dada puede dividirse de acuerdo con las cláusulas de la sección siguiente. En esta sección se le pide al usuario que escriba una palabra y se le presentan las sílabas que la forman. Se repiten las peticiones hasta que no se escribe nada. La llamada a purga tiene por objeto limpiar la memoria para evitar interferencias de la palabra anterior.

La sección de cláusulas, *clauses*, define los hechos y las reglas que sirven para evaluar la verdad o falsedad de las proposiciones. Primero se define qué es una vocal, con o sin acento; luego se definen las consonantes dobles y las vocales débiles acentuadas, y se especifica qué es un diptongo; por último se define una lista de sílabas excepcionales para que las palabras que las contengan no se traten conforme a todas las reglas. Esta es una lista abierta que permite la incorporación de nuevas sílabas de excepción cuando se descubren.

Los predicados *repite*, *miembro* y *purga* son subrutinas de apoyo que definen cómo deben interpretarse estas palabras cuando se encuentran dentro de otras definiciones o reglas.

A continuación vienen las rutinas que realmente hacen el trabajo. Primero *busca-acento* revisa la palabra letra por letra hasta que encuentra una vocal acentuada o el fin de la palabra. En el primer caso pone una señal en la base de datos. Esta señal será consultada por *fin-sílaba* para decidir el punto de corte. El predicado *divide* es el de mayor jerarquía en la división. Su funcionamiento es recursivo pero simple: extrae una sílaba, la primera y se llama a sí mismo con lo que queda de la palabra. El ciclo puede terminar cuando ya no hay resto que dividir, o cuando no hay modo de separar una sílaba, es decir, cuando no hay vocales. La extracción de la sílaba la hace *una-sílaba*; su modo de operación consiste en buscar primero la posición de la primera vocal, y luego, a partir de ésa, el fin de la sílaba correspondiente, de acuerdo con alguna de las reglas mencionadas. La primera cláusula de *una-sílaba* maneja las excepciones; la segunda, *busca-vocal*, encuentra la primera vocal y marca la posición en que se encuentra.

Cuatro de las seis cláusulas *fin-sílaba* buscan uno de los patrones que marcan el fin, mediante la prueba de sendas reglas. La primera cláusula *fin-sílaba* es verdadera cuando se agotó la palabra y no quedan más letras por revisar; la última se prueba sólo cuando todas las anteriores han fallado y ninguna de las reglas precedentes se acomoda a la palabra dada. En este caso se suprime la primera letra, se aumenta el contador que marcará el punto de corte y se repite la búsqueda de un acoplamiento. Por eso la última cláusula termina con un llamado recursivo.

No es difícil imaginar alguna utilidad de este programa incorporado en otro mayor. Además del fin para el que fue creado, contar las sílabas del material de lectura, puede utilizarse en procesadores de texto, para medir versos, o para elaborar un posible catálogo de las sílabas del español.

GUILLERMO HINOJOSA R.

Ejercicios

1. Elabora un resumen del texto anterior.

____

____

____

____

____

____

2. Forma tres palabras con cada uno de los siguientes términos y escribe el sinónimo de una de ellas:

Término	Palabras	Sinónimo
Ejemplo:		
decodificación	código codificación codifica	regla o ley
fase	________ ________ ________	________
abstraiga	________ ________ ________	________
aprendiz	________ ________ ________	________
fórmula	________ ________ ________	________

clandestinos

objetivo

acoplamiento

galeras

engreído

yerra

incorporado

extracción

acomoda

3. Busca información sobre un tema que se relacione con tu carrera y elabora, en equipo, un informe con las siguientes características.

   a) Utiliza el modelo del escarabajo.
   b) Delimita el tema.
   c) Elabora el índice tentativo.
   d) Desarrolla cada uno de los pasos del informe.
   e) Emplea los tipos de escrito adecuados.
   f) Preséntalo y discútelo en una dinámica de grupo.
   g) Justifica si es expositivo, interpretativo o demostrativo.
   h) Recurre a la argumentación si se requiere.

4. Investiga algunos formatos de reportes técnicos y discute su contenido en clase. Analiza los tipos de escrito que se utilizan en cada uno.

5. Redacta un reporte, no mayor de una cuartilla y media, sobre una actividad que realices en otra clase, puede ser en un laboratorio.

6. Redacta una ponencia de acuerdo con las características que se exponen en la teoría. Considera los siguientes requisitos:

   a) Utiliza el modelo del escarabajo.
   b) Elije temas de interés actual.
   c) Usa los tipos de escrito adecuados.
   d) Utiliza la argumentación.
   e) No mayor de una cuartilla y media.
   f) Contenido y tonos adecuados al tema.

Etimologías

Esquema No. 12

PREFIJO	ORIGEN	SIGNIFICADO	EJEMPLOS
endeca-	griego	once	endecasílabo
micro-	griego	pequeño	microcosmos, microbio
mile(mil)-	latino	mil	milenio, milésimo
hipo-	griego	debajo, disminución, inferioridad, subordinación	hipoteca, hipotenusa
icosa-	griego	veinte	icosaedro, icoságono
archi-, arqui-	griego	preeminencia, alrededor	arcángel, archipiélago
anfi-	griego	por ambos lados, uno y otro, alrededor	ánfora, anfibio, anfiteatro
tetra-	griego	cuatro	tetraedro, tetrasílabo
octa(o)-	griego y latino	ocho	octaedro, octágono, octogenario, octubre
extra-	latino	fuera de	extralógica, extraviar

SUFIJO	ORIGEN	SIGNIFICADO	EJEMPLOS
-sis	griego y latino	proceso, acción, estado, enfermedad	análisis, elefantiasis, síntesis
-ma	griego	efecto o resultado de una acción anterior	sarcoma, edema, lipoma, dogma
-fobia	griego	horror, miedo	agorafobia, hidrofobia
-orio	latino	lo que sirve para efectuar una acción, relativo a	ilusorio, aleatorio
-oso	latino	abundancia	caliginoso, moroso
-grama	griego	raya, letra, descripción	cardiograma, organigrama

7. Anota frente a cada significado o significados el prefijo o sufijo correspondiente.

a) Forma una palabra diferente de los ejemplos.
b) Redacta un enunciado e incluye la palabra que formaste.

Lo que sirve para efectuar una acción, relativo a ____________________

____

____

Cuatro ____________________

____

____

Por ambos lados, uno y otro, alrededor ____________________

____

____

Debajo, disminución, inferioridad, subordinación ____________________

____

____

Raya, letra, descripción ____________________

____

____

Efecto o resultado de una acción anterior ____________________

____

____

Preeminencia, alrededor ____________________

____

____

Once ____________________

____

____

Proceso, acción, estado, enfermedad ____________________

____

____

Veinte ____________________

____

____

DUDAS FRECUENTES

Aún	Se acentúa cuando equivale a todavía. Ejemplo: *Aún no ha llegado.*
Aun	No se acentúa cuando significa hasta, también o inclusive. Ejemplos: *Aun los flojos trabajaron. Aun un tonto puede comprenderlo.*
Más	Se acentúa cuando es adverbio de cantidad. Ejemplos: *Quiero más comida. Dame más dinero.*
Mas	No lleva acento cuando es conjunción y equivale a pero. Ejemplos: *Me dijo que fuera mas* (**pero**) *no pude. Lo esperaba temprano, mas* (**pero**) *no llegó.*
Solo	Cuando equivale al adverbio solamente. Ejemplo: *Solo diez alumnos aprobaron el curso.* O cuando es adjetivo y tiene la connotación de soledad. Ejemplo: *Juan está solo.* Ya no se acentúa, sin embargo no es incorreto acentuarlo en su forma adverbial: Sólo.
Debe de	Se utiliza cuando equivale a duda o suposición. Ejemplo: *Luis debe de llegar a las diez.*
Debe	Se utiliza cuando equivale a obligación. Ejemplo: *Debe llegar a las diez, porque es su hora de entrada.*
Sino y Si no	Para saber cuándo se debe escribir **sino** junto o **si no** separado, hay que colocar inmediatamente después de estas partículas la conjunción **que**. Si la frase tiene sentido, se escribe **sino**; si no lo tiene, va separado. Ejemplos: *Esta casa no es mía,* **sino** *de mi padre* (sino que es de mi padre). *Sentado en el sillón trataba,* **si no** *de dormir, al menos de descansar un poco.*
Así mismo y Asimismo	Sólo cuando son dos palabras se acentúa el **así.** **Asimismo** no se acentúa. Ambas formas tienen igual significado.
Bien	Nunca se acentúa. Se comete el error de acentuarlo porque se sigue la ortografía de la palabra *también*, donde sí lleva acento la última sílaba.
Pues	Está en el mismo caso que el anterior, sólo que en ésta se sigue la ortografía de la palabra *después.*
O	Se acentúa solamente cuando va entre numerales, para no confundirlo con un cero. Ejemplo: *7 ó 9.*
Fue	Monosílabo que no se acentúa; en igual caso están los verbos vio y dio.
Este, ese, aquel	Sólo se acentúan cuando son pronombres, es decir, cuando van en lugar del nombre.

Ejemplos: *este libro es azul* (**éste** *es azul*); *ese abrigo es mío* (**ése** *es mío*); *aquel automóvil es hecho en México* (**aquél** *es hecho en México*).

Esto, eso aquello Son pronombres demostrativos que no se acentúan en ningún caso. Ejemplos: *esto es lo correcto*; *eso lo hace con frecuencia*; *aquello que se ve junto a la casa es una noria.*

Como, cuando, donde, cual y que Si se utilizan como interrogativos se acentúan. En caso contrario no llevan acento, a menos que sean enfáticos. Ejemplos:

- ¿**Cómo** *estás*?
  Tanto uno **como** *el otro lo saben.*
  Todos sabemos o creemos saber **cómo** *se pierde el tiempo.*
- ¿**Cuándo** *vienes*?
  Cuando *salga, iré.*
  Hasta **cuándo** *dejarás de molestarme.*
- ¿**Cuál** *es tu nombre*?
  Aquí tienes el examen, el **cual** *debes contestar en una hora.*
  No sé **cuál** *tema seleccionaré.*
- ¿**Dónde** *has estado*?
  Estuve en la oficina **donde** *se tramitan los pasaportes.*
  Pregúntale **dónde** *va a presentarse la muestra de teatro.*
- ¿**Qué** *estás haciendo*?
  Lo **que** *me sugeriste.*
  No te imaginas **qué** *impacto causó su presencia.*

Mente Las palabras terminadas en **mente** conservan el acento en la forma compuesta. Ejemplos: *ágil*, **ágilmente**; *común*, **comúnmente**.

Dé Se acentúa cuando proviene del verbo dar. Ejemplo: *No* **dé** *usted nada de eso.*

De No se acentúa cuando es preposición. Ejemplo: *No le pertenece nada* **de** *lo mío.*

Sé Se acentúa cuando proviene del verbo ser o saber. Ejemplos: **Sé** *bueno. No* **sé** *nada.*

Se No se acentúa cuando es pronombre. Ejemplo: *Ya* **se** *lo dije.*

Él Lleva acento si es pronombre. Ejemplo: *Dile a* **él**.

El Carece de acento si es artículo. Ejemplo: **El** *libro es interesante.*

Tú Pronombre. Ejemplo: *Vino antes que* **tú**.

Tu Adjetivo posesivo. Ejemplo: **Tu** *hermano te espera.*

Mí Se acentúa cuando es pronombre personal. Ejemplo: *A* **mí** *me gusta el libro.*

Mi No se acentúa cuando es sustantivo o adjetivo posesivo. Ejemplos: **Mi** es la tercera nota musical. **Mi** *casa es amplia.*

Té Se acentúa cuando es sustantivo. Ejemplo: *Prefiero un* **té** *helado.*

Te No se acentúa cuando es forma pronominal. Ejemplo: **Te** *invito al concierto.*

Sí Se acentúa cuando es afirmación o pronombre. Ejemplos: *Si te digo que* **sí** *¿vendrás?, dijo para* **sí.**

Si No se acentúa cuando es sustantivo o conjunción condicional. Ejemplos: *Sonata en* **si** *bemol. No sé* **si** *pueda venir.*

Formas incorrectas	**Formas correctas**
andamos 10 kilómetros	*anduvimos* 10 kilómetros
cuando sea *más mayor*	cuando *sea mayor*
es una persona *muy leeída*	es una persona *muy culta*
habla *despacito*	habla *en voz baja*
*anti*diluviano (uso)	*ante*diluviano
los temas *a* tratar	los temas *que se van a* tratar o los temas *por* tratar
sientensén y *callensén*	*siéntense* y *cállense*
tengo *mucho* hambre	tengo *mucha* hambre
a lo que se ve	*por* lo que se ve
mayor *a*	mayor *que*
más sin embargo	sin embargo
che*car* (uso)	che*quear*
de gratis o *de* a gratis	gratis
de *imprevisto*	de *improviso*
destornillarse de risa (uso)	*desternillarse* de risa
diabetis (uso)	diabetes
disgresiones	digresiones
a la mayor brevedad posible (uso)	*con* la mayor brevedad posible o más lógico: con la mayor rapidez posible
parecía *mismamente* un señor	parecía un señor
se siente orgullosa de *ella* misma	se siente orgullosa de *sí* misma

Capítulo siete

FORMAS ESPECIALIZADAS DE REDACCIÓN

Consideramos importante dedicar un capítulo a los géneros periodísticos por dos razones fundamentales. La primera, por el incremento tan notable de publicaciones internas en los sectores público y privado, en los últimos años. La otra, por el desconocimiento que existe sobre el tema entre estudiantes y profesionistas ajenos a este campo.

De cualquier manera debemos aclarar que este apartado no pretende ser una guía para especialistas sino una orientación y un apoyo para aquellos que se enfrentarán algún día a la necesidad de escribir en las páginas de cualquier medio de información. De hecho, el reto que algunos estudiantes experimentan cuando realizan diferentes publicaciones en el medio universitario, es invaluable en su desarrollo profesional.

Como el tema de los géneros periodísticos tiene diferentes enfoques, tanto por las diversas escuelas y teorías, como por las sutiles diferencias e hibridaciones que existen entre ellos, antes de entrar en materia comenzaremos por definir la palabra noticia, del latín *notus*, conocido. Se puede definir a LA NOTICIA como "el género fundamental del periodismo, el que nutre a todos los demás. Su propósito es dar a conocer los hechos de interés colectivo". Algunas definiciones clásicas de noticia dicen:

- Noticia es un informe oportuno de todo aquello de interés para la humanidad.

  Fraser Bond

- Es la información corriente de los sucesos del día puesta al alcance del público.

  V. Mitchell Charnley

- Las noticias pueden ser consideradas como un producto comerciable.

  Stanley Johnson y Julián Harris

Otras más actuales expresan:

- Noticia es todo aquello que usted ayer desconocía.

TURNER CATLEDGE

- Noticia es todo.

LEONARD RAY TEEL

- Noticia es un hecho provisto de una campanita, cuya intensidad de sonido me indica su valía.

CARLOS ESTRADA LANG

- En singular, la noticia es la vida misma; en plural, las noticias son la vida cortada en pedazos, en secuencias.

RAMÓN LAMONEDA

Aunque existen diferentes estilos dentro de la redacción periodística podemos mencionar dos generales: **el tradicional**, que interpreta los hechos de manera objetiva y **el actual**, que deja ver los juicios del periodista. Esta última tendencia se orienta hacia la editorialización de la noticia, como ya lo hacen varios periódicos nacionales.

El tema de los medios de comunicación: prensa, radio y televisión es relevante por la interrelación que existe entre ellos y también por la forma y el tiempo como se presenta el mensaje en cada uno. Vicente Leñero y Carlos Marín escriben: "*prensa, radio y televisión* son los medios en que se desarrolla el ejercicio periodístico. Entre los tres existen diferencias esenciales que conviene resaltar: mientras la prensa es manejada por empresas susceptibles de propiedad, la radio y la televisión están sujetas a concesiones debido a que el espacio aéreo en que se difunden es propiedad de la nación.

El gobierno determina el juego económico y político de los medios electrónicos. La amplitud y formas que la libertad de expresión alcanza en prensa, radio y televisión dependen significativamente de esta primera condición esencial.

Una segunda diferencia: radio y televisión pueden o no incluir información periodística en su programación (musical, deportiva, teatral, etcétera) mientras que la prensa tiene como única oferta y razón de ser la información periodística.

Bueno o malo, cierto o falso, comercializado o no, el periodismo es el principal artículo de la prensa escrita.

La tercera diferencia entre prensa, por una parte, y radio y televisión, por otra, es que el receptor de los medios electrónicos no tiene arbitrio sobre los mensajes que recibe: es un destinatario relativamente pasivo del mensaje y siempre está sujeto a escuchar información que no escoge y que frecuentemente se le dosifica con intercalamiento de anuncios comerciales que no busca.

Por el contrario, el lector de periódicos y revistas es un receptor activo: elige y compra la publicación que quiere, selecciona los textos que juzga de interés (incluidos los anuncios publicitarios) y determina el momento de la lectura.

La prensa es el medio periodístico tradicional y permanece en poder del público indefinidamente. Las publicaciones impresas pueden conservarse en una casa, en una biblioteca, en un archivero, en una hemeroteca para su consulta posterior, sin que se requiera la tecnología audiovisual que exigen los medios electrónicos.

La prensa tiene dos formas de presentación: como diario y como revista. En ambos casos la constancia en los tiempos de aparición –cada día, cada semana o cada mes– contribuye a su acreditación pública.

Diarios y revistas están definidos por:

a) La fisonomía editorial signada por la naturaleza de los asuntos que se abordan, y la política editorial de cada empresa periodística: su posición ideológica y política frente a los hechos de interés colectivo.
b) La fisonomía física, dada por la presentación, tamaño, maleabilidad, tipografía, distribución de materiales gráficos y escritos, distribución de secciones, clase de papel, etcétera.

La radio ejerce su función periodística cuando transmite noticiarios, entrevistas, conferencias y acontecimientos noticiosos que el público puede conocer en el momento en que se están produciendo.

Entre sus características singulares se encuentran la rapidez y la oportunidad pero, al penetrar por los oídos, obliga al auditorio a realizar un esfuerzo de retención prácticamente imposible. Su mensaje informativo no puede conservarse con fijeza; el radioescucha está imposibilitado para buscar una ampliación del mensaje, abarcar los datos de manera global, repetir la 'lectura', escoger lo que le parece más importante.

La radio tampoco puede presentar apoyos gráficos a la información, de tal modo que proporcione una comprensión más amplia del material que difunde. Su penetración en el público, sin embargo, es mayor que la de cualquier otro medio de comunicación masiva.

La televisión tiene las ventajas de la radio en cuanto a la rapidez y oportunidad y les añade imágenes que permiten al espectador situarse en el lugar del acontecimiento, comprobar la veracidad de la narración y hasta cierto punto 'vivir' el hecho.

Sin embargo, como en el caso de la radio, la televisión impide al público 'detenerse' o repetir la 'lectura' para seleccionar lo más importante: penetrar, mediante el análisis minucioso en el significado de los hechos o declaraciones trasmitidas.

En muchos casos lo que la televisión y la radio provocan es curiosidad e interés por determinados sucesos. Al día siguiente de las transmisiones no es extraño que un sector del auditorio busque en los diarios la información correspondiente para confirmar y comparar sus impresiones iniciales; para recordar, completar, analizar y obtener una idea de conjunto respecto a lo que pasó.

El recurso de las videocaseteras (como de las grabadoras en el caso de la radio) permite retener la información televisiva pero obliga a la grabación de todos los programas periodísticos y a un costo desproporcionado si se toma en cuenta que sólo unas cuantas informaciones, en realidad, merecerían ser conservadas para su 'relectura'.

La televisión es el segundo medio de mayor penetración en México. El tercero es el cine, que durante muchos años constituyó otro medio periodístico eficaz, dada la amplitud del público que acude a las salas de exhibición. Este medio, sin embargo, ha venido ocupándose cada vez menos de asuntos de interés periodístico, lo cual hacía a través de noticiarios y documentales informativos que hicieron las veces de revistas fílmicas semanales.

El cuarto lugar de penetración lo ocupa la prensa y está determinada no solamente por la desventaja que le significan la rapidez, amplitud y bajo costo con que se emiten los mensajes de radio y televisión, sino también por los elevados índices de analfabetismo que prevalecen en México. Baste recordar que el promedio educativo nacional oscila entre los 3.5 y los 4 años de escolaridad para comprender que los alcances de la prensa escrita son rebasados por la facilidad técnica de los medios electrónicos pues lo único que requieren de su auditorio son aptitudes visuales y auditivas."

El lenguaje periodístico ha sufrido cambios muy notorios en los últimos años porque ha asimilado diversas circunstancias del medio y ha propiciado el empleo de neologismos como: carreterazo, intelectualoide, incentivar, por citar algunos y esto sin tomar en cuenta todos los anglicismos y la terminología de algunas tecnologías recientes. En esos cambios también influye sobremanera la mercadotecnia que se aplica a los titulares (encabezados), cuyo fin no es precisamente el de cuidar o preservar el idioma: (*robóla*, *violóla* y *matóla*). Ante esta circunstancia podríamos hablar de dos tipos de lenguaje periodístico:

LENGUAJE PERIODÍSTICO

Uno que conserva un estilo cuidado más cercano al literario.	Otro más novedoso que se aparta de la norma lingüística y que impacta al lector.

Leñero y Marín consideran que: "El periodismo se ejerce a través de variadas formas de expresión denominadas **géneros.**

Los géneros periodísticos se distinguen entre sí por el carácter informativo, interpretativo o híbrido de sus contenidos.

Una clasificación de los géneros periodísticos:

Informativos	Noticia o nota informativa Entrevista Reportaje
De opinión	Artículo Editorial
Híbridos	Crónica Columna

Otra propuesta de división:

Informativos	Noticia Entrevista Reportaje
De opinión	Artículo (dividido a su vez en: editorial, crónica y crítica o reseña)

Lejos de constituir compartimientos estancos, LOS GÉNEROS PERIODÍSTICOS se entremezclan y aun llegan a enriquecerse con elementos formales de otras disciplinas (cuento, ensayo, novela). Sin embargo, siempre es posible determinar el género que predomina en cada texto peridístico."

Con el objeto de estudiar las características de algunas de estas formas periodísticas nos apegaremos a la siguiente clasificación:

Géneros periodísticos:

INFORMATIVOS
- Noticia o nota informativa
- Entrevista
- Reportaje

INTERPRETATIVOS O DE OPINIÓN
- Editorial
- Crónica
- Reseña
- Comentario (columna)
- Crítica (columna)
- Ensayo

HÍBRIDOS
- Columna

NOTICIA o nota informativa: Relato veraz y objetivo sobre hechos de interés colectivo.

Características:
- Actual.
- Veraz.
- Interesante.
- Objetiva.
- Oportuna.
- Precisa.
- Clara.

ENTREVISTA: "Es una de las manifestaciones periodísticas de mayor popularidad. Lo debe a que posee una apariencia de calor humano propio, nacido de la sensación de inmediatez que se establece a través de las propias y personales palabras del entrevistado. El éxito de algunas revistas gráficas radica en las muchas páginas que dedican a presentar declaraciones verdaderas y exclusivas de personajes famosos.

A la entrevista que principalmente recoge informaciones se le llama **noticiosa o de información**; a la que principalmente recoge opiniones y juicios se le llama **de opinión**, y a la que sirve para que el periodista realice un retrato psicológico y físico del entrevistado se le llama **de semblanza**."

Características:

- Hay que permitir al interlocutor que hable.
- Debe darse la naturalidad en el diálogo.
- Se deben evitar las preguntas forzadas.
- Hay que tener tacto para hacer preguntas de carácter delicado.
- Hay que ser fiel a las ideas del entrevistado aunque no se compartan.
- En la redacción, es necesario eliminar lo irrelevante.
- Por ética, no se debe utilizar al entrevistado para beneficio propio.

REPORTAJE: De acuerdo con Leñero y Marín "es el más vasto de los géneros periodísticos. En él caben los demás. Es un género complejo que suele tener semejanza no sólo con la Noticia, la Entrevista o la Crónica, sino hasta con el ensayo, la novela corta y el cuento.

Los reportajes se elaboran para ampliar, completar, complementar y profundizar en la Noticia; para explicar un problema, plantear y argumentar una tesis o narrar un suceso.

El reportaje investiga, describe, informa, entretiene, documenta. (...) El reportaje pertenece también, por cuanto a la veracidad de su información, el escrúpulo con que se escogen las fuentes de esa información y el cuidado en su redacción, al tipo de periodismo que no admite rectificaciones sustanciales y mucho menos desmentidos. Muestra la realidad para que la realidad mueva, sacuda, convenza al lector y se propicie la transformación de esa realidad. En el reportaje, el periodista hace intervenir su propia sensibilidad literaria para dar vida a lo que cuenta. Respetando la realidad, la personalidad del periodista se vuelca en el reportaje de la misma forma en que un escritor se vuelca en la novela.

Los reportajes son frecuentes en los diarios pero su mejor medio de expresión, dada la amplitud que suelen alcanzar son las revistas."

Características:

- Capacidad de observación.
- Apego a la realidad.

- Viveza en el estilo, cuidado en el lenguaje.
- Tonos narrativos al alcance del lector medio.
- Manejo adecuado de fuentes informativas.
- Descripciones adecuadas a la naturaleza del tema.

EDITORIAL: Es un texto periodístico que refleja la postura ideológica del medio informativo frente a los hechos de interés colectivo. El editorial comúnmente no aparece firmado, en cambio, los artículos de la página editorial sí.

"El artículo editorial es la opinión del periódico respecto a las noticias que publica. Decía acertadamente J. Pulitzer, director de *World* de Nueva York, que el lector debe conocer el punto de vista del periódico, pues es inmoral cobijarse detrás de la neutralidad de las noticias." En el artículo editorial el periodista expresa sus opiniones y juicios sobre las noticias más relevantes del momento. Cuando los temas son de interés general pero no necesariamente actuales se les clasifica como **artículos de fondo**.

Características:

- Dominio del idioma.
- Vasta cultura.
- Claridad y aplomo en la postura.
- Manejo de la argumentación.
- Brevedad.
- Manejo adecuado de los tonos.

CRÓNICA: Información cronológica que detalla y amplía un suceso de actualidad sin que intervengan juicios u opiniones de su autor. Se le llama también **crónica** al relato periodístico de estilo libre donde se narran hechos interpretados por su autor. **Nueva crónica**, estilo literario o forma propia de contar la realidad de este país: costumbres, esencias, lugares, personajes, mitos y tantas otras cosas que integran la cultura y la sociedad mexicanas. Carlos Monsiváis, como observador y participante interpreta, pone el dedo en la llaga y nos enfrenta a las contradicciones que nos conforman. Elena Poniatowska cronica desde la lucha, José Emilio Pacheco desde la tristeza, José Joaquín Blanco desde la rabia, Cristina Pacheco desde lo terrible de la pobreza, José Agustín desde los momentos trágicos y cómicos de la historia y Herman Bellinghausen desde lo urbano, lo cotidiano. (*Cfr.* Sara Sefchovich, conferencia dictada en el Primer Encuentro de Escritores Mexicanos en el Tecnológico de Monterrey, abril de 1991.)

En diferentes lugares de la República también se pueden mencionar a los **cronistas oficiales,** cuyo trabajo es recopilar la información más importante de cada ciudad o municipio y registrarla en un documento denominado **crónica**. Recordemos a Salvador Novo, cronista de la Ciudad de México, a don José. P. Saldaña, cronista de la ciudad de Monterrey, a Israel Cavazos

Garza, cronista del municipio de Guadalupe, Nuevo León, actual cronista de la ciudad de Monterrey, a Ramiro Estrada Sánchez, cronista del municipio de Apodaca, Nuevo León, entre otros importantes.

El concepto también se aplica a los **cronistas deportivos** que no sólo cuentan lo ocurrido sino valoran la calidad del deporte que cronican. A estos últimos también se les clasifica como **comentaristas**.

Características:
- Capacidad de observación e interpretación de los hechos.
- Capacidad para emitir juicios de valor.
- Estilo propio adecuado a cada uno de los casos.
- Dominio del lenguaje.
- Capacidad para manejar fuentes informativas de diferente naturaleza.
- Capacidad de selección, jerarquización y discriminación.
- Capacidad para describir y narrar.

RESEÑA: Escrito tradicional sobre libros, trabajos de reciente publicación, cine, arte, música, teatro y otras expresiones artísticas de importancia. También se le denomina **crítica** o **columna crítica**.

Características:
- Dominio del arte que se critica.
- Dominio del lenguaje.
- Profesionalismo.
- Conciencia clara de que criticar es valorar.
- Capacidad analítica y argumentativa.
- Capacidad para orientar a los lectores.
- Deben evitarse los comentarios viscerales.

COMENTARIO: (Columna) Información de pequeños hechos que incluyen el tono del comentarista: analítico, agudo, irónico, chispeante o festivo. También se clasifican como comentaristas aquellos que se desenvuelven en el ámbito deportivo.

Características:
- Dominio del tema.
- Pasión por lo que se comenta.
- Juicios de valor.
- Lenguaje y tono adecuados.

ENSAYO: También llamado nota, apunte, meditación, estudio. Es el punto de vista subjetivo y personal que asume el autor al tratar un tema determinado con intensidad y relativo tono metodológico. Plantea y fundamenta una tesis.

Generalmente su lenguaje es conceptual, explicativo, interpretativo.

Posee una estructura que puede ser: orden temporal, espacial, análisis, clasificación, argumentación, comparación, contraste, enumeración, causa-efecto.

Diferentes tipos de ensayos:

- Puro (reflexivo, filosófico).
- Poético (creativo).
- Crítico (valorativo).
- Científico (analítico).
- Otros.

COLUMNA: Texto periodístico breve que identifica a un escritor o periodista que escribe sobre uno o varios temas de interés colectivo. El espacio y el título de la columna son invariables. Como es un género híbrido se puede hablar de diferentes tipos de columna:

Columna informativa:

Bloques sintéticos de información que acumulan asuntos de interés público por semana, quincena o por tema.

Columna crítica:

Valoración, interpretación y análisis de diferentes manifestaciones humanas: literatura, cine, arte, música, teatro y otras.

Para concluir este capítulo, analizaremos los ELEMENTOS DE UNA NOTICIA y las partes que integran su redacción. Toda noticia responde a las siguientes preguntas:

¿Qué?	El hecho	"Recibe Carpizo a la DEA"
¿Quién?	El sujeto	"Jorge Carpizo M. Procurador General de la República"
¿Cuándo?	El tiempo	"El 8 de junio"
¿Dónde?	El lugar	"En México, D.F., en el edificio de la P.G.R."
¿Para qué?	La finalidad	"Narcotráfico, asesinato del Cardenal Posadas Ocampo"
¿Cómo?	La forma	"Entrevista en su oficina"

Las partes de una noticia son:

- Encabezado o titular
- Sumario o secundaria
- Entrada o *lead*
- Enlace o *tie-in* cuando proceda
- Cuerpo o desarrollo
- Remate o último párrafo de la noticia

ESTRUCTURAS ESQUEMÁTICAS DE LA NOTICIA

Esquema de la estructura de la noticia

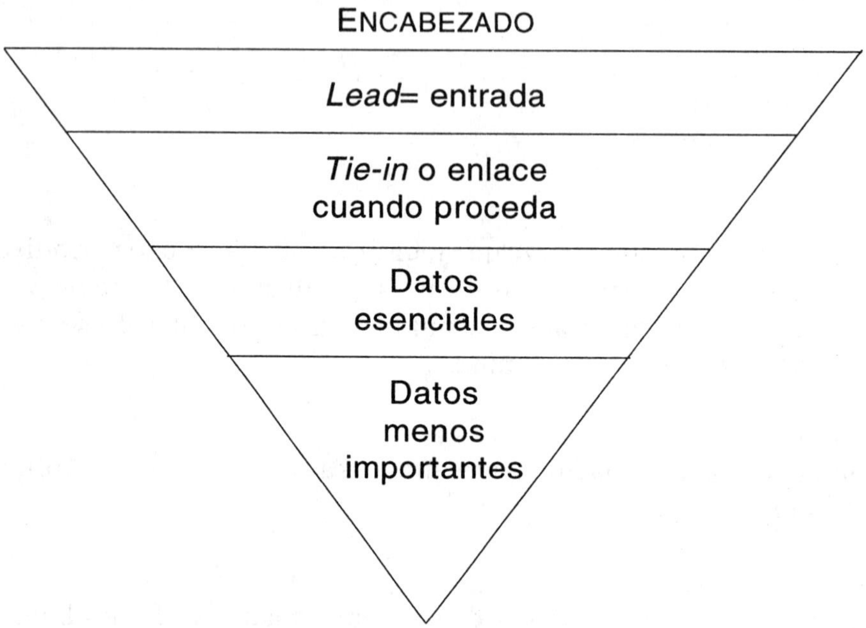

Pirámide normal

Pirámide invertida modificada

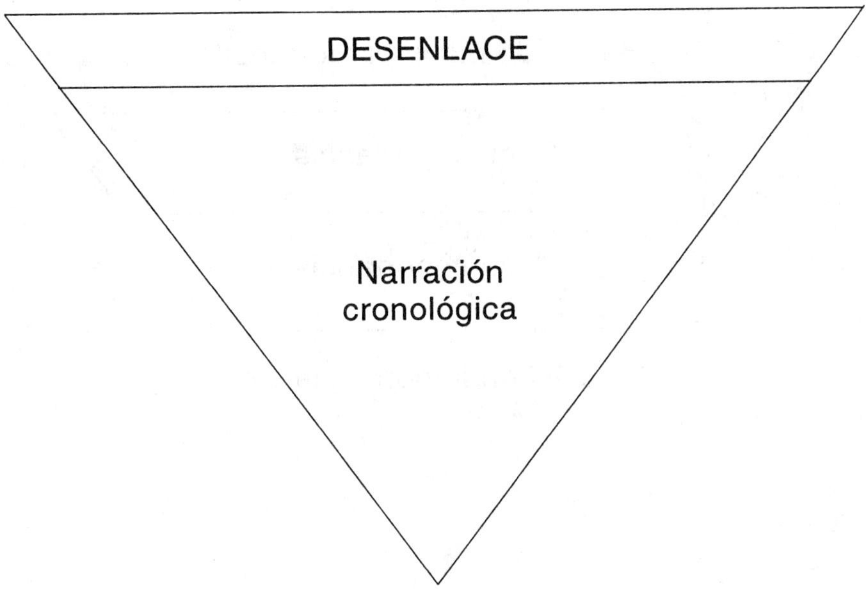

Pirámide de acción novelesca

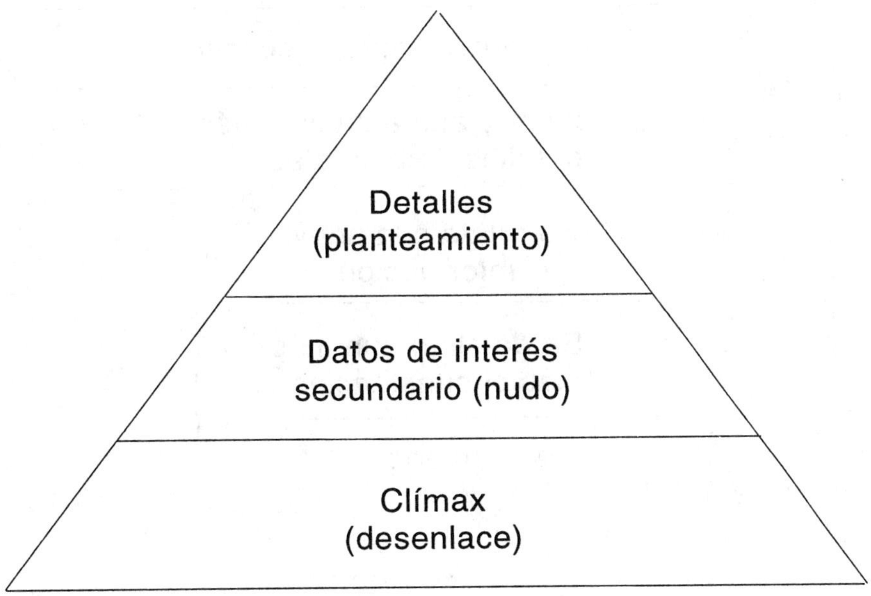

Pirámide para reportajes de acontecimientos

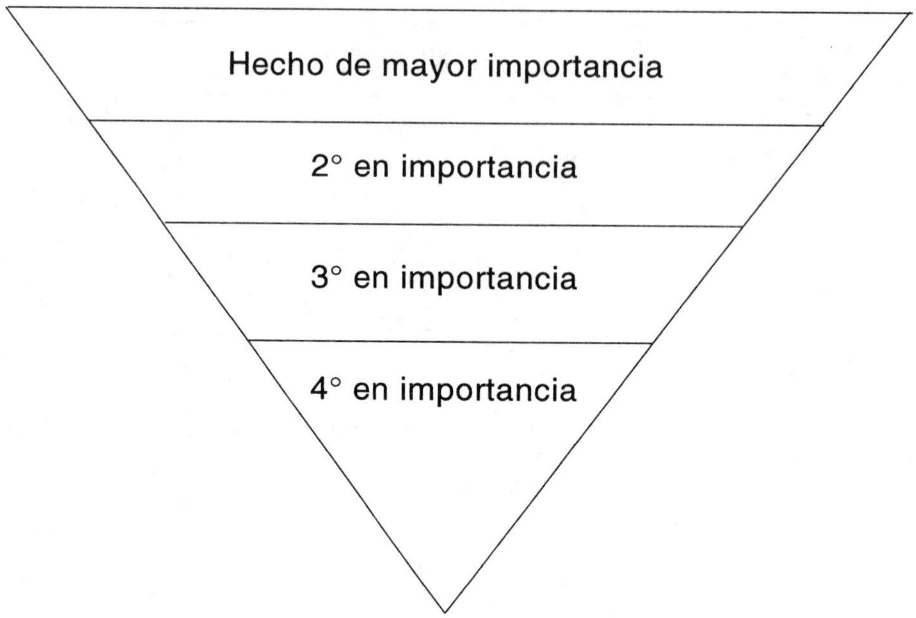

Pirámide para el reportaje de acción

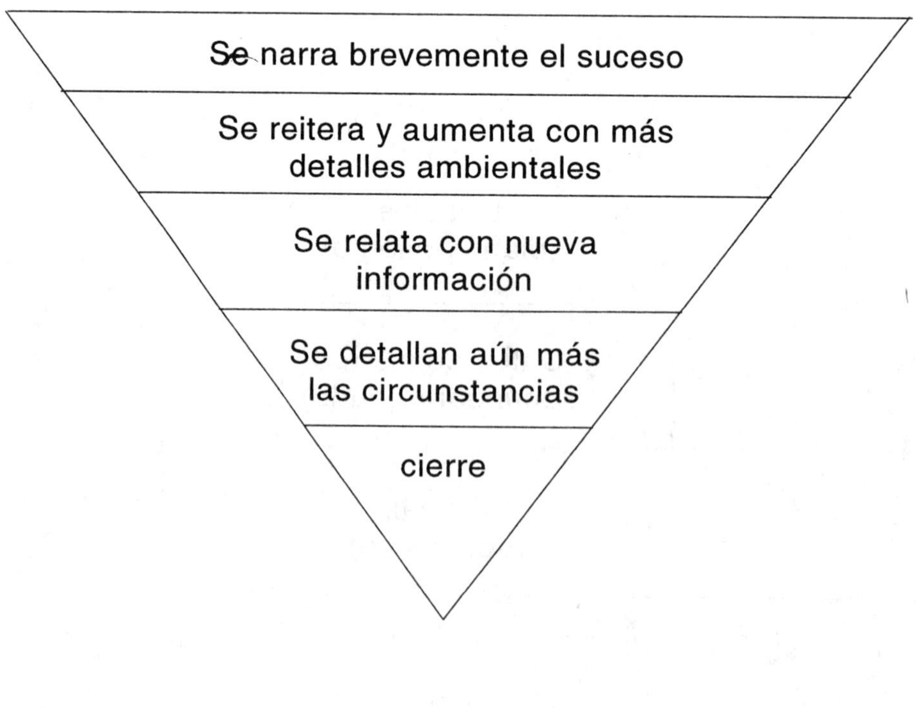

Esquema para la entrevista

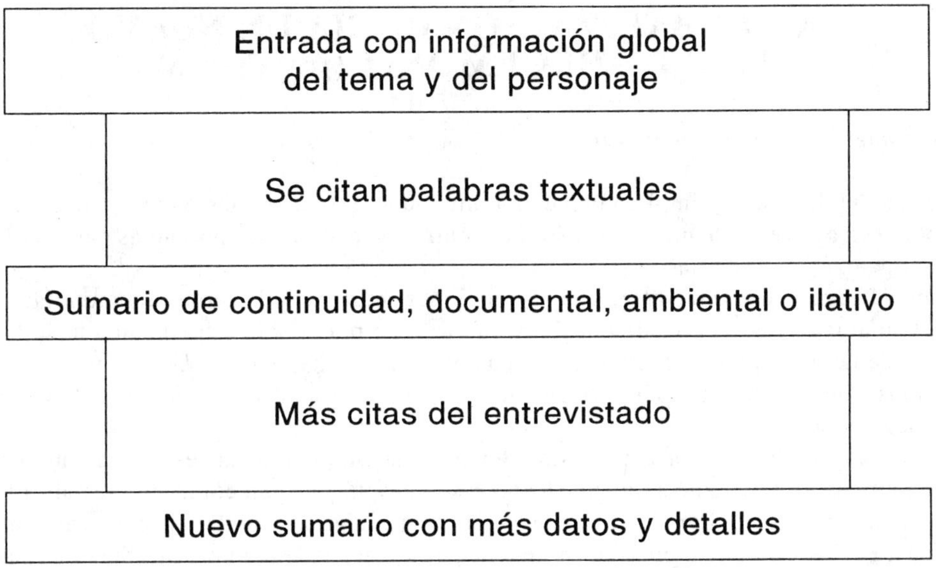

Lectura 13

LA GLOBALIZACIÓN HACIA UN NUEVO TIPO DE HEGEMONÍA (fragmento)

Hacia una nueva hegemonía mundial

El proceso de globalización implica una economía mundial mucho más interdependiente y competitiva;* también un ambiente de mayor cooperación entre las tres grandes potencias para evitar que peligre la nueva organización mundial.

La nueva hegemonía debe reflejar las condiciones actuales de la economía mundial, considerando que la estadounidense ya no puede encabezar el proceso por sí sola y ha de atenderse la importancia económica de Japón y Alemania (o de la Europa unida). En suma, Estados Unidos no puede seguir como el único país hegemónico ni Japón o Alemania ocupar su lugar. Así, no hay más alternativa que compartir la hegemonía.

Pero, ¿es eso posible? En principio sí, y además es absolutamente necesario para mantener las bases de la economía global. Ello no significa desoír las voces que alertan contra la inestabilidad que puede provocar esta tripolaridad. Por el contrario, se requiere una gran voluntad de cooperación y un cuidado extremo para evitar conflictos entre las potencias, que desencadenen una guerra comercial de funestos resultados para el mundo entero.

Esta nueva era de liderazgo colectivo en la economía mundial no sólo requiere de la voluntad de los participantes para solucionar los complejos problemas comerciales, monetarios y financieros que han impedido un crecimiento sostenido y estable durante los dos últimos decenios; también debe acompañarse de cambios significativos en cada una de las potencias, para eliminar los obstáculos a la nueva hegemonía. Así por ejemplo, Europa y Japón han de asumir a plenitud su responsabilidad en la conducción de la economía mundial; Estados Unidos tiene que corregir sus déficit fiscal y comercial y elevar la competitividad de su planta productiva; asimismo, debe aceptar su nueva condición como miembro de la trinca hegemónica de la economía globalizada.

Sin estos cambios, las potencias seguirán tratando individualmente de beneficiarse del proceso de globalización, lo que agravará los problemas económicos y acarreará mayores conflictos y tensiones en todos los ámbitos. Esto lo ilustró Drucker cuando señaló: "La manera como los principales países han aprendido a usar la economía internacional para salvar problemas internos 'desagradables' no tiene precedente: Estados Unidos ha usado las altas tasas de interés para atraer capitales del exterior y así financiar su déficit interno; los japoneses han impulsado sus exportaciones para mantener el empleo, a pesar de su pesada economía interna."[11]

Se aducen varias razones para plantear lo esencial de la cooperación de los tres grandes.[12] Aunque avanza la conformación de regiones económicas en el mundo, su conclusión está muy lejana, sobre todo en el Sudeste Asiático (donde existen diferencias abismales y un gran rechazo al liderazgo japonés) y en América, donde salvo el área norte del continente, el resto muestra notables disparidades y rechazo hacia Estados Unidos. Sólo Europa tendría un proceso más consolidado y con posibilidades de éxito hacia fin de siglo. Esto no sería suficiente para lograr una hegemonía basada en regiones fuertes y unidas económicamente, por lo que sería necesaria la coordinación de las tres potencias.

Por otra parte, dos de las potencias pueden aliarse, por ejemplo: Europa y Estados Unidos para que Japón abra su mercado a sus manufacturas; Japón y Europa para presionar a Estados Unidos a que reduzca su déficit fiscal o, finalmente, Japón y Estados Unidos para evitar que Europa los margine.

De estas posibles alianzas, Bergsten destaca dos como las más desestabilizadoras:[13] la de Estados

* La redacción moderna sugiere la palabra "competividad"

Unidos y Japón frente a una Europa unida que podría discriminarlos y excluirlos, por lo que esta coalición sería necesaria por simples razones de equilibrio de poder. La de Japón y Europa, para que Estados Unidos cambie su política interna, podría generar acciones para evitar que se extiendan las fuentes de inestabilidad económica procedentes de Norteamérica, como ocurrió con el Sistema Monetario Europeo a fines de los setenta. En éste y otros campos podría darse una estrecha vinculación entre Europa y Japón en los próximos años. Un ejemplo es el acuerdo entre la Mitsubishi y la Daimler-Benz para realizar investigación aeroespacial conjunta y cooperar en la producción automovilística.

"La concreción de cualquiera de estas posibilidades sería extremadamente desestabilizadora tanto en el terreno político como en el económico".[14] Si a este peligro se añade que los largos periodos de crecimiento económico y estabilidad están asociados a liderazgos únicos (el Reino Unido durante la segunda mitad del siglo XIX y Estados Unidos, después de la primera guerra mundial), habría serias dudas sobre el éxito de una hegemonía compartida.

No obstante, la gran interdependencia productiva, financiera y comercial de las tres potencias exige una estabilidad sistémica que sólo podrá lograrse mediante reglas y acuerdos internacionales claros. Como ninguna de esas naciones puede ejercer por sí sola un liderazgo, dicha estabilidad sólo puede alcanzarse con el concierto de los tres grandes.

Globalizaci6n: ¿competencia o cooperación?

Quizá la principal disyuntiva de la economía mundial en este fin de siglo es seguir un camino semejante al recorrido, con los riesgos de confrontación y crisis que implica, o tomar uno que consiga "una saludable combinación de competencia y cooperación",[15] lo que requeriría una considerable voluntad política de los principales miembros del sistema.

Según Bergsten, la única alternativa es una estrategia de "interdependencia competitiva" capaz de solventar los principales problemas económicos, políticos y de seguridad en la actual era de globalización. Ello además permitiría a Estados Unidos recuperar la competitividad perdida en las dos últimas décadas. Si bien no es fácil alcanzar tales propósitos, es alentador que la mayoría de los actores involucrados reconozca la imperiosa necesidad de una estrategia como la señalada. Por ejemplo, Stephen Marris, durante muchos años asesor de la OCDE, y Yoichi Funabashi, diplomático y periodista japonés, coinciden en que sólo mediante la cooperación y la adopción de políticas macroeconómicas convergentes en cada uno de los centros de poder mundial se logrará un crecimiento económico más estable, sostenido y equilibrado.[16]

Esta coincidencia, por supuesto, tiene sus matices. Mientras Marris —como Bergsten— está más preocupado por los problemas económicos de Estados Unidos y la necesidad de resolverlos con la cooperación de Europa y Japón, Funabashi parte del papel que su país deberá tener en el nuevo orden mundial; caracteriza la relación entre Estados Unidos y Japón como "liderazgo de apoyo" *(supportive leadership)* y plantea que el país del sol naciente debería ayudar en lo económico y comercial a Estados Unidos que, pese a sus serios problemas en ese terreno, sigue siendo la primera potencia militar.

En fin, con matices y cada quien desde su perspectiva, existe consenso en la necesidad de una hegemonía compartida, así como en sus riesgos y posibilidades. Entre estas últimas, destaca que a diferencia de los periodos de pre y entreguerras, cuando las grandes potencias eran rivales y luchaban por su expansión territorial, en la actualidad son aliadas y más bien pugnarían contra los desequilibrios económicos y políticos mundiales.[17]

Sin embargo, ello implica una coordinación hasta ahora prácticamente desconocida que, aunada a la magnitud de los problemas y a los intereses en juego, provoca escepticismo e incertidumbre sobre el futuro: "¿los principales países sucumbirán a los miedos tradicionales y regresarán al proteccionismo?, ¿o quizá verán en la cambiada economía mundial una oportunidad?"[18]

Lo indudable es que la economía mundial cambió, transformándose en una gran unidad interdependiente que, no obstante, sigue compitiendo ferozmente por recursos (humanos, financieros, tecnológicos) cuya movilidad es uno de los rasgos centrales de la globalización. Este intenso proceso ha modificado significativamente la visión sobre los problemas comerciales, financieros, fiscales o tecnológicos. El ámbito de análisis dejó de ser "el país" para pasar a ser "el mundo". "De ahora en adelante cualquier país o empresa que quiera prosperar necesitará aceptar que es la economía mundial la que manda, y que las políticas económicas internas solamente tendran éxito en la medida en que se logre una posición competitiva internacional. Este puede ser el más importante y es seguramente el más sorprendente hecho de la cambiada economía mundial."[19]

También la problemática del desarrollo se ve trastocada. Desde la perspectiva de la globalización, ¿cuál será el nuevo papel de los países periféricos?, ¿qué posibilidades de desarrollo tendrán ahora que tanto las materias primas como la fuerza de trabajo pierden peso relativo como componentes de la producción?, ¿lograrán consolidar su experiencia los países asiáticos de industrialización reciente y arribar al desarrollo?, ¿cómo se insertará América Latina en esta nueva era? En fin, las muchas interrogantes quizá podrían sintetizarse en ésta: ¿habrá más equidad en la nueva economía mundial o los frutos del desarrollo se concentrarán todavía más?

ARMANDO KURI GAYTÁN

[11] Peter Drucker, *op. cit.*
[12] Fred Bergsten,"The world economy after the cold war", *Foreign Affairs*, verano de 1990.
[13] *Ibid.*
[14] *Ibid.*
[15] *Ibid.*
[16] Stephen Marris, *Deficits and the dollar the world economy at risk Institute for International Economics,* Washington, 1987, y Yoichi Funabashi, "Japan and the New World Order", *Foreign Affairs,* invierno de 1991.
[17] Fred Bergsten, "The world economy...", *op. cit.*
[18] Peter Drucker, *op. cit.*
[19] Peter Drucker, *op. cit.* entrecomillado de Armando Kuri Gaytán.

Ejercicios

1. Lee detenidamente la lectura y escribe el significado contextual, así como el sinónimo y el antónimo de las siguientes palabras:

PALABRA	SIGNIFICADO CONTEXTUAL	SINÓNIMO	ANTÓNIMO
interdependiente			
hegemonía			
funestos			
aducen			
abismales			
coalición			
disyuntiva			
confrontación			
solventar			
escepticismo			
sucumbirán			
trastocada			
periféricos			
insertará			

2. De acuerdo con el contenido del capítulo analiza los siguientes textos periodísticos. Toma en cuenta:

   a) las preguntas básicas
   b) género
   c) características
   d) lenguaje
   e) estructura

Sol y Sombra

Viva la esperanza

Por Manuel Rivera

La novillada dominical de la Cuauhtémoc respondió a las expectativas, al mostrar detalles como los de un Conde que no se cruzó de brazos para ver pasar su enésima fecha en esa plaza y se jugó la vida con un bravo, pero peligroso cornalón de Cuco Peña, astado corrido en cuarto lugar y al que cortó una oreja. Aunque mató a esa res de un espadazo infame, el mérito de un novillero que supo aguantar "leña" permitió aceptar a muchos la concesión de ese apéndice, que por lo pronto lo mantiene vigente.

Respondió también José María Luévano, quien acusa un estilo característico en su toreo, en el que se recrea con la lentitud y largueza de sus pases, comunicando fácilmente a las alturas. Detalle que no puede dejar de mencionarse es la imagen de este novillero cuando se perfiló para matar al segundo de su lote, novillo al que cortó las dos orejas. Simple y sencillamente su expresión de coraje y decisión permitía a cualquiera adelantar que la res iba a morir al primer intento, puesto que quien tenía en la mano derecha la toledana, en la izquierda, naturalmente, llevaba el corazón.

A las esperanzas puede llamárseles también motivos de vida. Si esto es aceptado, entonces Fernando Ochoa mantiene la expectativa de una fiesta viva y fortalecida. Las tres orejas cortadas ayer, su comunicación con la gente, pero sobre todo su actitud que transmite deseos de estar en la cara del toro y gusto por sentirlo cerca, así lo hacen ver.

Arturo Manzur confirmó ayer, al concluir la novillada en la Cuauhtémoc, su actuación el 4 de julio en Nuevo Laredo, donde deberá de alternar con Fermín Espinosa "Armillita" y Manolo Arruza, para despachar una corrida de toros de Cuco Peña. Al iniciar el festejo en los terrenos de la Expo de Guadalupe, Jorge Cantú "El Gallo" estaba seguro de estar en ese mismo cartel, sin embargo todo parece indicar que este matador de toros continuará esperando la oportunidad que merece.

'El Gallo', originario de Cadereyta y alternativado por Curro Rivera en esa población nuevoloenesa el 12 de octubre de 1991, no deja pasar oportunidad alguna para torear en el campo, sin embargo, pese a su clase, está prácticamente parado. Aquí cabe comentar un detalle que se considera importante: el de la vergüenza taurina de este matador, quien pese a tener el potencial económico para hacerlo, rechaza ser su propio empresario, puesto que considera que eso es igual a pagar por torear y él desea hacerlo por méritos propios.

El Norte

LOS PASOS DE ANA

JULIA ELENA MELCHE

El mundo cotidiano de la treintañera divorciada Ana (Guadalupe Sánchez), madre de dos niños y aspirante a cineasta, es el pretexto para la sutil ficción femenina de la antropóloga social, exmilitante feminista del grupo La Revuelta y talentosa realizadora del CCC Maryse Sistach (*Y si platicamos de agosto*, 80; *Anoche soñé contigo*, 91).

Filmado en 16 milímetros, transferido después a video y finalmente al formato profesional de 35mm, el primer largometraje independiente de Sistach es quizá su obra más personal, intimista y melancólica.

Su discurso feminista-solitario se vislumbraba en aquel anticonvencional mediometraje *Conozco a las tres* (83), sobre tres mujeres independientes ayudándose entre sí; ahora, más maduro y desprejuiciado, se centra en el personaje de la guapa Ana, un ser sensitivo y romántico que trabaja como asistente de directores de cine o televisión y vive en un departamento de los edificios Condesa al lado de sus hijos, el preadolescente Juan (Valdiri Durand) y la chiquitina Paula (Paula Buil).

Sistach logra reflejar de manera honesta los problemas y vivencias de la mujer clasemediera de su generación mediante la acertada fotografía del excuequense Emmanuel Tacamba (personajes dentro de la profundidad del campo visual, cuerpos fragmentados y largos seguimientos de los personajes) enriquecida por los reflexivos diálogos de la historia, escrita por ella misma en colaboración con el guionista-director José Buil (*Adiós, adiós ídolo mío*, 81; *La leyenda de una máscara*, 89).

Los disparejos pasos de Ana no se encaminan hacia la soledad conformista de aquella vendedora ambulante emocionalmente empobrecida, su homóloga *Lola* (Novaro, 89), sino a una búsqueda constante del amor: ya sea en la aventura ocasional con el bonitillo Luis (Enrique Herrán), que luego le resulta un típico macho que a la primera se cree con derechos y peor que su exmarido; ya sea con su antiguo profesor de cine y nuevo jefe momentáneo, el alcohólico Vidal (Emilio Echevarría), quien después de besarla con gran pasión la evade cobardemente porque su esposa está embarazada; o ya sea con el solícito vecino Andrés (Andrés Fonseca) que nunca se atreve a tocarla y desaparece sin dejar rastro.

Ana no es ninguna mujer a la deriva sin planteamientos ideológicos, sino un capitán que va firme al timón de su barco enfrentando las tormentas de sus crisis existenciales, emocionales y monetarias. Ni su pasado feminista, contra el que ahora echa pestes porque siente que fue en parte el culpable de sus fracasos, ni el haber estado desempleada por varios meses, ni la próxima separación de su hijo Juan, quien irá a vivir con su padre a Tijuana, ni sus encuentros-desencuentros amorosos consiguen nunca descomponer su actitud esperanzada y valerosa. Ana asume la difícil situación de vivir sin pareja estable a pesar de los consejos de su afectuoso amigo homosexual Carlos (David Beuchot) que la invita a optar por una vida más convencional que le dé seguridad económica y afectiva ("Vas a acabar como Sara García en *Cuando los hijos se van*. Aunque tu esquema de vida no esté en el cine mexicano").

Ana no arrastra una maternidad amarga, sino que disfruta de la compañía de sus hijos a todas horas. Es la madre moderna que acaricia los deditos del pie de la niña, pintados con caritas sonrientes, o que captura con su cámara los mínimos actos graciosos de sus pequeñuelos, en un juego placentero a través del video.

Sin artificios sentimentalones o melodramáticos, *Los pasos de Ana* es una cinta vibrante que rescata la ardua sobrevivencia de la mujer independiente de hoy, aventada y dispuesta a la pasión, pero pensante y aún soñadora.

Los pasos de Ana, película mexicana de Maryse Sistach, según un guión suyo y de José Buil. Fotografía: Emmanuel Tacamba. Música: Carlos Matute. Con: Guadalupe Sánchez, Emilio Echevarría, Valdiri Durand, Paula Buil, Roberto Cobo y Clementina Otero, 1988.

La Jornada

LIBERTAD DE PODER

ROBERTO ESCAMILLA

Los recientes festejos del Día de la Libertad de Prensa obligan a varias consideraciones. En especial una sobre la gran falacia de la libertad de expresión.

Dos temas preocuparon a los asistentes a estos encuentros: primero, la permanencia de esa supuesta libertad de expresión amenazada por intereses ajenos a los que proclama el Derecho a la Información del individuo; y segundo, las nuevas relaciones entre el Estado y los organismos periodísticos. Subyacente a tales inquisiciones volvió a correr la gran interrogante, ¿existe esa apreciada libertad?

Evidentemente no, por lo menos para el ciudadano común y corriente. Lo que sí existe es, en esa gran confusión en ciertos periódicos entre empresas periodísticas y manejo de la información, la libertad de expresión para los grupos que detentan el poder de los medios de comunicación. Libertad que hace coincidir, de buena o mala manera, los intereses del medio dominante con las supuestas demandas de la circulación. La imagen del mundo, sostenida por los voceros de la prensa, termina siendo la imagen del mundo de los lectores.

El pretexto es bien simple: defender la información; y en función de esa responsabilidad muchas empresas dedicadas al periodismo de consumo inmediato crean, fabrican, un universo a imagen y semejanza de sus intereses. Los intereses parecen corresponder al interés de los lectores. En realidad lo imponen en el juego diario de la venta de espacios publicitarios y de un universo gráfico relleno de colores y fotografías, que relega a un segundo plano el análisis editorial de la avalancha de mensajes diarios. Entre más avance el despliegue de la información electrónica global que se tiende sobre el mundo mayores dificultades en el sostenimiento de ese marco ideológico de referencia, y mayor sofisticación en su ejercicio.

La frase es ya de uso corriente: la información es poder. Lo que no destaca es que el poder adquirido no se gana para la mayoría silenciosa, sino para los grupos que controlan las empresas de información. Poder grupal que en muchas ocasiones construye un mundo completo de ficción favorable a determinadas ideas comerciales o a la difusión de ciertas prebendas políticas. Sólo contados medios escapan a esta imposición directorial. Y es tan especial su tratamiento y desarrollo que muchos periodistas en ejercicio lo confunden a la larga con la verdadera expresión de sus medios de difusión y de sus escritos.

La historia es cotidiana. Léanse los periódicos en conjunto y se advertirán sus tendencias... y sus muy particulares obsesiones noticiosas. Lo grave es cuando por razones ocultas empiezan a resaltar un tema y a transferirlo como obsesión para sus lectores hasta que se rompe la cuerda por lo más delgado: los afectados. Al final del proceso, en una ecuación en extremo singular, las personas y las instituciones terminan gravemente dañadas, no el medio de comunicación. Al contrario, y de manera paradójica, la credibilidad del mismo se acrecienta. Los ejemplos son múltiples, aun en Monterrey.

El Estado desea reglamentar esos desmanes. Y lo ha codificado en su casa, en especial con los periodistas de la fuente. Es sensato y razonable el empeño. En apariencia bajan los gastos y la corrupción. El problema es el deseo de extender esta codificación a toda la prensa en su conjunto, reduciendo las cada vez más autorrestringidas libre voluntad y misión social del periodismo. La intención es tan fuerte como el embrollo del narcoperiodismo. Para muchos organismos este control será un alivio. La crítica quedará en suspenso al amparo de la tradicional autocensura. La superficialidad y frivolidad noticiosas, so pretexto de orientar el periodismo hacia la información publicitaria, tendrán una buena excusa.

El Tratado de Libre Comercio complicará aún más las cosas. La información transnacional y corporativa inundará nuestro país con deseos y necesidades fuera de los alcances de nuestra cultura. El entretenimiento será el sinónimo de la información. La prensa se transformará en diversión y la diversión en noticia. Sólo quedará rescatar la antigua y olvidada comunicación de alternativa para volver a retomar nuestra imagen.

El Porvenir

EN CHINO

GERMÁN DEHESA

Muchas cosas me interesan en esta vida. Quizá demasiadas. Me interesan la literatura, la vida, mis hijos, mi país, el futbol, el pensamiento y la política. En ninguna de las materias que he enumerado soy experto. En ninguna me siento tan descalificado como para no aventurar una opinión perfectamente discutible y eventualmente refutable. No me ofende, ni me merma que el otro tenga razón. Suele ser emocionante.

A mí lo que me gusta es ejercer mi derecho a la palabra, aun a sabiendas de que, a diferencia del lírico héroe de Benedetti, mi boca sí se equivoca. Con lo que no puedo es con la ininteligibilidad (hasta la palabra es horrenda), con la estupefacción, con el silencio perplejo y angustiado. Si Oscar Wilde dice ("*Epístola in cárcere et vinculis*") que lo que se entiende está bien, de ello podemos deducir, sin atropellar a la lógica, que lo que no se entiende está mal. Muy mal.

Me pasó en 1968. Yo tenía 24 años y, bien a bien, no entendía nada. Por natural solidaridad y por un repudio también muy natural al autoritarismo estatal, yo estuve con los estudiantes; yo era estudiante. Estuve ahí, participé en las marchas, colaboré con timidez y con constancia; pero ni entonces ni ahora alcancé a discernir las raíces ocultas de lo que estaba pasando, ni de lo que, días después, sucedió el 2 de octubre. No lo entendí, ni lo entiendo. No lo acepté, ni lo acepto. En tales circunstancias, me consta, la sociedad se llena de miedo, huele a miedo.

Yo he palpado físicamente ese olor de una sociedad con miedo y es un olor agrio, fétido, intolerable. El miedo que nace cuando nadie entiende y todos se sienten amenazados. El miedo que emana de una realidad que se vuelve indescifrable; se pone en chino.

Así están las cosas: en chino. Lo acontecido en el Aeropuerto de Guadalajara es un perfecto ideograma chino.

Es, supongo, un recado de alguien para alguien. Entre el emisor y el destinatario, el que habla chino y el que tiene con qué leerlo, estamos nosotros, los aterrados hispano-parlantes que, si bien no tenemos con qué descifrar el recado, sí alcanzamos a percibir su olor a violencia, a desestabilización, a mezquindad y a muerte.

No en balde el terrorismo se llama terrorismo. De esto se trata: de aterrar en última instancia a alguien en particular (al que sabe chino); pero, en una primera instancia, el terror se filtra en todos los espacios de los que ignoramos las lenguas orientales.

El juego de inventar hipótesis me parece absurdo e irresponsable; peor me parece el juego de aquí no ha pasado nada. Es obvio que están pasando cosas y cosas graves. Me constan la energía, la honorabilidad y la valentía de don Jorge Carpizo. Es hora de apoyarlo totalmente. Él es de los pocos que, actualmente, saben chino.

El Norte

LA OTRA HISTORIA DE MÉXICO

GRACIAS, SEÑORA, GRACIAS

POR ARMANDO FUENTES AGUIRRE

El Imperio

Corrían las horas de aquel día 16 de junio de 1867. Eran las 12 del mediodía; a las 3 de la tarde serían ejecutados Maximiliano, Miramón y Mejía. En su celda del convento de las Capuchinas, acompañado por su esposa Conchita, Miramón no pensaba en sí mismo sino en la soledad de Maximiliano, que ni siquiera sabía quién se ocuparía de recoger su cadáver. Miramón pidió a Concha que fueran los dos a visitar en su celda al desdichado emperador caído.

Maximiliano estaba intensamente pálido. Sus rubios cabellos y su barba eran marco de un rostro que tenía la blancura de la nieve. Sin embargo, el emperador estaba absolutamente tranquilo. Su voz al saludar a Miramón y a su esposa sonó clara y firme.

Tomó por las manos a Concha y le pidió perdón por el sufrimiento que sin querer le causaba al ser el responsable de la muerte de su esposo. Conchita lo tranquilizó; le dijo que no debía sentir esa responsabilidad: la muerte de su marido la decidía el sobrehumano poder de Dios.

Maximiliano quiso decir palabras de consuelo a Conchita. Le manifestó que la dejaba muy bien recomendada, pues la había encargado tanto a sus colaboradores en México como a su familia en Viena. Todos velarían por ella y por el porvenir de sus hijos.

Miramón y Maximiliano cambiaron palabras amistosas, llenas de mutuo afecto, y luego se hizo una pausa de silencio que el archiduque rompió apesadumbrado.

–Me causa inmensa pena –dijo con la mirada baja– no tener cerca de mí a algún pariente, a un fiel amigo que se encargue de recoger mi cadáver de modo que no sea profanado por mis enemigos.

–¡Señor! –exclamó Concha con vehemencia al escuchar aquello–, ¡Aquí estoy yo! ¡No sufra usted, yo recogeré su cadáver igual que recogeré el de mi pobre marido! Por favor, dígnese darme una orden para que quede yo autorizada a recoger su cadáver y que Escobedo no me ponga ninguna dificultad.

Se conmovió Maximiliano con el ofrecimiento de Conchita y respondió muy emocionado:

–¡Gracias, señora, gracias!

Hubiese querido Concha permanecer con su esposo al lado del emperador, pero otro grave pendiente la reclamaba: había pedido a su tío, don Agustín Corral, que llevara un sacerdote para que confesara a Miramón y le administrara los últimos sacramentos. Fueron a la celda, pero el sacerdote todavía no llegaba. Miramón, siempre en perfecta calma, dijo a su mujer:

–Ven, Concha, vamos para que te despidas del general Mejía.

Don Tomás acababa de pasar hacía unos instantes por un momento muy doloroso: le habían llevado a un hijito suyo nacido unos días antes. Aquel penoso trance hizo que arreciaran los dolores que padecía; se veía que estaba sufriendo intensamente.

Sin embargo, el noble indio abrió los brazos para estrechar a Miramón y a Concha en un fuerte abrazo.

El tiempo iba corriendo cada vez más de prisa. Eran ya las dos de la tarde. A Concha le angustiaba que su esposo fuera a morir sin recibir auxilio espiritual. Pero en eso llegó don Agustín.

Venía casi corriendo y llevaba con él al padre confesor, el sacerdote Pedro Ladrón de Guevara, quien era canónigo de la catedral de Querétaro.

Mientras tanto Miramón había entrado nuevamente en la celda del emperador para darle su compañía. Allá fue a buscarlo Concha.

El Norte

El fin, evitar casos como el de Guadalajara

REFORZARÁ LA SCT SU VIGILANCIA EN TERMINALES DE PASAJEROS: GAMBOA

POR VÍCTOR CARDOSO

El titular de la Secretaría de Comunicaciones y Transportes (SCT), Emilio Gamboa Patrón, anunció que en breve se establecerá un plan para reforzar la vigilancia en las terminales de pasajeros de todos los medios de transporte del país.

Durante una ceremonia en la que puso en operación la sala de prensa de la SCT, el funcionario señaló que se han dado instrucciones previas a todos los responsables de la seguridad en ese sector para reforzar la vigilancia en terminales aéreas, portuarias, ferroviarias y del autotransporte, y de esa manera evitar que vuelvan a suceder acontecimientos como los del aeropuerto de Guadalajara el pasado mes de mayo.

Gamboa Patrón señaló que "no podemos prevenir" ese tipo de acontecimientos, pero sí tener una mayor vigilancia y sistemas de comunicación entre autoridades para evitar esa clase de acontecimientos.

La Jornada

A PONER MANO DURA

Los recientes conflictos intergremiales de cetemistas contra croquistas requieren una atención mayor por parte de las autoridades de gobierno.

Después de lo acontecido en Sanitarios Azteca y ahora en Transportes Aeropuerto, sumándoles a los bloqueos por parte de la CROC en Escobedo es para preocuparse.

La tranquilidad laboral de la cual ha presumido por muchos años un estado productivo como Nuevo León pudiera romperse como un encanto.

Sean cuales fueren los motivos de esas rencillas debe ser mortificante para todos los centros de trabajo vivir con la incertidumbre de que en cualquier momento llega un grupo sindical a perturbar sus labores.

Las diferencias croquistas y cetemistas más parecen líos políticos que realmente laborales.

Sin embargo, perturban la paz social, no es sano que grupos sindicales salgan a la calle a dirimir sus diferencias, para ello están los conductos y si no saben el camino, el gobierno los tiene que encarrilar.

Las autoridades gubernamentales deben demostrar que tienen mano dura para quienes quieran crear un estado de desorden.

El Diario de Monterrey

PRENSA: LIBERTAD CON RESPONSABILIDAD

En un mundo cambiante, que desecha con rapidez modelos ideológicos y económicos, estructuras políticas y reglas de convivencia caducas, están sujetas a revisión las formas tradicionales de operar de la prensa mexicana. Se debate la relación entre los medios y el gobierno; se polemiza sobre los límites entre la libertad de expresión y la responsabilidad para ejercerla; se hacen cuestionamientos acerca de las obligaciones que los informadores contraen con la sociedad a la cual se deben; se analiza incluso la asimilación de las nuevas tecnologías en medios electrónicos e impresos.

Paralelamente, la tradicional celebración formal que tenía lugar en la fecha fue remplazada por un desayuno en el que el presidente Carlos Salinas de Gortari se reunió con representantes de diversos medios. Esta afortunada alteración de un acto protocolario es signo de la voluntad que existe, tanto en el gobierno como en los medios, para redefinir sus vínculos y para avanzar –como se ha señalado en los foros que antecedieron al 7 de junio– en el establecimiento de relaciones de trabajo más explícitas, transparentes y equitativas.

Sin embargo, este panorama positivo y plausible, que habla de avances de redefinición de la función social de la prensa y de una disposición de casi todos para ventilar públicamente el tema, se ve ensombrecido por la deplorable adhesión de algunos medios a lo que parece ser una campaña en contra del procurador general de la República, Jorge Carpizo.

Es difícil encontrar –en términos de honradez, valentía y determinación– antecedentes al desempeño como procurador del exrector de la UNAM y expresidente de la Comisión Nacional de Derechos Humanos. En los pocos meses que lleva en el cargo, Carpizo ha combatido la corrupción, la impunidad y la infiltración del narcotráfico en las instituciones públicas hasta límites a los que nadie antes se había atrevido a llegar.

Ciertamente, la PGR ha cometido errores en materia de comunicación, particularmente sobre la investigación de los vínculos de la mafia de las drogas con algunos periodistas y de alguna manera en los primeros días que siguieron a los sucesos del 24 de mayo en el aeropuerto de Guadalajara. Pero tales deficiencias, si se las compara con la importantísima labor de depuración interna de la institución y con el combate frontal a los narcos que está librando el procurador, deben ser apreciadas en su justa medida.

En esa difícil circunstancia, algunos medios de prensa parecen más empeñados en minar la credibilidad de Carpizo y en poner obstáculos a su trabajo, que en participar en una tarea que debe involucrar a toda la sociedad. En momentos en que el titular de la PGR toca intereses poderosísimos y criminales, ciertos informadores se erigen en sus jueces y acusadores ante la opinión pública y contribuyen, de esa forma, a erosionar la confianza de la sociedad.

El ejercicio de la libertad de prensa comienza, en primera instancia, por un compromiso individual de cada informador con su propia ética y, a partir de ese elemento, por un vínculo de credibilidad con el público. La práctica de un periodismo desvinculado de los empeños básicos de la sociedad –como el que encabeza el procurador contra las redes de la droga– acaba por revertirse en contra de los propios medios, de la libertad de expresión y de la convivencia.

Los ataques contra Carpizo y la descalificación sistemática de su trabajo, en suma, demeritan los esfuerzos de la prensa mexicana por renovarse, actualizarse y aproximarse a la ciudadanía a la que se debe. La libertad de expresión sin responsabilidad termina por anularse.

La Jornada

El paciente don de la mirada

JORGE FERNÁNDEZ GRANADOS

Alfredo Espinosa, *Tatuar el humo,* DIFOCUR, Gobierno del estado de Sinaloa, 1992, Premio Nacional de Literatura Gilberto Owen 1991.

"El destino es mirarse en espejo de humo", dice Alfredo Espinosa en uno de los poemas de su libro *Tatuar el humo*, donde parece explorar desde distintos ángulos o miradas este conocimiento sistemático de las cualidades efímeras de la materia. Hay un asombro doloroso al contemplar las exquisitas bordaduras de la belleza y otro más en el instante, siempre fatal, en que ella sucumbe. Ante una realidad que descansa, entonces, en lo sucesivo, el autor elige o explora distintas herramientas formales que se emparentan, quiero creer que no casualmente, con las artes plásticas: el haiku, los caligramas, el poema como paisaje o naturaleza muerta que, desde sus mismos títulos (*Acuarela, Nubes, Blanco sobre blanco*) nos aproximan a lo pictórico.

Se dice que en dos actitudes antagónicas descansa el diálogo, a veces fructífero, entre Oriente y Occidente: la mente occidental es analítica, tiende a la exploración de las partes del todo, va de lo más a lo menos; la oriental, en cambio, es sintética, tiende su cognición a lo esencial, va de lo menos a lo más. Si comulgamos con la visión, cara por cierto a algunas doctrinas filosóficas orientales, de que el cambio es destrucción pero también ciclo regenerativo, sabremos que la naturaleza, entonces, dibuja y borra una misma flor con diversa ceniza. Quizá por ello la mirada es el instrumento privilegiado de Alfredo Espinosa para trazar en los versos de las primeras tres partes del libro su arte de síntesis, conciso, mesurado y de alianza tutelar con la transparencia.

Al llegar a la cuarta parte, compuesta por poemas amorosos, compartiremos las piezas en que ese tatuaje del humo revela su más encarnada raíz de comuniones:

"De los hombres que he sido prefiero al que en tus ojos se mira".

La visión, que antes estuvo contenida en la naturaleza, en el paisaje, pasa al interior y abre una marea más profunda. La realidad, si está hecha de sucesiones, conlleva el amor en ellas. Los amantes también están hechos de tiempo y su carne, su amor, es acaso otra flor en cuya fugacidad la vida dice lo que es, lo que limita su presente misterioso: una mirada.

"entrégame tu cuerpo/como los árboles sus frutos/no digas nada/el amor es un presente/efímero/y toda palabra separa/estamos juntos y nos tocamos todavía/sin desvanecernos".

Poesía que busca el prisma exacto donde pueda atravesar la luz, no para descomponerse en sus colores habitantes, sino para concentrarse en un solo haz de convincente brillo.

La Jornada

Fernando Alegría conversa con Jorge Ruffinelli sobre su libro

NUEVA HISTORIA DE LA NOVELA HISPANOAMERICANA

–Mi *Nueva historia* es, en realidad, un libro "nuevo". En común con el de 1959 tiene poco. Se mira una historia diferente y quien la mira es otra persona.

–¿Consideras que las novelas hispanoamericanas del sesenta despertaron la atención sobre una narrativa ya entonces rica, o bien modificaron la fisonomía de la literatura escrita hasta esa fecha?

–Las grandes novelas del sesenta representan el epicentro de un vasto y hondo proceso que se empieza a manifestar ya en los años treinta. Es pueril seguir pensando que los escritores del sesenta inventaron una forma de novelar... Que las novelas de un autor como Juan Emar, por ejemplo, permanezcan hoy totalmente desconocidas para el gran público lector no es un hecho que ataña a su índole de creador, sino de vendedor.

–Muchas novelas (como *Rayuela o Cien años de soledad*) fueron escritas fuera de los países de origen de sus autores. ¿Crees que la extraterritorialidad es un signo de nuestra novelística?

–Sí. Es el signo de la época que nos tocó vivir, la de los "peregrinos inmóviles" en que nos fue necesario aceptar el exilio no como un lugar donde se pena, sino como el centro donde nos encontramos con nuestra realidad, la reconocemos y la escribimos... El internacionalismo de la literatura latinoamericana actual es resultado de confrontaciones y resistencias dolorosas, pero también de su compensación: la solidaridad sin fronteras que nos sostiene y no nos permite olvidar la hora del regreso. Esas novelas escritas fuera de la patria chica nos abrieron las ventanas para que entraran vientos contrarios, saludables y reconstituyentes. Por lo demás, las novelas del exilio han sido profundos escarceos en la más íntima de nuestras realidades: signos también de intraterritorialidad.

Brecha, (Uruguay)

MIL AÑOS

ROSAURA BARAHONA

Un científico español asegura que el próximo siglo los seres humanos podremos vivir mil años en virtud de que ya se descifrará todo lo relacionado con el DNA y, por lo tanto, el ser humano ni se enfermará, ni envejecerá.

Esta columna rastreará la información hasta sus orígenes y de confirmarla como verdadera, iniciará *ipso facto* un movimiento para abolir el matrimonio "para toda la vida". ¡Imagínese vivir con el mismo individuo (y él vivir con la misma individua) mil años! Yo paso. Si veinticinco... y eso que el galán es buena onda. El científico español no dice si junto a esa cuasi-inmortalidad se dará un aumento en los crímenes. Porque si no se deroga el matrimonio "hasta que la muerte nos separa", el siglo XXI será el de los autoviudos y autoviudas. Y como tampoco existirá la cadena perpetua (le costaría demasiado al Estado), también deberá cambiar la legislación.

Según Rousseau, el hombre es un animal de hábitos: a todo se acostumbra. ¿Podremos acostumbrarnos a vivir mil años?, de ser así, ¿cuánto durarían los ciclos escolares? Porque no me diga usted que se seguirán graduando jovencitos a los 21 años para pasar 979 más ejerciendo su profesión. Si ahora el promedio de vida es más o menos 75 años y como la tercera parte de ellos se estudia formalmente, en mil años las carreras se acabarían como a los trescientos años. Y la escuela de adulto empezaría con puros estudiantes de 500 años más o menos. ¡¿cuánto duraría la adolescencia?! Entre 200 y 250 años. ¡Noooooooooo!

¿Se imagina usted cuántas casas se necesitarían para dar techo a una población en la cual nadie muere? Los hospitales se podrían utilizar como departamentos puesto que ya no habría enfermedades y a los doctores los pondríamos a... ¿a qué, si ya no habría enfermos?

Una ama de casa, si cocina tres comidas al día, guisa 1,095 comidas al año. Eso por 30 años da un total de 32,850 menús preparados. Quítele usted días festivos, días de rebeldía, flojera, festejo del día de la madre o lo que sea y déjelo en 30,000. La pobre señora que vaya a vivir mil años deberá cocinar del orden de diez millones de menús que por más internacionales que sean, aburrirán a cualquiera. A menos, claro, que para esas épocas la gente ya no coma y nada más se tome una pastillita como los astronautas, para satisfacer sus necesidades nutritivas.

¿Es usted capaz de concebir el terror de vivir 166 elecciones presidenciales, de las cuales 163 serán responsabilidad suya como ciudadano con derecho a voto? ¿Se cambiaría la mayoría de edad y la duración del periodo presidencial? Tiemblo nada más de pensar en que los sexenios pudieran pasar a ser, por ejemplo, sexlustrenios, es decir, que cambiáramos presidente cada treinta años. Las patadas de esta época pre-sucesor, se convertirían en coces galácticas. Y el enriquecimiento inexplicable de los funcionarios en turno se volverían inimaginables cantidades de dinero. ¿Pero sabe usted cuál sería el horror de los horrores? La miscelánea fiscal. Mi espina dorsal se vuelve estalactita nada más de pensar en vivir 900 misceláneas fiscales diferentes.

Pero, claro, peor aún sería escuchar a la tatatatatatatarieniititititititita de Angeliquita Vale –que seguramente habría heredado la insólitamente pesada sangre de su antepasada– y nos cantaría a coro con toda su parentela porque todas heredarán (bu bu sniff sniff) el "talento (sic) de la hija de la novia de México" y como ninguna se moriría, estarían cantando a coro y bailando a la usanza de la época y del pasado (que es nuestro hoy).

¿No podrán los científicos ocuparse de cosas más útiles que lograr que las mujeres menopáusicas nos podamos embarazar (¿a quién le preguntaron?) y de que vivamos mil años? Con Raúl Velasco 50,000 domingos al hilo y una telenovela que dura 110 años, yo, que amo tanto la vida, me suicido.

El Porvenir

MEMORIAS DE AEROPUERTO, I (fragmento)

HERMAN BELLINGHAUSEN

Lo cosmopolita del caso es que yo no tenía nada que hacer ahí. No a esa hora al menos. El viaje para acceder al aeropuerto había sido, como de costumbre, atípico. No es un lugar al que viajeros ni receptores acudan vía Metro, por más que éste recale a pocos pasos de la llegada de vuelos nacionales, Sala A por engorroso orden alfabético. Se nota en los pasajeros (de Metro), que no tienen cara ni modo ni equipaje ni, con perdón, clase de aeropuerto. Se ven diatiro del diario. Hay lugares que se reflejan en el Metro, el bosque de Chapultepec, C.U., el Politécnico, La Villa, San Lázaro, Tacuba. Hay lugares que no, como el aeropuerto. De eso se da uno cuenta nomás sale de la Terminal Puerto Aéreo, cuando del cielo retumban y caen aviones y uno encuentra el Boulevard atestado de taxis peleándose el paso, agandallando como en cualquier base de peseras. Y es que una primera característica del público aeroportuario es que sobre tierra se mueve en carro, propio, prestado o alquilado. Si acaso mozos, meseros, dependientes, cajeros, vigilantes y chalanes llegan por vía subterránea. Ellos se encargan del servicio de Valet.

Llegar o dejar atrás la ciudad, o el avión, según el orden de los factores, exige transporte terrestre. La gracia del aeropuerto es que recibe y despide puro transporte extraterrestre. No es hora de acordarse de Santos Dumont, ni de andarse maravillando. Uno siempre llega a la carrera, por más que intente adelantarse.

Pero esa noche de domingo tenía ante mí un tiempo figaresco para la contemplación de ese mundo aparte, surcado por idiomas extranjeros y especímenes humanos diversos llenos de lastres e impaciencia. Muchos con cara de dueños, y maneras que lo confirman. Volar es un asunto de lana, la mayoría de las veces. O sea, se necesita poder adquisitivo, de preferencia en dólares.

Eso no quita el lado humano del asunto. Todo el tiempo alguien llora, porque llegó o porque se fue o porque se está tardando tal o cual persona. También se repiten escenas de alegría apoteótica o íntima. Muchos viajeros y viajeras (y en esto los nacionales predominan) lucen satisfechos. Su estado social admite, exige o regala oportunidades de avión y aeropuerto, algo que no cualquiera.

Las damas lucen exageradamente sus piernas, igual que las meseras del Wing's pero sin ridículas calcetas verdes encima de las medias. Los caballeros saco *sport* y un *look* de quien trae encima loción y *credit cards*. Los niños patinan sus trajectitos de casimir sobre el mosaico espejante y las niñas al reir echan al aire los resplandores alumínicos del freno.

Y "taxi, taxi, taxi" dicen unos hombres oscuros con cara de estar haciendo algo incorrecto. Unos pocos venden flores. El andén está permanentemente repleto de gente apresurada o despistada que mira a los lados y hacia arriba buscando indicios, señales, distracciones. (...)

3. En una dinámica de grupo elabora un esquema de la estructura de un periódico. El maestro proporcionará uno diferente para cada equipo.

Etimologías

Esquema No. 13

PREFIJO	ORIGEN	SIGNIFICADO	EJEMPLOS
pan-	griego	todo	panteón, panacea
re-	latino	repetición, muy	reasumir, recóndito
res-, rei-	latino	cosa	república, real
se-	latino	separación	selecto, secesión
sex-, se-, si-	latino	seis	siesta, semestre, séxtuplo
para-	griego	junto a, al lado de, fuera de, contra	paradoja, paralelo
parti-	latino	parte	partícula, partida
sema-	griego	signo	semáforo, semántica
penta-	griego	cinco	pentaedro, pentateuco
os-	latino	hueso	óseo, osamenta
tri-	griego	tres	trilogía, triada

SUFIJO	ORIGEN	SIGNIFICADO	EJEMPLOS
-forme	latino	molde, modelo	cuneiforme, uniforme
-gero	latino	llevar a contener	alígero, flamígero
-fugo	latino	huir	vermífugo, prófugo
-ión	latino	acción del verbo del cual deriva el sustantivo	confusión, opinión
-teca	griego	caja, estante	fototeca, pinacoteca
-stre	latino	referente a	lacustre, ecuestre, silvestre

4. Estudia los significados de los prefijos y sufijos del esquema etimológico anterior. Elabora un crucigrama con las palabras que aparecen en la columna de los ejemplos.

SIGNIFICADOS

pan- ____________________
re- ____________________
res-, rei- ____________________
se- ____________________
sex-, se-, si- ____________________
para- ____________________
parti- ____________________
sema- ____________________
penta- ____________________
os- ____________________
tri- ____________________
-forme ____________________
-gero ____________________
-fugo ____________________
-ión ____________________
-teca ____________________
-stre ____________________

PARÓNIMOS

> Vocablos que son semejantes porque tienen todas o casi todas las letras iguales, aunque sus significados son diferentes.

Ejemplos:

ágora: plaza pública.	**Angora**: capital de Turquía, ciudad de los famosos gatos, actualmente Ankara.
invectiva: discurso violento.	**inventiva**: capacidad para inventar.
tenáculo: instrumento quirúrgico.	**tentáculo**: apéndice móvil de animales invertebrados.
jalea: conserva de frutas.	**jaleo:** baile andaluz, alboroto, pendencia.
algarada: gritería grande.	**algarrada:** fiesta en que se corre un toro. Antigua máquina de guerra para lanzar piedras.
reverter: rebasar algo sus límites.	**revertir:** volver una cosa al dueño que antes tuvo.
azafata: criada que servía a la reina. Empleada a bordo de un avión.	**azafate:** canastilla de mimbre de poca altura.
cítara: instrumento musical antiguo.	**citara:** pared con sólo el grueso del ancho del ladrillo. Conjugación del verbo citar.
garito: casa donde juegan los tahúres.	**garlito:** celada para perjudicar a alguien.
infligir: imponer penas corporales.	**infringir:** quebrantar leyes.
paráfrasis: interpretación amplificada de un texto.	**perífrasis:** rodeo de palabras para decir algo que hubiera podido decirse brevemente.
flagrante: que se está ejecutando actualmente.	**fragante:** que despide olor delicioso.

vagido: llanto del recién nacido.

vahído: desvanecimiento.

literal: conforme a la letra del texto.

litoral: costa de un mar.

ábside: parte abovedada que sobresale de la fachada posterior de un templo.

ápside: cada uno de los dos extremos del eje mayor en la órbita de un astro.

solevantar: levantar una cosa empujando de abajo hacia arriba.

soliviantar: inducir a otro a rebelarse.

ampón: abultado.

hampón: valentón.

laxo: que no tiene la tensión que naturalmente debe tener.

lazo: nudo de cintas. Cuerda larga.
laso: débil.

absorción: acción y efecto de absorber.

adsorción: adhesión o concentración de sustancias disueltas en la superficie de un sólido.

esotérico: oculto, secreto.

exotérico: común, externo.

advenimiento: venida o llegada.

avenimiento: concordancia de las partes discordes.

infestar: causar estragos. Invadir los tejidos con parásitos que no sean bacterias.

infectar: invadir los tejidos con microorganismos vivos.

mistificar: embaucar, engañar.

mitificar: hacer un mito, imaginar un futuro ficticio.

desbastar: quitar las partes bastas a una cosa o a una persona rústica.

devastar: arruinar, destruir, o asolar territorios o cosas.

absorber: atraer un cuerpo y retener entre sus moléculas las de otro en estado fluido.

absolver: dar por libre de algún cargo u obligación. Perdonar los pecados.

estático: que permanece en un mismo estado.

extático: que está en éxtasis.

Lectura 14

CONTRACULTURA (fragmento)

Hay muchas maneras de entender el concepto de contracultura, según sea la posición que se tenga ante ella, según se simpatice o se discrepe. Aunque se tomaron en cuenta las ideas y puntos de vista de Fernando Savater, Luis Antonio de Villena, María José Ragué, Luis Brito García, Carlos Monsiváis, Parménides García Saldaña,Óscar Collazos, Theodore Roszak, Nathan Adler, Daniel Bell, Fred Davis, Frank Musgrove, Milton Yinger, Kenneth Westhues y otros pesos pesados, en este libro la contracultura abarca toda una serie de movimientos y expresiones culturales, usualmente juveniles, colectivos, que rebasan, rechazan, se *marginan*, se enfrentan o *trascienden* la cultura *institucional*. Por otra parte, por cultura institucional me refiero a la dominante, dirigida, heredada y con cambios para que nada cambie, muchas veces irracional, generalmente *enajenante*, deshumanizante, que consolida el status quo y *obstruye*, si no es que destruye, las posibilidades de una expresión auténtica entre los jóvenes, además de que aceita la opresión, la represión y la explotación por parte de los que ejercen el poder, naciones, *corporaciones*, centros financieros o individuos.

En la contracultura el rechazo a la cultura institucional no se da a través de *militancia* política, ni de doctrinas ideológicas, sino que, muchas veces de una manera inconsciente, se muestra una profunda insatisfacción. Hay algo que no permite una realización plena. Algo, que anda muy mal, no deja ser. Es lo que expresa la canción "Satisfacción", de los Rolling Stones, que no por nada es un cuasihimno en la contracultura y en la que por una cosa o la otra no se puede estar satisfecho. Ante esta situación la contracultura genera sus propios medios y se convierte en un cuerpo de ideas y señas de identidad que contiene actitudes, conductas, lenguajes propios, modos de ser y de vestir, y en general una mentalidad y una sensibilidad *alternativas* a las del sistema; de esta manera surgen opciones para una vida menos limitada. Por eso a la contracultura también se le conoce como culturas alternativas o de resistencia. No se trata de una subcultura, pues ni remotamente está por debajo de la cultura; podrá no conformarse con ella pero siempre se trata de fenómenos culturales.

Por lo general, se tiende a relacionar a la contracultura con los movimientos de rebeldía juvenil de los años sesenta, quizá porque al sistema le gustaría restringir ese tipo de acontecimientos a un área específica del tiempo. Eso ocurrió una vez y nada más. Mientras más rápido lo olvidemos, mejor. Sin embargo, es evidente que las manifestaciones contraculturales se pueden *rastrear* desde mucho tiempo antes y que aparecen desde antes de los sesenta y continúan después en México y en numerosas partes del mundo. Por lo general se debe tener en mente que a la cultura institucional le *repele* profundamente todo lo que sea contracultura, porque ésta muestra carencias evidentes y denuncia, a pesar de que a veces no se lo proponga, la enfermedad cada vez más grave de las sociedades manipuladas y sojuzgadas por centros de poder económico, político y cultural en todo el mundo. Por esa razón, desde siempre, la contracultura ha generado incomprensión y *represión* franca en la mayoría de los casos. La contracultura es un fenómeno político.

Es un hecho que la contracultura surge cuando aumenta la *rigidez* de la sociedad y las autoridades *pregonan* que todo está bien, de hecho, casi inmejorable, porque para ellos, en la apariencia, así lo está. Sin embargo, el desfase, la verdadera *esquizofrenia*, entre el discurso y la realidad es tan *abismal* que consciente o intuitivamente mucha gente joven lo percibe y por tanto desconfía de las supuestas bondades del mundo que ha heredado. Descree de las promesas y las metas de la sociedad y se margina, se apoya en jóvenes como él que viven las mismas experiencias y crea su propia nación, empieza a delinear modos distintos de ser que le permitan conservar vivo el sentido de la vida.

El sistema diagnostica todo esto como "romanticismo que pasa con el tiempo", pero, de cualquier manera, no deja de apretar tuercas. Como piensa que ser joven equivale casi a ser retrasado mental, no escucha razones ni planteamientos que se le hacen y en cambio, sin soltar el garrote, presiona para que el muchacho acepte acríticamente lo que se le dice, para que sea dócil y se deje encauzar por los bien pavimentados carriles de la carretera de las ratas. Si el joven no acepta, entonces se le regaña, se le desacredita, se le sataniza y se le reprime, con una *virulencia* que varía según el nivel de pobreza e indefensión. La de la contracultura es una historia de incomprensiones y represiones.

José Agustín

NOTA: Se sugiere relacionar el contenido de esta lectura con la de "Los jóvenes en cuestión" para que se trabaje el tema de los valores. También es conveniente que el estudiante complemente ambos temas con información de medios electrónicos y escriba un texto. Esta sugerencia se relaciona con la actividad No. 3 de este capítulo.

Ejercicios

1. Enlista en la primera columna del siguiente cuadro, las palabras que aparecen en letra *cursiva* en la lectura. Complétalo según las indicaciones. Para ello deberás leer detenidamente y tomar en cuenta el ejemplo que se da.

PALABRA	SIGNIFICADO POR CONTEXTO	SIGNIFICADO POR DICCIONARIO	SINÓNIMOS	RAÍZ(CES)	DERIVADOS	ANTÓNIMOS (SI EXISTE)
discrepe (discrepar)	No estar de acuerdo	Estar en desacuerdo	divergir distanciar dificultar discutir disonar	(del latín) *discrepare*, derivado de crepare (dar un chasquido)	discrepancia discrepante	concordar, estar de acuerdo, armonizar, coincidir, convergir, confluir,

2. Busca en algunos periódicos locales ejemplos de: crítica, reseña, comentario y noticia. Analiza el manejo del lenguaje y las características de cada género. Discútelo en clase.

3. Redacta un ensayo breve a partir de la lectura anterior. Deberá tener las siguientes características:

   a) utiliza todos los pasos del modelo del escarabajo,
   b) escrito a máquina,
   c) extensión mínima una cuartilla,
   d) estructura IDC.

4. Elabora una reseña de cualquiera de los siguientes acontecimientos:

   a) una lectura reciente,
   b) una película,
   c) un espectáculo u otro evento.

5. Analiza tres editoriales de publicación reciente.

6. En un trabajo de equipo realiza una entrevista a un personaje importante de la comunidad.

7. En un trabajo de equipo elabora un pequeño periódico donde se incluyan la mayoría de los géneros que se estudiaron en este capítulo. Se deberá incluir sólo material escrito por los integrantes del grupo.

8. Busca un ejemplo de cada uno de los tipos de crónica (periodística, literaria, histórica, deportiva) y analízalos en clase.

Etimologías

Esquema No. 14

PREFIJO	ORIGEN	SIGNIFICADO	EJEMPLOS
macro-	griego	largo, grande	macrocosmos, macroeconomía
septem-	latino	siete	septentrión, semana, septiembre
multi-	latino	muchos	multiforme, multíparo
ne-	latino	negación	nefasto, negocio
trans-	latino	de un lado a otro, a través de	transoceánico, transeúnte
male-	latino	mal	malevolencia
mega-	griego	grande	megalítico, megalomanía
meso-	griego	puesto en medio	mesocracia, mesozoica
epi-	griego	sobre, después de, por encima de, en	epiceno, epílogo, epidermis

SUFIJO	ORIGEN	SIGNIFICADO	EJEMPLOS
-nauta	griego	navegante	astronauta, aeronauta
-udo	latino	abundancia	barbudo, velludo
-fonía, -fono	griego	sonido, voz	afonía, homófono
-voro	latino	devorar, destruir, consumir	carnívoro, omnívoro, insectívoro

9. Redacta un escrito coherente, con estructura IDC, en donde incluyas las siguientes palabras:

macrocosmos, nefasto, transoceánico, astronauta, epílogo, afonía, omnívoro, mesozoica, velludo, malevolencia.

I ______________________________

____

____

____

____

D ______________________________

____

____

____

____

C ______________________________

____

____

____

____

ALGUNAS ACLARACIONES SOBRE EL LENGUAJE ESCRITO

Adolecer Con frecuencia se usa como carecer, necesitar, faltar. Lo correcto es usarlo como sinónimo de *padecer*. Ejemplos: *adolece de reuma, adolece de ser necio*. Y no: *adolece de seguridad o adolece de recuerdos.*

Bajo la base de Se utiliza comúnmente; sin embargo, la expresión más correcta es *sobre la base de y con base en*. Deben omitirse: en base a, bajo la base de. Ejemplos: *Con base en lo leído* y no, *bajo la base de lo leído.*

Casual Que sucede por casualidad, por lo tanto, no tiene el significado de informal (anglicismo) que se le da con frecuencia. Ejemplos: *esta ropa es informal* y no, *esta ropa es casual.*

Contemplar
(anglicismo)
to contemplate

Se utiliza con bastante frecuencia. En su lugar se puede utilizar *considerar, prever*. Ejemplos: *Se considera la posibilidad* y no, *se contempla la posibilidad.*

Cualesquier(**a**)

Singular masculino: *cualquier*
Plural masculino: *cualesquier*
Singular femenino: *cualquiera*
Plural femenino: *cualesquiera*
Ejemplos: *cualquier hombre*, *cualquiera hoja*, *cualesquier de los tres*, *cualesquiera de las películas*.

Desapercibido

Generalmente se usa en ejemplos como: *me pasó desapercibido.* Lo más correcto es *inadvertido*, porque desapercibido supone lo contrario de apercibido, que quiere decir prevenido.

El (**La**) **orden del día**

Aunque orden es un sustantivo ambiguo se recomienda utilizar *el orden del día* porque su sentido está más próximo a: colocación, serie, sucesión.

Financío

Lo correcto es *financio*, sin acento escrito. Están en el mismo caso: *evidencio*, *diferencio*, *distancio* (sin hiato).

Forzo

Por la irregularidad, lo correcto es hacer el diptongo: ***fuerzo,*** así como en soldar, sueldo. Ejemplos: *fuerzo la cerradura*; *sueldo la pieza de metal.*

Implementar
(neologismo)

Puede usarse mejor *organizar*, *preparar*, *realizar*, *ejecutar*, *cumplir.*

Licuo - Licúo

Se aceptan las dos formas.
Moliner recomienda contra la regla, las pronunciaciones licúo y evacúo. Reconoce asimismo la libre alternativa de evacuo y evacúo. En México se da también la aternancia adecuo y adecúo, quizá con predominio de la segunda. *Minucias del lenguaje,* edición 1987, p. 28, *evacuar*: *evacúo*, *evacuo*; *adecuar*: *adecúo*, *adecuo*.

Se escribe sin acento el presente de los verbos terminados en *guar*: *aguo*, *desaguo*, *apaciguo*, *santiguo*, *atestiguo*, *menguo*.

En los verbos no terminados en *guar* ni en *cuar*, si se sigue la regla, deberá acentuarse la u. Ejemplos: *valúo*, *efectúo*, *continúo*, *sitúo*, *exceptúo*, *desvirtúo*.

Membrecía (*membership*)	Anglicismo adaptado al español. Aunque también se encuentra con frecuencia escrito con ***s***, lo más correcto, por analogía, es escribirlo con **c**.
Venimos - Vinimos	Con frecuencia se confunden estos dos tiempos verbales. Ejemplos: *Vinimos* a ver al maestro (pretérito). *Venimos* a ver al maestro (presente).
Cassette (del francés)	Se puede usar *casete* en español actual.

Formas Correctas:

	Singular	Plural
Memorándum (del latín)	*memorándum* *memorando*	*memoranda* *memorandos*
Currículum (del latín)	*currículum* *currículo*	*currícula* *currículos*

Élite	Del francés *élite*. De acuerdo con el diccionario en español se usa *elite*, sin acento escrito.
Gente	Aunque el diccionario indica que es un grupo de personas, en México se usa como singular, por ejemplo: *Juan es linda gente, Laura es una gente muy extravagante.*
Optimizar	Se acepta también *optimar*, esta última parece ser la más recomendable.
Por qué	Preposición más pronombre interrogativo. En este caso son dos palabras. Ejemplos: *¿Por qué no estudiaste*?
Porque	Conjunción subordinante causal. Una sola palabra. Ejemplos: *¿Por qué no estudiaste*? *Porque no tuve tiempo*.
Porqué	Una sola palabra aguda con acento ortográfico en la e. Sustantivo masculino que equivale a causa. Ejemplo: *No sé el porqué de tu enojo*.
Preveer	Actualmente se utiliza *prever*. Pasado *previó*.
Proveer	Se conserva igual. Pasado *proveyó*.
Verter	La forma más común en América es *vertir*.

Capítulo ocho

EL TEXTO LITERARIO

Es inconcebible que estando ya tan próximo el siglo XXI, muchos seres humanos aún sigan pensando que leer, escribir o estudiar literatura es algo inútil e improductivo. A menudo escuchamos por ahí: "La literatura no sirve para nada", ¿A quién le importa si la primera edición de *Señas de identidad* de Goytisolo es diferente a las posteriores? ¿Qué más da que el chileno Jorge Edwards haya recogido sus experiencias como diplomático en la Cuba castrista?

Realmente es triste que en este momento de la historia todavía el arte y el desarrollo tecnológico tengan que caminar por rumbos separados cuando deberían nutrirse el uno del otro. La literatura se hace con lenguaje. Su materia prima es la vida; ese lugar común donde habitan los misterios de ser, pensar y sentir. Universo de sensaciones, emociones y valores —positivos o negativos— en el que la tríada autor-narrador-personaje construye su historia y la hace decir a través de la escritura y la lectura.

La literatura es la realidad representada en el texto, suma de lecturas que configuran un sistema de signos y un sistema axiológico donde los más variados, extraños e increíbles aspectos de la sociedad y la cultura se entrecruzan, se entrelazan y se encuentran.

No cabe duda que la lectura, y en particular la literaria, nos sensibiliza, fortalece nuestro espíritu y nos ayuda a comprender hasta lo más insignificante del mundo. Nos hace pensar, sentir, disentir, discutir, reflexionar, argumentar y encontrar respuestas a muchas cosas que el extraordinario universo de la informática y la cibernética jamás responderán.

Sin lenguaje el hombre no sería nada, sin signos para comunicarse no hubiese llegado a los avances tecnológicos y científicos de hoy. Quizá por esto consideramos de importancia exponer algunos aspectos sobre el texto literario que nos facilitarán la valoración del mismo como un reflejo del medio que lo produce.

Durante años se ha dicho que la literatura es la expresión de la belleza a través de la palabra, definición hasta cierto punto valiosa pero muy cuestionable e inoperante en nuestros días porque anula la posibilidad de entender la obra como una suma de valores. A diferencia del texto científico, el literario se centra en la palabra, la moldea, la extiende, la reduce, la trabaja y la transforma en el juego de imágenes que reconstruye el espacio textual donde no sólo los personajes hablan sino también los signos de la escritura.

La obra literaria se forma de VALORES INTERNOS (lenguaje, metáforas, imágenes, comparaciones y otros recursos estilísticos) y de VALORES EXTERNOS o extraliterarios (historia, sociología, ciencia, filosofía, etcétera) que se integran en un todo:

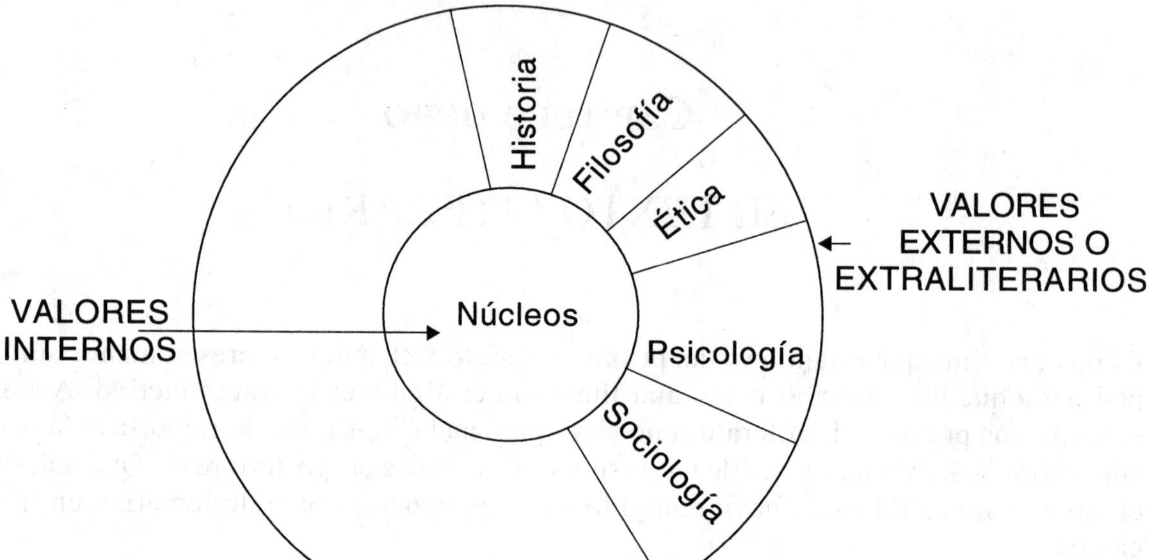

Para entender mejor el proceso creativo en la literatura, analizaremos el siguiente modelo:

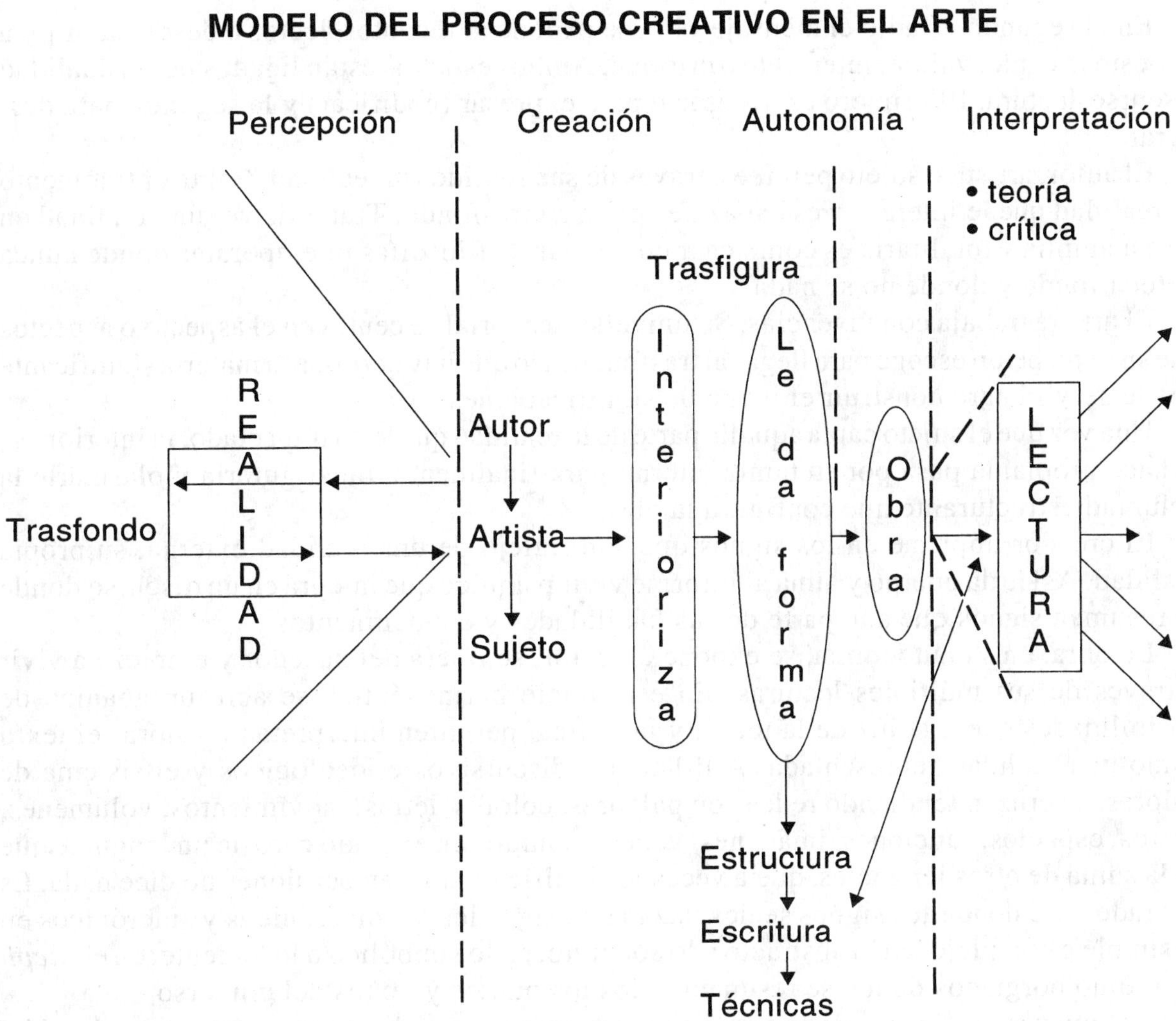

El modelo tiene dos finalidades fundamentales. La primera, aproximarnos a la realidad representada en el texto artístico y la segunda, entender los preconocimientos, las marcas internas y los signos sociales que se reflejan en el significado de la obra.

El modelo parte de la premisa de que es imposible crear de la nada. Hace énfasis en la realidad como punto de partida del proceso creativo y en la percepción que de ésta tiene el artista.

El artista es un ser hipersensible, que posee la capacidad de acumular vivencias y ver más allá de la realidad aparente. El artista es el gran observador cuyos ojos atraviesan la barrera de la forma para llegar al trasfondo. El artista es el ser donde se reúnen todos los tiempos. El ayer, el hoy y el mañana están en la conciencia de ser, permanecer y hacer.

En toda creación artística se da un doble proceso comunicativo. El primero, del emisor al mensaje y segundo, del mensaje al receptor. En el primer estadio el emisor es receptor y lector de su propio mensaje porque el discurso aún no se libera, no se expone al receptor.

En el segundo estadio el mensaje-obra se expone al receptor, lector o descifrador para que éste lo capte, valore, interprete o critique. Ambos estadios están ligados por la dualidad discurso-lectura. El primero es necesario para expresar (codificar) y la segunda para descifrar.

El autor, artista o sujeto percibe a través de sus sentidos la realidad. Capta el fragmento de realidad que le interesa y es capaz de ver en su trasfondo. Tratar de ver una realidad en forma amplia y totalitaria es como caer en un mar de filosofías intemporales donde nunca se toca fondo y donde no se nada.

El artista trabaja con vivencias. Su universo sensorial se centra en el aspecto o aspectos que su percepción escoge para llegar al trasfondo, a lo que hay detrás, a la materia significante que le servirá para construir el juego de significaciones.

Una vez que el sujeto capta aquella parte de la realidad que le ha impactado, la interioriza, la hace propia, la pasa por su tamiz interno para finalmente transfigurarla y plasmarle la voluntad estructurante que configura la obra.

El creador imprime en los signos que son reflejo de una realidad externa, su propia realidad. Así le da cuerpo y alma al informe vivir psíquico que integra en un discurso donde se resumen signos que son parte de sus habilidades y conocimientos.

La obra, en su autonomía, se expone al lector, se libera del hacedor y empieza a vivir a través de sus múltiples lecturas. En este inicio hermenéutico se abre un abanico de posibilidades que a la luz de la teoría y la crítica, permiten interpretar y valorar el texto como una realidad representada. Allí los ejes discursivos e ideológicos y el sistema de valores, se cruzan tendiendo redes con palabras, colores, letras, movimientos, volúmenes, gestos, espacios, funciones, imágenes, voces o sonidos en el grado cero de un lenguaje que es la suma de otros lenguajes, que a veces lo significa todo y en ocasiones no dice nada. Es el grado cero donde los signos se desplazan con significados diacrónicos y sincrónicos en lo simple o complejo, en lo abstracto y lo concreto, en lo simbólico o lo diciente, en el *Aleph* y el tomo borgianos donde se resumen todos los puntos y textos del universo.

Las nuevas tendencias de la teoría literaria enfocan a la literatura como comunicación, bipartiendo el modelo convencional emisor-mensaje-receptor en dos momentos que incluyen la escritura y la lectura. El escritor-emisor es el primer receptor-lector de su mensaje. El mensaje-obra escrita, se convierte en emisor y llega al receptor a través de la lectura:

MODELO DE LA LITERATURA COMO COMUNICACIÓN

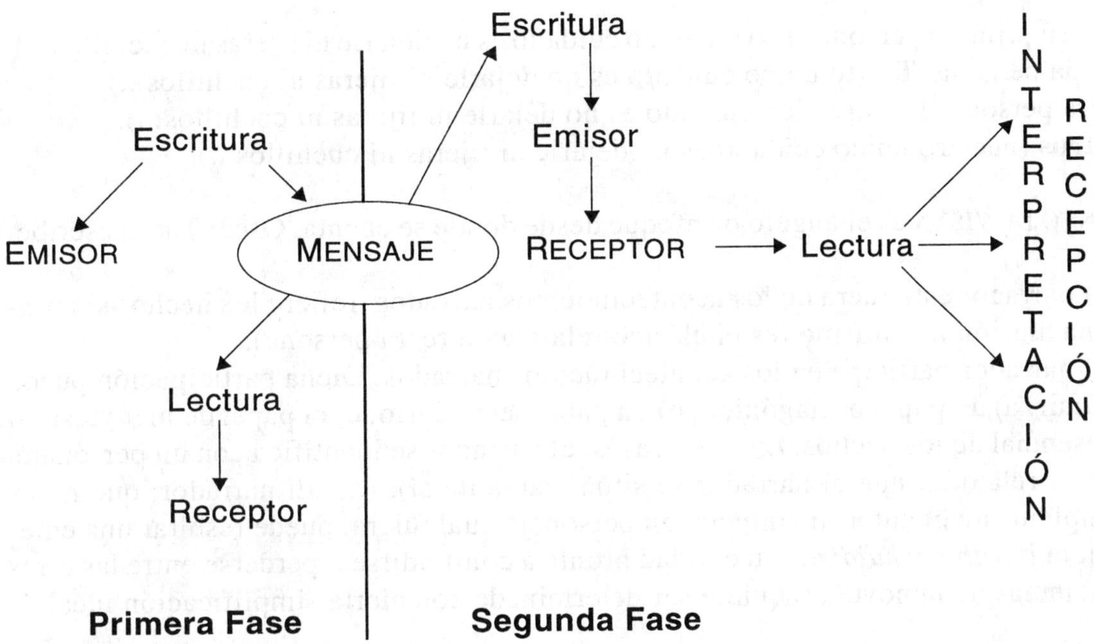

En literatura podemos distinguir tres GÉNEROS fundamentales: **épica**, **lírica y dramática**. La **épica** es la narración de acontecimientos en su desarrollo, a través de una visión objetiva de la realidad. Bajo esta concepción la **épica** no supone estados de conciencia, por lo tanto el narrador se ubica fuera del universo que narra.

La **lírica** se clasifica como un género subjetivo porque supone estados de conciencia. Existe una identificación entre el sujeto y el objeto.

La **dramática** imita las situaciones de la vida a través del diálogo y los personajes que la representan.

Sin lugar a dudas esta división que viene desde la antigüedad clásica es muy restringida porque en los tres géneros se pueden dar ambas posturas: la objetiva y la subjetiva, además de todos los cambios que los mismos han sufrido.

En la narrativa contemporánea existen innumerables ejemplos donde el narrador es subjetivo y muestra estados de conciencia al igual que un poeta es objetivo y se distancia del objeto que poetiza. En el teatro sucede exactamente lo mismo.

En la actualidad se puede hablar de una fusión e hibridación de géneros: **poema dramático**, **drama épico**, **poema en prosa**, **novela lírica**, **teatro poético** y otras combinaciones. También es interesante considerar algunas incorporaciones como **la crónica**, **el género fantástico**, **el género policial**, **la novela rosa** y **el testimonio**, por citar algunos.

Por otra parte están las asimilaciones que la literatura hace de otros elementos extraliterarios para darles una nueva prestancia en el texto: **lo mítico**, **lo popular**, **lo histórico**, **la oralidad**, **los medios de comunicación** y muchos más que indudablemente le han dado un nuevo giro a esta actividad creativa.

Para poder diferenciar el lenguaje literario del lenguaje estándar es conveniente aclarar que existen diferentes FORMAS DE NARRAR:

Relato en primera persona: **Yo** (mi único cuidado es no dejarle ni tijeras ni cuchillos...).
Segunda persona: **Tú** (tu único cuidado es no dejarle ni tijeras ni cuchillos...).
Tercera persona: **Él** (su único cuidado es no dejarle ni tijeras ni cuchillos...).
Nosotros (nuestro único cuidado es no dejarle ni tijeras ni cuchillos...).

El PUNTO DE VISTA es el ángulo o enfoque desde donde se cuenta. Oscar Tacca escribe:

1. "El narrador está fuera de los acontecimientos narrados: refiere los hechos sin ninguna alusión a sí mismo (es el clásico relato en tercera persona).
2. "El narrador participa en los acontecimientos narrados. Dicha participación puede asumir: a) un papel protagónico; b) un papel secundario; c) el papel de mero testigo presencial de los hechos. En estos casos, el narrador se identifica con un personaje. (Es el relato en que el narrador se sitúa, habla de sí). (...) El narrador, que no es simplemente el autor ni tampoco un personaje cualquiera, puede resultar una entelequia *inasible y huidiza* , su entidad pronta a confundirse o perderse entre las otras instancias de la novela requiere ser determinada con cierta simplificación ideal."

La perspectiva de lo que se cuenta o **punto de vista** la determina la visión del narrador. Se pueden considerar tres tipos: **omnisciente** (el narrador sabe más que sus personajes). **Equisciente** (el narrador sabe lo mismo que sus personajes). **Deficiente** (el narrador sabe menos que su personaje o personajes).

Kayser expresa: "Se ha intentado tipificar las posibles actitudes del narrador, y se ha llegado incluso a establecer una tipología de la novela desde este punto de vista. El anglista Stanzel presenta tres tipos:

1) **La novela autorial**, (...) el narrador está dotado de omnisciencia olímpica.
2) **La novela personal**, (...) la narración se desarrolla desde la perspectiva de uno de los personajes de la novela. El narrador renuncia a su absoluto dominio y superioridad.
3) **La novela en primera persona**, (...) aquí habla permanentemente un personaje de la novela.

Para poder construir un relato es necesario tomar en cuenta los siguientes elementos: el personaje, el acontecimiento, el espacio y el tiempo dentro de una estructura que puede ser: **lineal, lineal con regresiones, de paralelos o circular**. En la primera, los sucesos ocurren en forma cronológica. En la segunda, hay fragmentación por los rompimientos de tiempo —retrocesos o adelantos—. En la tercera las historias transcurren en forma paralela y en la circular, se vuelve al inicio del relato. Gráficamente tenemos:

ALGUNAS ESTRUCTURAS NARRATIVAS

Estructura lineal

A ____ B

Estructura lineal con regresiones

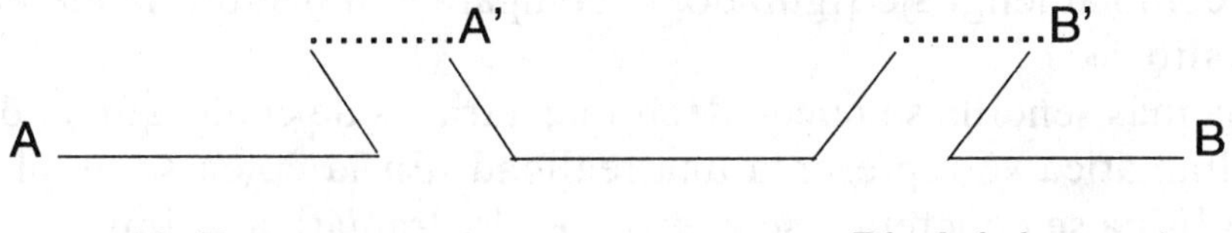

A': Retroceso 1 B': Adelanto 1

Estructura de paralelos

A ____ B

A' _ B'

Estructura circular

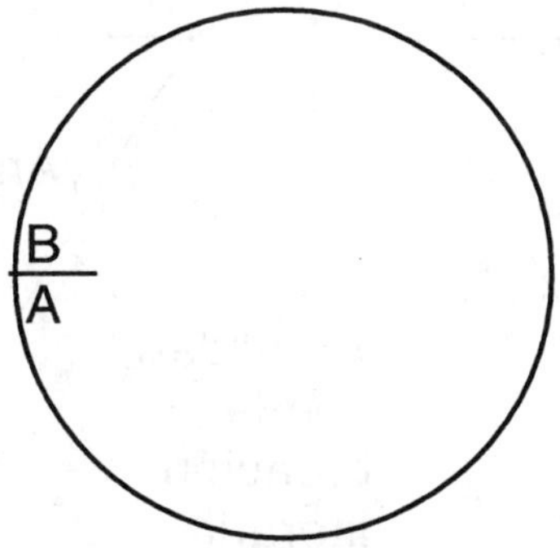

E. M. Forster define el relato como "una narración de acontecimientos dispuestos en un orden temporal. Una trama es también la narración de acontecimientos, pero el hincapié se hace en la causalidad. **El rey murió y luego murió la reina**, es un relato. **El rey murió y luego la reina murió de pesar**, es una trama. Se preserva la sucesión en el tiempo, pero el sentimiento de la causalidad la eclipsa. O también: **La reina murió, nadie sabía por qué, hasta que se descubrió que había muerto de pesar por la muerte del rey**. Esta es una trama con un misterio, una forma capaz de elevado desarrollo. Suspende la sucesión en el tiempo, y se aleja del relato tanto como se lo permiten sus propias limitaciones. Considérese la muerte de la reina. Si ocurre en un relato decimos **¿y luego?** Si se presenta en una trama preguntamos **¿por qué?** Ésta es la diferencia fundamental que existen entre estos dos aspectos de la novela. Una trama no puede contarse a una audiencia boquiabierta de hombres de las cavernas, ni a un sultán tiránico, ni a su descendiente moderno, el público del cine. Sólo se les puede mantener despiertos con un **y luego, y luego**. Sólo pueden proporcionar curiosidad. Pero una trama exige también inteligencia y memoria."

Las formas narrativas guardan estrecha relación con las personas gramaticales y los puntos de vista que le dan una estructura a lo que se cuenta. Los recursos más conocidos: **narración directa** e **indirecta**, **diálogo**, **monólogo interior** y **corriente de conciencia,** entre otros.

El manejo del lenguaje y los recursos de estilo nos acercan a la amplitud y precisión del vocabulario así como al lenguaje figurado, la comparación o símil, la metáfora y muchos otros recursos valiosos.

En una forma más sencilla se puede decir que a través de cualesquiera de los géneros: épica, lírica y dramática se representa una realidad. En la épica se amplía mediante la narración. En la lírica se concreta y se poetiza, en la dramática se imita.

LA REALIDAD EN LA CREACIÓN LITERARIA

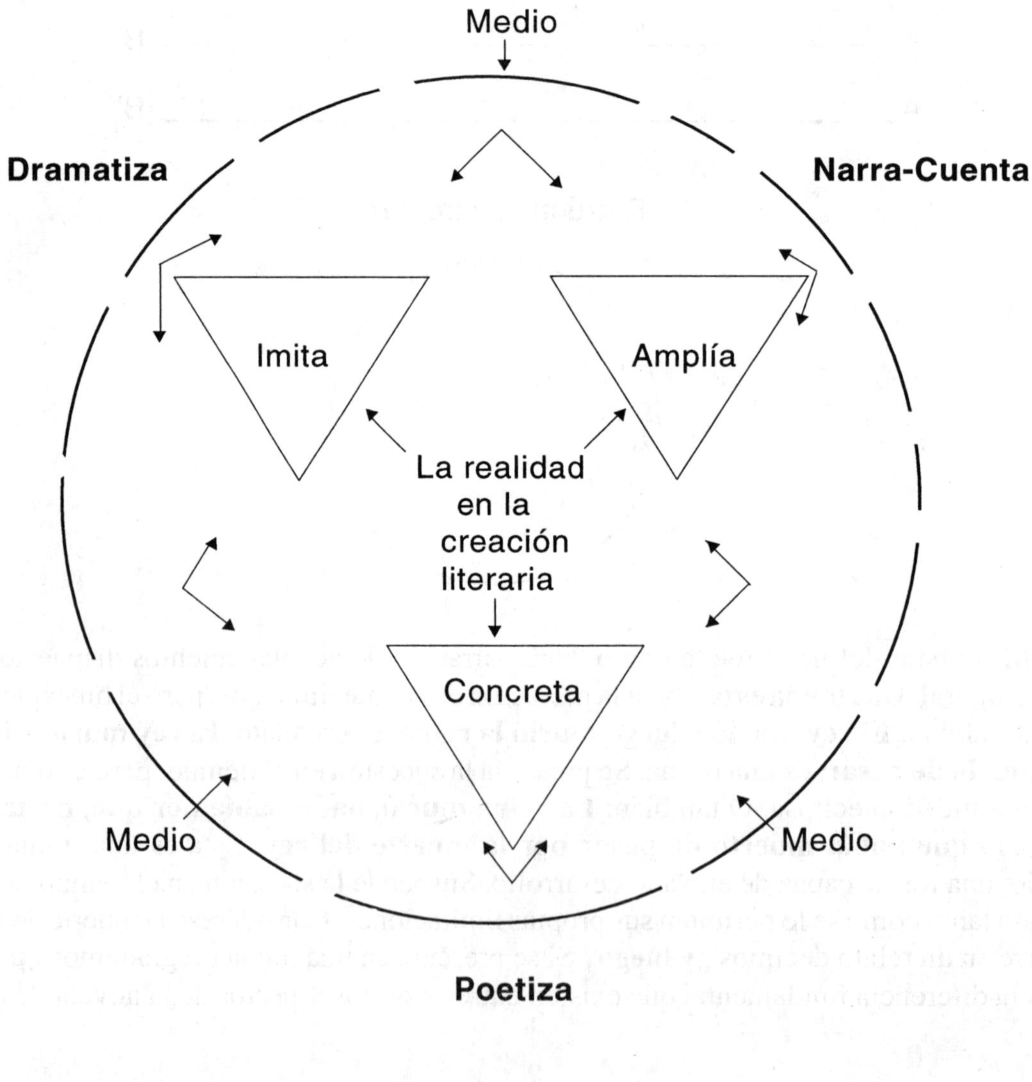

Medio: Aspectos ideológicos que influyen en la realidad representada.

Algunas formas de la épica: cuento, novela, ensayo, relato, leyenda, crónica, epistolario.

Elementos estructurales: personaje, acontecimientos, espacio, acción, tiempo, punto de vista, trama.

Algunas formas de la lírica: todas las estructuras estróficas conocidas. Verso rimado o libre (soneto, redondilla, lira, madrigal, romance, etcétera).

Elementos estructurales: rima, ritmo, métrica, etcétera.

Algunas formas dramáticas: auto, paso, entremés, tragedia, drama, comedia, farsa, monólogo, tragicomedia, etcétera.

Elementos estructurales: diálogo, personaje, acción-tensión, conflicto, tiempo, espacio.

El siguiente esquema de LAS FUNCIONES DE JAKOBSON nos ayudará a establecer diferencias entre el lenguaje literario y el estándar.

Función **referencial o informativa**: consiste en la transmisión de un saber, de un contenido intelectual acerca de aquello de lo que se habla.
"La República Mexicana tiene límites fronterizos en su porción sureste, con Guatemala y Belice".

Función **emotiva o expresiva**: el emisor le imprime al mensaje una cierta emoción, fingida o verdadera. Frecuentemente lleva interjecciones.
"¡Ah, qué bueno que llegaste!".

Función **apelativa**: el *emisor* intenta influir en el pensamiento y comportamiento del *receptor.* Su expresión lingüística más pura se halla en el imperativo y en el vocativo.
"Acude hoy mismo a la sucursal de tu preferencia y con un depósito inicial mínimo obtendrás tu tarjeta BANSOL, el acceso directo a tu inversión".

Función **fática**: tiene por objeto "establecer, prolongar o interrumpir la comunicación".
"A poco, pero cómo, ah... me oyó, ajá, bueno..."

Función **metalingüística**: se realiza "cuando el *emisor* y/o *receptor* necesitan averiguar si ambos usan el mismo código".
"La semántica es la parte de la lingüística que se ocupa de la significación de las palabras y de sus cambios".

Función **poética**: el *emisor* centra la atención en la manera de expresar el mensaje.

"Se ha asomado una cigüeña a lo alto del campanario". (Antonio Machado)
"¡Oh, inteligencia soledad en llamas...!". (José Gorostiza)

"Yo camino en silencio por donde lloran piedras que quieren ser palomas, estrellas o canarios: voy entre campanas.

Escucho los sollozos de los cuervos que mueren, de negros perros semejantes a tristes golondrinas". (Efraín Huerta)

"El sol denso, inmóvil, imponía su presencia; la realidad estaba paralizada bajo su crueldad sin tregua. Flotaba el anuncio de una muerte suspensa, ardiente, sin podredumbre pero también sin ternura. Eran las tres de la tarde". (Inés Arredondo)

LECTURAS LITERARIAS

PROSA
(fragmentos)

Los sueños vanos, los ángeles curiosos "A uno le pasan cosas muy raras"

A cada hijo de vecino le pasan cosas muy raras y, claro es, cada cual sabe de las suyas. En cierta ocasión les hablaba a ustedes de la doble vida de un señor que se convirtió en señora; todos tenemos nuestra doble vida, aunque no sea tan espectacular y melodramática como la de la señora que fue señor, circunstancia que ni detesto ni envidio, porque me falta experiencia, pero que me produce un evidente estupor ante la que me imagino difícil lidia amorosa con el converso; esta posibilidad, al menos por ahora, no se me ha presentado, quizá gracias sean dadas a Dios y a Nuestro Señor el Apóstol que esto nunca se sabe. ¿Se imaginan ustedes lo duro que debe resultar quedar bien –camastris causa– con una señora que se sabe, al dedillo y ce por be, todas las quiebras y puntos flacos de los caballeros, porque de caballero (es un decir) ejerció hasta el arrepentimiento y el dolor de corazón contrito? Yo no he conocido nunca –digamos, bíblicamente– a ninguna señora que antes hubiera sido recluta, cosa que declaro no sin cierto rubor, porque ahora se estilan actitudes más modernas y europeizantes: tanto que hasta les puede caber por el sieso el Mercado Común, al público decir de un político (?) indígena contemporáneo. En fin, tampoco me quejo, porque en la ría de Arosa, en estos menesteres, somos más bien clásicos y consuetudinarios, y tampoco nos va mal.

CAMILO JOSÉ CELA

Rayuela (capítulo 32)

Bebé Rocamadour, bebé bebé. Rocamadour:

Rocamadour, ya sé que es como un espejo. Estás durmiendo o mirándote los pies. Yo aquí sostengo un espejo y creo que sos vos. Pero no lo creo, te escribo porque no sabés leer. Si supieras no te escribiría o te escribiría cosas importantes. Alguna vez tendré que escribirte que te portes bien o que te abrigues. Parece increíble que alguna vez, Rocamadour. Ahora solamente te escribo en el espejo, de vez en cuando tengo que secarme el dedo porque se moja de lágrimas. ¿Por qué, Rocamadour? No estoy triste, tu mamá es una pavota, se me fue al fuego el borsch que había hecho para Horacio; vos sabés quién es Horacio, Rocamadour, el señor que el domingo te llevó el conejito de terciopelo y que se aburría mucho porque vos y yo nos estábamos diciendo tantas cosas y él quería volver a París; entonces te pusiste a llorar y él te mostró cómo el conejito movía las orejas; en ese momento estaba hermoso, quiero decir Horacio, algún día comprenderás, Rocamadour.

JULIO CORTÁZAR

Paseo en trapecio

La camioneta por avenida Juárez, rodando lentamente frente a los árboles de la Alameda...

Aquellos árboles gigantescos que no podía ver sin que su infancia afluyera a la memoria...

Aunque no eran tan altos, sofocados por la contaminación, sucios de tierra y gases de automóviles, incluso hasta fulminados por rayos...

Pero eran altísimos porque los había visto de niño todos los días porque vivía enfrente, en avenida Juárez 18, en la portería...

Y pocas cosas tan altas como un árbol cuando se tienen cinco o seis años de edad...

Aunque no eran tan altos después de todo y el polvo los castigaba con intensidad, con demasiada intensidad, o con mediana intensidad...

Con excesiva fuerza (con débil fuerza)...

Y por un momento quitó de enmedio los árboles y entonces el polvo se abatía con fuerza contra un paisaje árido, o casi sin fuerza, sin sacudir nada, ensuciando los mármoles del Hemiciclo a Juárez...

Y en eso su hermano con dejo despreocupado recitó:

—Me pareció ver a tu ex-esposa con él, sí... Y se ve muy bien, eh... Se cuida muy bien ¿verdad? ¿Tú crees que esté saliendo con él?...

En ese instante un como soplo repentino agitó los álamos y barrió el polvo del piso del Hemiciclo, emborronó el paisaje, desordenó las ropas de algunos peatones, e incluso dentro de la camioneta, levantó sus cabellos, como si su ex-esposa estuviera tras él...

—*Aquí estoy... ¿No me sientes?...*

El calor de su aliento rozando su nuca, como si hubiera estado agazapada tras el asiento y se levantara de pronto, bruscamente y sonriendo con malicia...

GUSTAVO SAINZ

El espejo que no podía dormir (cuento)

Había una vez un espejo de mano que cuando se quedaba solo y nadie se veía en él se sentía de lo peor, como que no existía, y quizá tenía razón; pero los otros espejos se burlaban de él, y cuando por las noches los guardaban en el mismo cajón del tocador dormían a pierna suelta satisfechos, ajenos a la preocupación del neurótico.

AUGUSTO MONTERROSO

San Avilán (relato)

El olvido en que suele tenerse a San Avilán no impide reconocerlo en la fachada de capillas por costumbre humildes. Una campana a los pies del santo hace segura la identificación.

Se cuenta, y no hay razón para dudarlo, que después del asalto que en el siglo X sufrió la iglesia de Minz, y del asesinato del párroco que intentó protegerla de Barrabás *el Manco*, una cuadrilla de demonios se apoderó del templo profanado. Si alguien osaba entrar, los diablos aullaban tan espantosamente que lo obligaban a huir.

Una pareja de enamorados pidió a San Avilán que los casara en esa iglesia. Tres veces tres días y tres noches el santo se mantuvo en oración y tres veces intentó en vano entrar. Luego ayunó una semana a las puertas del recinto, y estuvo rezando hasta que dos ángeles lo llevaron por los aires a lo alto de la torre. Para no escuchar a los demonios, San Avilán hizo repicar las campanas hasta que el último diablejo salió del lugar.

Es fama que a veces, en noches estrelladas, si dos enamorados pasan por algún templo donde se venera a San Avilán, las campanas tañen suavemente, como si una brisa tierna las hiciera tocar.

FELIPE GARRIDO

La última navidad (relato)

Para nosotros, los últimos eran los peores días del año. Sobraban motivos para temerle a diciembre: la Navidad significaba el horror de ver a mi padre hundirse en una embriaguez que principiaba en brindis amistoso y concluía en largas desapariciones.

En esos periodos de soledad la angustia de mi madre era infinita. Incapaz de olvidarlo y abandonarlo a su suerte, suplicaba a mis hermanos mayores que fueran en busca de mi padre. Ante su resistencia ella repetía los peligros que los acechaban: "¿Qué tal si lo atropelló un coche y está por allí, solo, muriéndose sin que nadie lo ayude?" "Él fuma mucho. A lo mejor se durmió con el cigarro prendido... Dios no permita que se me vaya incendiar." Ándenle, no sean malos. Búsquenlo. Así como está, cualquiera le da un mal golpe para quitarle el reloj..."

A sabiendas de que no iban a encontrarlo, mis hermanos empezaban un rastreo infructuoso en cantinas, pulquerías, piqueras y casas de mala nota. De sus exploraciones regresaban torvos, silenciosos, violentos.

Mientras tanto, los menores procurábamos ignorar los motivos que volvían trágica la temporada que en otras casas era de fiesta. Mi madre se esforzaba inútilmente por dividirse entre su preocupación y sus deberes para con nosotros. Atenta a los ruidos de la calle, a lo más que llegaba era a decirnos cuando estábamos sentados en la mesa: "Ustedes coman, no se mortifiquen..." Sólo el hambre nos hacía tocar el pan amargo de diciembre, adquirido gracias a préstamos humillantes.

La tristeza de mi madre volvía irrespirable el aire de la casa. Por eso, aunque supiéramos que en la cuadra éramos vistos con lástima, salíamos a divertirnos con los juegos de siempre: "el avión", la "cuerda de carne, chile y mole", "el bote", "las anchuras". No lo confesábamos pero esos momentos eran de falsa alegría. Todo estaba ensombrecido por el temor de que nuestro padre apareciera y atrajese las miradas de burla o desprecio de nuestros amigos. Tan grande era nuestra inquietud que muchas veces rezamos para que Dios nos hiciera un milagro: "Que regrese de noche para que nadie lo vea".

Nuestras súplicas no fueron atendidas. Muchas veces mi padre volvió de tarde, con los bolsillos llenos de chicles, pastillas de menta y monedas. Las repartía entre nuestros compañeros de juego. Ellos, con más o menos disimulo, se alejaban a toda carrera. Nosotros seguíamos a mi padre hasta la casa, que de inmediato se transformaba en una especie de pasadizo negro tachonado de malas palabras, insultos, llanto, súplicas de perdón o promesas hechas ante una Virgen mancillada por la humedad de la pared.

Soportar la furia del recién llegado era menos irritante que enfrentarnos a su sentimentalismo de ebrio. Nos obligaba a que rodeáramos su cama –sucia, con restos de comida, botellas, papeles, cajetillas de cigarros a medio consumir– para hablarnos con voz estropajosa del "Niño Jesús, que aunque iba a ser el Rey de Reyes nació desnudo en un pesebre, y supo que el camino de espinas de la pobreza conduce siempre a la gloria". La realidad nos había enseñado que la miseria es algo enteramente distinto: padecer, anhelar sin esperanza, sentirse solo.

Por lo general, aquellos monólogos didácticos lo llevaban a la euforia amorosa hacia mi madre, que terminaba suplicándonos: "Criaturas ¿qué hacen aquí encerrados? Váyanse a jugar, diviértanse. ¿No están contentos de que haya regresado su papá?

Aquella maravillosa mujer a quien todos tenían por "una santa", estaba lejos de imaginar que su pudor nos enviaba a un infierno: sentados en la banqueta, mirábamos a los vecinos que iban a las tiendas próximas en busca de pan, los dulces, la fruta o el vino que compartirían durante la cena de Navidad. A cada momento se nos acercaban nuestros amigos para mostrarnos su carta enviada a Santa Clos. Cumplida su misión, y sin saber hasta qué punto los envidiábamos, se iban para no ensuciarse la ropa o llegar tarde: faltas que podían significarles la pérdida de juguetes anhelados durante todo el año.

En el recuerdo, todas las navidades de mi infancia son iguales, excepto una que considero la última, aunque de entonces a la fecha haya visto concluir muchos otros diciembres.

Por la tarde del 24, cuando ya no lo esperábamos, mi padre regresó de su más larga ausencia. No estaba ebrio. Contento, se anunció desde el zaguán entre palmadas y gritos: "¿Dónde está todo el mundo?". De inmediato salimos a su encuentro. Mi madre fue la última en presentarse. Inmóvil, recibió el beso que mi padre depositó en su frente. El no parecía notar su gesto y se fue directamente al comedor, oscuro y frío: "Bueno, y qué, ¿en esta casa no hay cena de Navidad?". Mi madre no contestó. Nosotros, que habíamos vivido una de las épocas de mayor miseria, permanecimos callados.

Nuestro silencio debió hacer sentir tan culpable a mi padre que volvió a tomar su sombrero, dio media vuelta y de camino hacia la puerta lo oí decir: "Mejor me voy. ¿Quién quiere estar con una mujer tan triste?"

Aquella noche nuestra casa fue la única que permaneció a oscuras en la cuadra y nosotros, los cinco hermanos, perdimos para siempre la dicha navideña.

CRISTINA PACHECO

Ejercicios

1. Analiza los fragmentos anteriores y establece la diferencia entre el lenguaje estándar y el lenguaje literario.

2. Redacta un texto de creación libre donde intentes manejar el lenguaje literario.

3. Consulta en textos de teoría literaria los siguientes conceptos. Discútelos en clase.
   - narración
   - trama
   - metáfora
   - símil
   - verso
   - rima
   - versolibrismo
   - métrica
   - monólogo interior
   - corriente de conciencia

4. Redacta un texto con estructura IDC donde expliques por qué la literatura es una forma de comunicación.

5. Busca información sobre los siguientes conceptos y discútela en clase.
   Cuento
   Novela
   Poema
   Drama o pieza teatral

6. Escribe un relato que inicie así: "Esteban debió haberle confiado el secreto a su madre. La mujer de verde que solía ir todos los días a la playa no era la única persona que había presenciado el trágico suceso...

7. Une las siguientes palabras completando con otras el espacio. Cuida la lógica del texto.

Mañana ____

____________________________ había ____________________________

____________________________ miedo ____________________________

____

____________________________ escalera ____________________________

____

entrar ____

____ orgullo ____________

____

personalmente ____

____ cabellos.

8. Concluye el relato:

Uno da las buenas noches. Besa a papá. Besa a mamá. Pide un vaso de agua. Que le bajen un libro. Se esconde detrás del sillón. Finge que está dormido. Besa a mamá. Pide otro vaso de agua. Forcejea con papá. Pide que le lean un cuento. Que le desabrochen el cinturón. Dice que ya se va a la cama. Pide que le den un muñeco. Besa a papá. Pide que le muestren las fotografías que vio en la mañana. Quiere salir al patio y ver las jaulas de los canarios. Pide otro vaso de agua. Gimotea un poco. Besa a mamá que ya no quiere dejarse besar. Pide que le presten la cinta para medir. Besa a papá. Promete irse a dormir en cuanto vuelvan a contarle cómo aprendió a caminar.

____

____

____

____

____

____

____

____

____

9. Escribe un texto a partir de cualquiera de los siguientes epígrafes.
   a) "¡Todo es espejo!"
   b) "¡La vida te da sorpresas, sorpresas te da la vida!"
   c) "Serás vagabundo en tu propia tierra y no te dará fruto. Cazarás y antes de que la flecha salga de tu arco tu sombra se habrá extendido por el mundo. Y donde caiga esa sombra, la tierra será ceniza."

10. Escribe un texto donde cada 12 ó 15 palabras vayas incluyendo todas las siguientes. Respeta el orden.
   a) zapatos rojos
   b) conducía velozmente
   c) gesticuló
   d) playa
   e) sabrosa comida
   f) dialogó
   g) fotografía perdida
   h) olvidado
   i) revólver

11. En una dinámica de grupo practica la creación colectiva de una historia. Toma en cuenta los siguientes datos.
   a) París, época contemporánea, invierno
   b) una herencia
   c) un joven escritor
   d Alicia, joven de 20 años, modelo
   e) un bar
   f) un mapa
   g) una carta comprometedora
   h) un viejo mayordomo
   i) un perro
   j) el ama de llaves
   k) la casualidad
   l) Argentina

   Recomendaciones: Cada grupo trabajará con los mismos datos. Al final de la dinámica se leerán los trabajos con el fin de comparar los resultados de cada equipo.

12. Completa el diálogo.

   ____

   ____

   ____

—Yo no opino lo mismo, doña Elena.

____

____

—Núnca lo he necesitado para nada, sola he podido con el rancho.

____

____

—¡No, pues eso sí —Respondió riéndose. ¡Ah, qué doña Elena!

____

____

13. Transforma el siguiente poema.

a) Primero a prosa.
b) Después dramatízalo, emplea el diálogo.

Este ir y venir

¿Para qué este ir y venir?
Quién sabe en qué rincón se encontrará la aurora,
y qué santo, o qué idiota
nos vaciará un día equis la cabeza;
y el sueño de un buen Dios
y la tiniebla amorfa
se borrarán de golpe
al entrar a ese ojo que nos acecha fijo,
y al que nos vamos todos
a la señal de un tiempo.

ENRIQUETA OCHOA

POESÍA

(selección de poemas)

Soneto de la Esperanza

Amar es prolongar el breve instante
de angustia, de ansiedad y de tormento
en que, mientras espero, te presiento
en la sombra suspenso y delirante.

¡Yo quisiera anular de tu cambiante
y fugitivo ser el movimiento,
y cautivarte con el pensamiento
y por él sólo ser tu solo amante!

Pues si no quiero ver, mientras avanza
el tiempo indiferente, a quien más quiero,
para soñar despierto en su tardanza.

La sola posesión de lo que espero
es porque cuando llega mi esperanza
es cuando ya sin esperanza muero.

XAVIER VILLAURRUTIA

Emiliano Zapata

Lo volvieron calle
lo hicieron piedra

lo volvieron tarjeta postal
discurso de político

lo hicieron película
ingenio azucarero

lo volvieron bigote
traje charro

él ve nada
oye nada

HOMERO ARIDJIS

Tú

Algo le falta
a la perfecta música que suena
en esta tarde íntegra.
Algo le falta
a la hora completamente malva
y azul, a la acabada
redondez de la gota que repite
la boca de la fuente.
Algo le falta
a lo absoluto, a Dios mismo le falta
algo esta tarde,
porque en Dios, música, hora, tarde y fuente,
tú,
estando junto a mí, no estás conmigo.

TERESA AVELEYRA

Estos templos que somos...

Ahora sé por qué me mantuviste en cautiverio,
calcinándome bajo el ojo sin párpado del desierto.
Por qué soltaste dentro de mi cabeza
un viento oscuro que azotaba, soplando sin descanso;
por qué pusiste por nervios, en mi cuerpo,
esta red enfermiza de cristales;
por qué me fui haciendo mínima:
pasita seca en el corazón de la miseria.
Y por qué hoy,
justo antes de partir,
levantas mi castigo
y rompes el sello que invalidaba mi lengua.
Ha sido para que mi esencia encontrara en ti
su fuente de contacto;
para que aprendiera a beberme el mar
en una sola de tus lágrimas;
para que en el dolor te conociera
al conocer la dimensión del hombre
y pudieran, a través de mis labios,
trasminar su agua todos los muros
de estos templos que somos, sin saberlo.
1976

ENRIQUETA OCHOA

14. Después de leer los poemas anteriores encuentra el sentimiento inicial que da cuerpo a cada uno de ellos.

15. Explica el manejo del lenguaje.

16. Intenta escribir un poema sobre un sentimiento que hayas experimentado: amor, tristeza, angustia, alegría u otro. Puedes utilizar la forma rimada o el verso libre.

TEATRO

Un hogar sólido

PERSONAJES:

Don Clemente . . . . (60 años)
Doña Gertrudis . . . . (40 años)
Mamá Jesusita . . . . (80 años)
Catita . . . . (5 años)
Vicente Mejía . . . . (23 años)
Muni . . . . (28 años)
Eva, extranjera . . . . (20 años)
Lidia . . . . (32 años)

(Interior de un cuarto pequeño, con los muros y el techo de piedra. No hay ventanas ni puertas. A la izquierda, empotradas en el muro y también de piedra, unas literas. En una de ellas, Mamá Jesusita en camisón y cofia de dormir de encajes. La escena está muy oscura.)

Voz de doña Gertrudis.– ¡Clemente, Clemente! ¡Oigo pasos!
Voz de Clemente.– ¡Tú siempre estás oyendo pasos! ¿Por qué serán tan impacientes las mujeres? ¡Siempre anticipándose a lo que no va a suceder, vaticinando calamidades!
Voz de doña Gertrudis.– Pues los oigo.
Voz de Clemente.– No mujer, siempre te equivocas, te dejas llevar por tu nostalgia de catástrofes...
Voz de doña Gertrudis.– Es cierto... pero esta vez no me equivoco.
Voz de Catita.– ¡Son muchos pies, Gertrudis! *(Sale Catita vestida con un traje blanco antiguo, botitas negras y un collar de corales al cuello. Lleva el pelo atado en la nuca con un lazo rojo)* ¡Qué bueno! ¡Qué bueno! ¡Tralalá! ¡Tralalá! *(da saltos y bate las palmas).*
DOÑA GERTRUDIS.– *(Apareciendo con un traje rosa de 1930).* Los niños no se equivocan. ¿Verdad, tía Catalina, que alguien viene?
CATITA.– ¡Sí, yo lo sé! ¡Lo supe desde la primera vez que vinieron! ¡Tenía tanto miedo aquí solita! ...
CLEMENTE.– *(Apareciendo en traje negro y puños blancos).* Creo que tienen razón. ¡Gertrudis! ¡Gertrudis! Ayúdame a buscar mis metacarpos, siempre los pierdo y sin ellos no puedo dar la mano.
VICENTE MEJÍA.– *(Apareciendo en traje de oficial juarista).* Usted leyó mucho, don Clemente, de ahí le viene el mal hábito de olvidar las cosas. ¡Míreme a mí, completito en mi uniforme, siempre listo para cualquier advenimiento!
MAMÁ JESUSITA.– *(Enderezándose en su litera y enseñando la cabeza cubierta con la cofia de encajes)* ¡Catita tiene razón! Los pasos vienen hacia acá, *(se coloca una mano detrás de una oreja, en actitud de escuchar),* se han detenido los primeros... a no ser que a los Ramírez les haya sucedido una desgracia... ¡esta vecindad ya nos ha hecho llevar muchos chascos!
CATITA.– *(Saltando)* ¡Tú duérmete, Jesusita! A ti no te gusta sino dormir:
Dormir, dormir,
que cantan los gallos
de San Agustín:
¿ya está el pan?
MAMÁ JESUSITA.– ¿Y qué quieres que haga? Si me dejaron en camisón...
CLEMENTE.– No se queje, doña Jesús. Pensamos que por respeto...
MAMÁ JESUSITA.– ¡Por respeto! ¿Y por respeto una tal falta de respeto?

GERTRUDIS.– Si hubiera estado yo, mamá..., pero qué querías que hicieran las niñas y Clemente. *(Arriba se oyen muchos pasos que se detienen y después aumentan.)*
MAMÁ JESUSITA.– ¡Catita! Ven acá y púleme la frente; quiero que brille como la estrella polar. Dichoso el tiempo en que yo corría por la casa como una centella, barriendo, sacudiendo el polvo que caía sobre el piano, en engañosos torrentes de oro, para luego, cuando ya cada cosa relucía como un cometa, romper el hielo de mis cubetas dejadas al sereno, y bañarme con el agua cuajada de estrellas de invierno. ¿Te acuerdas, Gertrudis? ¡Eso era vivir! Rodeada de mis niños tiesos y limpios como pizarrines.
GERTRUDIS.– Sí, mamá. Y me acuerdo también de tu corchito quemado para hacerte ojeras; y de los limones que comías para que la sangre se te hiciera agua. Y de aquellas noches en que te ibas con papá al Teatro de los Héroes. ¡Qué bonita te veías con tu abanico y las dormilonas en las orejas!
MAMÁ JESUSITA.– ¡Ya ves, hija, la vida es un soplo! Cada vez que llegaba al palco...
CLEMENTE.– *(Interrumpiendo).* ¡Por piedad, ahora no encuentro mi fémur!
MAMÁ JESUSITA.– ¡Qué falta de consideración! ¡Interrumpir a una señora! *(Catita, mientras tanto, ha estado ayudando a Jesusita a arreglarse la cofia.)*
VICENTE.– Yo vi a Catita jugar con él a la trompeta.
GERTRUDIS.– Tía Catita, ¿dónde olvidó usted el fémur de Clemente?
CATITA.– ¡Jesusita, Jesusita! ¡Me quieren quitar mi corneta!
MAMÁ JESUSITA.– ¡Gertrudis, deja en paz a esta niña! Y en cuanto a ti, te diré: no es tan malo que mi niña enfermara, como la maña que le quedara...
GERTRUDIS.– ¡Pero mamá, no seas injusta: ¡es el fémur de Clemente!
CATITA.– ¡Fea!, ¡Mala!, ¡Te pego! ¡No es su fémur, es mi cornetita de azúcar!
CLEMENTE.– *(a Gertrudis)* ¿No se la habrá comido? Tu tía es insoportable.
GERTRUDIS.– No lo sé, Clemente. A mí me perdió mi clavícula rota. Le gustaban mucho los caminitos de cal dejados por la cicatriz. ¡Y era mi hueso favorito! Me recordaba las tapias de mi casa llena de heliotropos. ¿Te conté cómo me caí, verdad? La víspera habíamos ido al circo. Todo Chihuahua estaba en las gradas para ver a Ricardo Bell, pero, de pronto, salió una equilibrista, que parecía una mariposa y a la que no he olvidado nunca... *(Arriba se oye un golpe. Gertrudis se interrumpe).*
GERTRUDIS.– *(Continuando)* Por la mañana me fui a las bardas a bailar sobre un pie, pues toda la noche había soñado que era ella...
(Arriba se oye un golpe más fuerte)
GERTRUDIS.– ... Claro, no sabía que tenía huesos. Una de niña no sabe nada. Porque me lo rompí, digo siempre que fue el primer huesito que tuve. ¡Se lleva una cada sorpresa!
(Los golpes se suceden con más rapidez.)
VICENTE.– *(Atusándose el bigote)* No cabe duda, alguien llega. Tenemos huéspedes. *(Canta)*
Cuando en tinieblas
Riela la luna
Y en la laguna
Canta el alción...
MAMÁ JESUSITA.– ¡Cállate, Vicente! No es hora de cantar. ¡Mira a estos inoportunos! En mis tiempos la gente se anunciaba antes de caerle a uno de visita. Había más respeto. ¡A ver ahora a quién nos traen, a cualquier extraño de esos que casaron con las niñas! ¡Abate Dios a los humildes! como decía el pobre Ramón, a quien Dios tenga en su santa gloria...
VICENTE.– ¡Tú no cambiaste para bien, Jesusita! A todo le pones pero. Antes tan risueña que eras. ¡Lo único que te gustaba era bailar polkas! *(Tararea Jesusita en Chihuahua y hace unos pasos)* ¿Te acuerdas cómo bailamos en aquel Carnaval? *(Sigue bailando).* Tu traje rosa giraba, giraba, y tu cuello estaba muy cerca de mi boca...
MAMÁ JESUSITA.– ¡Por Dios, primo Vicente. No me recuerdes esas tonterías!
VICENTE.– *(Riéndose)* ¿Qué dirá ahora Ramón? El tan celoso. Y tú y yo aquí juntos, mientras él se pudre solo allá en Dolores.
GERTRUDIS.– Tío Vicente, ¡Cállese, va a provocar un disgusto!

CLEMENTE.– *(Alarmado)* Ya le expliqué, doña Jesús, que en el momento, no tuvimos dinero para transportarlo.
MAMÁ JESUSITA.– ¿Y las niñas qué esperan para traerlo? No me dé explicaciones, a usted siempre le faltó delicadeza.
(Se oye un golpe más fuerte.)
CATITA.– ¡Vi luz! *(entra un rayo de luz)*. ¡Vi un sable! ¡Otra vez San Miguel que viene a visitarnos! ¡Miren su lanza!
VICENTE.– ¿Estamos completos? Pues ahora, ¡orden y nos amanecemos!
CLEMENTE.– Faltan Muni y mi cuñada.
MAMÁ JESUSITA.– ¡Los extranjeros siempre apartándose!
GERTRUDIS.– ¡Muni, Muni!, alguien viene, a lo mejor es una de tus primas. ¿No te da gusto, hijo? Podrás jugar y reírte con ellas otra vez, a ver si se te quita esa tristeza.
(Aparece Eva, rubia, alta, triste, muy joven, en traje de viaje de 1920.)
EVA.– Muni estaba por ahí hace un momento. ¡Muni hijito! ¿Oyes ese golpe? Así golpea el mar contra las rocas de mi casa... ninguno de ustedes la conoció... estaba sobre una roca, alta, como una ola. Batida por los vientos que nos arrullaban en la noche, remolinos de sal cubrían sus vidrios de estrellas marinas; la cal de la cocina, se doraba con las manos solares de mi padre... por las noches las criaturas del viento, del agua, del fuego, de la sal, entraban por la chimenea, se acurrucaban en las llamas, cantaban en la gota de los lavaderos... ¡Tin! ¡tan! ¡tin! ¡tin! ¡tin! ¡tin! ¡tan! ... Y el yodo se esparcía por la casa como el sueño... La cola de un delfín resplandeciente, nos anunciaba el día. ¡Así, con esta luz de escamas y corales!
(Eva, al decir la última frase, levanta el brazo y señala el raudal de luz que entra a la cripta, cuando separan arriba la primera losa. El cuarto se inunda de sol. Los trajes lujosos de todos están polvorientos y los rostros pálidos. La niña Catalina salta de gusto.)
CATITA.– ¡Mira, Jesusita! ¡Viene alguien! ¿Quién le trae, Jesusita? ¿Doña Difteria o San Miguel?
MAMÁ JESUSITA.– Espera, niña, vamos a ver.
CATALINA.– A mí me trajo doña Difteria. ¿Te acuerdas de ella? Tenía los dedos de algodón y no me dejaba respirar. ¿A ti te dio miedo, Jesusita?
MAMÁ JESUSITA.– Sí hermanita, me acuerdo que te llevaron y el patio de la casa quedó sembrado de pétalos morados. Mamá lloró mucho y nosotras las niñas también.
CATALINA.– ¡Tontita!, ¿qué no sabías que ibas a venir a jugar aquí conmigo? Ese día San Miguel se sentó junto a mí y con su lanza de fuego lo escribió en el cielo de mi casa. Yo no sabía leer... y lo leí. ¿Y era bonita la escuela de las señoritas Simson?
MAMÁ JESUSITA.– Muy bonita, Catita. Mi mamá nos mandó con lazos negros...
CATALINA.– ¿Y aprendiste el silabario? Para eso me iba a mandar mi mamá...
MUNI.– *(Entra en pijama, con el rostro azul y el pelo rubio) ¿Quién será? (Arriba, por el trozo de bóveda abierta al cielo, se ven los pies de una mujer suspendidos en un círculo de luz.)*
GERTRUDIS.– ¡Clemente, Clemente! Son los pies de Lidia: ¡Qué gusto hijita, qué gusto que hayas muerto tan pronto!
(Todos callan. Empieza el descenso de Lidia, suspendida con cuerdas... Viene tiesa, con un traje blanco, los brazos cruzados al pecho. Los dedos en cruz, y la cabeza inclinada. Los ojos cerrados.)
CATITA.– ¿Quién es Lidia?
MUNI.– ¿Lidia? Es la hija de mi tío Clemente y de mi tía Gertrudis, Catita. *(Acaricia a la niña.)*
MAMÁ JESUSITA.– Ya tenemos aquí a toda la serie de los nietos. ¡Cuánto mocoso! ¿Pues qué el horno crematorio no es más moderno? A mí, cuando menos, me parece más higiénico.
CATITA.– ¿Verdad, Jesusita, que Lidia es de mentiritas?
MAMÁ JESUSITA.– ¡Fuera bueno, mi niña! Aquí hay lugar para todo el mundo, menos para el pobre Ramón!
EVA.– ¡Cómo creció! Cuando me vine era tan chiquita como Muni.
(Lidia quedó de pie, en medio de todos, que la miran. Luego abre los ojos y los ve).
LIDIA.– ¡Papá! *(le abraza)*. ¡Mamá! ¡Muni! *(les abraza)*.

GERTRUDIS.– Te veo muy bien, hija.
LIDIA.– ¿Y la abuela?
CLEMENTE.– No puede levantarse. ¿Te acuerdas que cometimos el error de enterrarla en camisón?
MAMÁ JESUSITA.– Sí, Lilí, aquí me tienes acostada por sécula seculórum.
GERTRUDIS.– Cosas de mi mamá, ya sabes, Lilí, lo compuesta que fue siempre.
MAMÁ JESUSITA.– Lo peor será, hijita, presentarse así ante Dios Nuestro Señor. ¿No te parece una infamia? ¿Cómo no se te ocurrió traerme un vestido? Aquel gris, con las vueltas de brocado y el ramito de violetas en el cuello. ¿Te acuerdas de él? Me lo ponía para ir a las visitas de cumplido... pero de los viejos nadie se acuerda...
CATITA.– Cuando San Miguel nos visita, ella se esconde.
LIDIA.– ¿Y tú quién eres, preciosa?
CATITA.– ¡Catita!
LIDIA.– ¡Claro! ¡Si la teníamos sobre el piano! Ahora está en casa de Evita. ¡Qué tristeza cuando la veíamos, tan melancólica, pintada en su traje blanco! Se me había olvidado que estaba aquí.
VICENTE.– ¿Y no te da gusto conocerme a mí, sobrina?
LIDIA.– ¡Tío Vicente! También a ti te teníamos en la sala, con tu uniforme y en una cajita de terciopelo rojo, tu medalla.
EVA.– ¿Y de tu tía Eva no te acuerdas?
LIDIA.– ¡Tía Eva! Sí, te recuerdo apenas, con tu pelo rubio tendido al sol... y recuerdo tu sombrilla morada y tu rostro desvanecido debajo de sus luces, como el de una hermosa ahogada... y tu sillón vacío meciéndose al compás de tu canto, después que ya te habías ido.
(Del círculo de luz surge una voz)
VOZ.– La generosa tierra de nuestro México abre sus brazos para darte amoroso cobijo. Virtuosa dama, madre ejemplarísima, esposa modelo, dejas un hueco irreparable...
MAMÁ JESUSITA.– ¿Quién te habla con tanta confianza?
LIDIA.– Es don Gregorio de la Huerta y Ramírez Puente, Presidente de la Asociación de Ciegos.
VICENTE.– ¡Qué locura! ¿Y qué hacen tantos ciegos juntos?
MAMÁ JESUSITA.– ¿Pero por qué te tutea?
GERTRUDIS.– Es la moda, mamá, hablarle de tú a los muertos.
VOZ.– Pérdida crudelísima, cuya ausencia habremos de calibrar con el tiempo, nos dejas para siempre privados de tu arrolladora simpatía; y dejas también, a un hogar cristiano y sólido en la orfandad más terrible. Tiemblen los hogares ante la inexorable parca...
CLEMENTE.– ¡Válgame Dios!, ¿pero todavía anda por allá ese botarate?
MAMÁ JESUSITA.– Lo que no sirve, abunda.
LIDIA.– Sí, y ahora es el Presidente de la Banca, de los caballeros de Colón, de la Ceguera, de la Bandera, y del Día de la Madre...
VOZ.– Sólo la fe inquebrantable, la resignación cristiana y la piedad...
CATITA.– Siempre dice lo mismo don Hilario.
MAMÁ JESUSITA.– No es don Hilario, Catita, don Hilario hace la friolera de sesenta y siete años que murió...
CATITA.– *(Sin oírla)* Cuando a mí me trajeron, dijo: ¡Voló un angelito! Y no era cierto. Yo estaba aquí abajo, solita, muy asustada. ¿Verdad, Vicente? ¿Verdad que yo no digo mentiras?
VICENTE.– ¡Dímelo a mí! Figúrense, yo llego aquí, todavía atarantado por los fogonazos, con mis heridas abiertas... ¿y qué veo? A Catita llorando: ¡quiero ver a mi mamá! ¡quiero ver a mi mamá! ¡Qué guerra me dio esta niña!, con decirles que echaba de menos a los franceses...
VOZ.– ¡Requiescat in pace!
(Empiezan a poner las losas. La escena se oscurece paulatinamente.)
CATITA.– Estuvimos mucho tiempo solitos ¿verdad Vicente? No sabíamos qué pasaba, pero nadie vino nunca más.
MAMÁ JESUSITA.– Ya te he dicho, Catita, nos fuimos a México, luego vino la Revolución...
CATITA.– Hasta que un día llegó Eva. Tú dijiste, Vicente, que era extranjera...

VICENTE.– La situación era un poco tirante y Eva no nos decía ni una palabra.
EVA.– También yo estaba cohibida... y además pensaba en Muni... y en mi casa... aquí estaba todo tan callado.
(Silencio. Ponen la última losa.)
LIDIA.– Y ahora, ¿qué hacemos?
CLEMENTE.– Esperar.
LIDIA.– ¿Esperar todavía?
GERTRUDIS.– Sí, hija, ya irás viendo.
EVA.– Verás todo lo que quieras ver, menos tu casa, con su mesa de pino blanco, y en las ventanas las olas y las velas de los barcos.
MUNI.– ¿No estás contenta Lilí?
LIDIA.– Sí, Muni, sobre todo de verte a ti. Cuando te vi, tirado aquella noche en el patio de la Comisaría, con aquel olor a orines que venía de las losas rotas, y tú durmiendo en la camilla, entre los pies de los gendarmes, con tu pijama arrugado, y tu cara azul, me pregunté: ¿Por qué?, ¿por qué?
CATITA.– También yo, Lilí. Tampoco yo había visto a un muerto azul. Jesusita me contó después que el cianuro tiene muchos pinceles y sólo un tubo de color, ¡el azul!
MAMÁ JESUSITA.– ¡Ya no molesten a este muchacho! El azul le va muy bien a los rubios.
MUNI.– ¿Por qué, prima Lilí? ¿No has visto a los perros callejeros caminar y caminar banquetas, buscando huesos en las carnicerías llenas de moscas, y el carnicero, con los dedos remojados en sangre a fuerza de destazar? Pues yo ya no quería caminar banquetas atroces buscando entre la sangre un hueso, ni ver las esquinas, apoyo de borrachos, meaderos de perros. Yo quería una ciudad alegre, llena de soles y de lunas. Una ciudad sólida, como la casa que tuvimos de niños, con un sol en cada puerta, una luna para cada ventana y estrellas errantes en los cuartos. ¿Te acuerdas de ellas, Lilí? Tenía un laberinto de risas. Su cocina era cruce de caminos; su jardín, cauce de todos los ríos; y ella toda el nacimiento de los pueblos...
LIDIA.– ¡Un hogar sólido, Muni! Eso mismo quería yo... y ya sabes, me llevaron a una casa extraña. Y en ella no hallé sino relojes y unos ojos sin párpados, que me miraron durante años... Yo pulía los pisos, para no ver las miles de palabras muertas que las criadas barrían por las mañanas. Lustraba los espejos, para ahuyentar nuestras miradas hostiles. Esperaba que una mañana surgiera de su azogue la imagen amorosa. Abría libros, para abrir avenidas a aquel infierno circular. Bordaba servilletas, con iniciales enlazadas, para hallar el hilo mágico, irrompible, que hace de dos nombres uno...
MUNI.– Lo sé, Lilí.
LIDIA.– Pero todo fue inútil. Los ojos furiosos no dejaron de mirarme nunca. Si pudiera encontrar a la araña que vivió en mi casa –me decía a mí misma–, con el hilo invisible que une la flor a la luz, la manzana al perfume, la mujer al hombre, cosería amorosos párpados que cerrarían los ojos que me miran, y esta casa entraría en el orden solar. Cada balcón sería una patria diferente; sus muebles florecerían: de sus copas brotarían surtidores; de las sábanas, alfombras mágicas para viajar al sueño; de las manos de mis niños, castillos, banderas y batallas... pero no encontré el hilo, Muni...
MUNI.– Me lo dijiste en la Comisaría. En ese patio ajeno, lejos para siempre del otro patio, en cuyo cielo un campanario nos contaba las horas que nos iban quedando para el juego.
LIDIA.– Sí, Muni, y en ti guardé el último día que fuimos niños. Después sólo quedó una Lidia sentada de cara a la pared, esperando...
MUNI.– Tampoco yo pude crecer, vivir en las esquinas, yo quería mi casa...
EVA.– También yo, Muni, hijo mío, quería un hogar sólido. Una casa que el mar golpeara todas las noches, ¡bum! ¡bum!, y ella se riera con la risa de mi padre llena de peces y de redes.
MUNI.– No estés triste, Lilí. Hallarás el hilo, y hallarás a la araña.
CLEMENTE.– ¿Lilí, no estás contenta? Ahora tu casa es el centro del sol, el corazón de cada estrella, la raíz de todas las hierbas, el punto más sólido de cada piedra.
MUNI.– Sí, Lilí, todavía no lo sabes, pero de pronto no necesitas casa, ni necesitas río. No nadaremos en el Mezcala, seremos el Mezcala.

GERTRUDIS.– A veces, hijita , tendrás mucho frío, y serás la nieve cayendo en una ciudad desconocida, sobre tejados grises y gorros rojos.
CATITA.– A mí lo que más me gusta es ser bombón en la boca de una niña. ¡O cardillo, para hacer llorar a los que leen cerca de una ventana!
MUNI.– No te aflijas cuando tus ojos empiecen a desaparecer, porque entonces serás todos los ojos de los perros mirando pies absurdos.
MAMÁ JESUSITA.– ¡Ay, hijita! Ojalá y nunca te toque ser ojos de ciegos de pez ciego en lo más profundo de los mares! No sabes la impresión terrible que tuve, era como ver y no ver cosas jamás pensadas.
CATITA.– *(Riéndose y palmoteando)* También te asustaste mucho cuando eras el gusano que te entraba y salía por la boca.
VICENTE.– ¡Pues para mí lo peor ha sido ser el puñal del asesino!
MAMÁ JESUSITA.– Ahora volverán las tuzas. No grites cuando tú misma corras por tu cara.
CLEMENTE.– No le cuenten eso, la van a asustar. Da miedo aprender a ser todas las cosas.
GERTRUDIS.– Sobre todo que en el mundo apenas si aprende uno a ser hombre.
LIDIA.– ¿Y podré ser un pino con un nido de arañas y construir un hogar sólido?
CLEMENTE.– ¡Claro! Y serás el pino y la escalera y el fuego.
LIDIA.– ¿Y luego?
MAMÁ JESUSITA.– Luego Dios nos llamará a su seno.
CLEMENTE.– Después de haber aprendido a ser todas las cosas, aparecerá la lanza de San Miguel, centro del universo y a su luz surgirán las huestes divinas de los ángeles y entraremos en el orden celestial.
MUNI.– Yo quiero ser el pliegue de la túnica de un ángel.
MAMÁ JESUSITA.– Tu color irá muy bien, dará hermosos reflejos. ¿Y yo qué haré enfundada en este camisón?
CATITA.– ¡Yo quiero ser el dedo índice de Dios Padre!
(Todos a coro).– ¡Niña!
EVA.– ¡Y yo una ola salpicada de sal, convertida en nube!
LIDIA.– Y yo los dedos costureros de la Virgen bordando... bordando...
GERTRUDIS.– Y yo la música del harpa de Santa Cecilia.
VICENTE.– ¡Y yo el furor de la espada de San Gabriel!
CLEMENTE.– Y yo una partícula de la piedra de San Pedro.
CATITA.– ¡Y yo la ventana que mire al mundo!
MAMÁ JESUSITA.– Ya no habrá mundo, Catita, porque todo eso lo seremos después del Juicio Final.
CATITA.– *(Llora)* ¿Ya no habrá mundo? ¿Y cuándo lo voy a ver? Yo no vi nada, ni siquiera aprendí el silabario. Yo quiero que haya mundo.
VICENTE.– ¡Velo ahora, Catita!
(A lo lejos se oye una trompeta.)
MAMÁ JESUSITA.– ¡Jesús, Virgen Purísima! La trompeta del Juicio Final. ¡Y yo en camisón! ¡Perdóname, Dios mío, esta impudicia!
LIDIA.– No, abuelita, es el toque de queda. Hay un cuartel junto al panteón.
MAMÁ JESUSITA.– ¡Ah sí, ya me lo habían dicho! Y siempre se me olvida. ¿A quién se le ocurre poner un cuartel tan cerca de nosotros? ¡Qué gobierno! ¡Se presta a tantas confusiones!
VICENTE.– ¡El toque de queda! Me voy. Soy el viento que abre todas las puertas que no abrí, que sube en remolino las escaleras que nunca subí, que corre por las calles nuevas para mi uniforme de oficial y levanta las faldas de las hermosas desconocidas... ¡Ah frescura! *(Desaparece.)*
MAMÁ JESUSITA.– ¡Pícaro!
CLEMENTE.– ¡Ah, la lluvia sobre el agua! *(Desaparece.)*
GERTRUDIS.– ¡Leño en llamas! *(Desaparece.)*
MUNI.– ¿Oyen? Aúlla un perro. ¡Ah, melancolía! *(Desaparece.)*
CATITA.– ¡La mesa donde cenan nueve niños! ¡Soy el juego! *(Desaparece.)*
MAMÁ JESUSITA.– ¡El cogollito fresco de una lechuga! *(Desaparece.)*

EVA.– ¡Centella que se hunde en el mar negro! *(Desaparece.)*
LIDIA.– ¡Un hogar sólido! ¡Eso soy yo! ¡Las losas de mi tumba! *(Desaparece.)*

TELON

ELENA GARRO

NOTA: Se respetó la puntuación del original.

17. Analiza las funciones de Jakobson en la obra de teatro.

____
____
____
____
____
____
____
____

18. Observa la función del diálogo en la obra teatral y coméntala en clase.

____
____
____
____
____
____
____
____

19. Con base en una noticia periodística reciente intenta escribir una pequeña obra de teatro.

____
____
____
____
____
____
____

20. Busca ejemplos de cada una de las funciones de Jakobson y coméntalos en clase.

Función referencial o informativa

Función emotiva o expresiva

Función apelativa

Función fática

Función metalingüística

Función poética

BIBLIOGRAFÍA

AGUIAR E. Silva, Víctor Manuel de, *Teoría de la literatura*, Ed. Gredos, Madrid, 1984.

ALEGRÍA de la Colina, Margarita, *Variedad y precisión del léxico*, Ed. Trillas, México, 1987.

ALONSO, Martín, *Ciencia del lenguaje y arte del estilo*, Ed. Aguilar, Madrid, 1988.

ALVARADO, Maité, María del Carmen Rodríguez y Mario Tobelem, *Teoría y páctica de un taller de escritura*, Altalena Editores, Madrid, 1981.

ÁLVAREZ del Real, María Eloísa, *Cómo escribir sin faltas de ortografía*, Ed. América, Panamá, 1989.

ÁLVAREZ, Miriam, *Tipos de escrito*, Ed. Arco/Libros, S.L., Madrid, 1995. Cuadernos I y II.

AÑORGA, J., *Conozca su idioma*, Minerva Books, L.T.D. New York, N.Y., 1967.

ARIZA, Garrido y Torres, *Comentario lingüístico y literario*, Ed. Alhambra, Madrid, 1981.

ASENSI, Manuel, *Teoría de la lectura*, Ediciones Hiperión, España, 1987.

ÁVILA, Raúl, *La lengua y los hablantes*, Ed. Trillas, México, 1977.

BASULTO, Hilda, *Curso de redacción dinámica*, Ed. Trillas, México, 1977.

_____, *¡Atención al vocabulario!*, Ed. Trillas, México, 1990.

_____, *¡Aplique la gramática!*, Ed. Trillas, México, 1990.

_____, *¡Cuide su ortografía!*, Ed. Trillas, México, 1990.

_____, *¡Mejore su redacción!*, Ed. Trillas, México, 1990.

BERRENDONNER, Alin, *Elementos de pragmática lingüística*, Ed. Gedisa, Barcelona, 1987.

BERRUTO, Gaetano, *La semántica*, Ed. Nueva Imagen, México, 1979.

CALERO Vaquera, María Luisa, *Historia de la gramática española*, Ed. Gredos, Madrid, 1986.

CLARK and Clark, *Psychology and lenguage*, HBJ Publishers, U.S.A., 1977.

COEN, Arrigo, *Para saber lo que se dice 1*, Ed. Domés, México, 1983.

COUCHAERE, Marie Josée, *Escriba mejor y sólo lo importante*, Ed. Vergara/Granica, España-Argentina, 1990.

DELEUZE, Gilles, *Lógica del sentido*, Ed. Paidós, España-Argentina, 1989.

DÍAZ de Cossío, Roger, Ignacio Díaz Ruiz *et al.*, *Escriba mejor*, Ed. Limusa, México, 1990.

DUCROT, Oswald y Tzvetan Todorov, *Diccionario enciclopédico de las ciencias del lenguaje*, Siglo XXI Editores, España, 1979.

ECO, Umberto, *Signo*, Ed. Labor, Barcelona, 1976.

FERNÁNDEZ de la Torriente, G., *Cómo escribir correctamente: la comunicación escrita*, Ed. Norma, Colombia, s/f.

FERNÁNDEZ González, Ángel R. Hervás y Báez, *Introducción a la semántica*, Ed. Cátedra, Madrid, 1984.

FONCUBERTA, Mar de, Amparo Moreno *et al.*, *El periodismo escrito*, Ed. Mitre, Barcelona, 1986.

FORSTER, E.M, *Aspectos de la novela*, Ed. Universidad Veracruzana, México, 1961.

FOWLER, Roger, *Para comprender el lenguaje*, Ed. Nueva Imagen, México, 1978.

GABILONDO, Ángel, *El discurso en acción*, Ed. Anthropos, Barcelona, 1990.

GAUQUELIN, Françoise, *Saber comunicarse*, Ediciones Mensajero, España, 1982.

GÓMEZ de Silva, Guido, *Breve diccionario etimológico de la lengua española*, Fondo de Cultura Económica, México, 1989.

GONZÁLEZ Reyna, Susana, *Manual de redacción e investigación documental*, Ed. Trillas, México, 1987.

GRUPO Nadir, *Taller de lengua*, Ediciones de la Torre, Madrid, 1987.

G.W., Martin, *Cómo comunicar mejor por escrito*, Ed. Planeta Mexicana, México, 1990.

IBARROLA, Javier, *La noticia*, Ed. Gernika, México, 1986.

I.T.E.S.M., *Proyecto año 2000*, Ed. I.T.E.S.M., México, 1975.

KAYSER, Wolfang, *Interpretación y análisis de la obra literaria*, Ed. Gredos, España, 1961.

KREIMER, Juan Carlos, *¿Cómo lo escribo?*, Ed. Planeta, México, 1990.

LADRÓN de Guevara, Moisés, *La lectura,* Ed. El Caballito, México, 1985.

LAGUNA, Carlos, *Palabras y palabrotas*, Publicaciones Cruz O., México, 1988.

LAMIROY, Béatrice, *Léxico y gramática del español*, Ed. Anthropos, España, 1991.

LEÑERO, Vicente y Carlos Marín, *Manual de periodismo*, Ed. Grijalbo, México,1986.

LINTON, Marigold, *Manual simplificado de estilo*, Ed. Trillas, México, 1986.

LÓPEZ Chávez, Juan y Humberto López Morales, *Comprensión y redacción del español básico 1*, Ed. Alhambra Mexicana, México, 1989.

LÓPEZ García, Ángel, *Para una gramática liminar*, Ed. Cátedra, Madrid, 1980.

LÓPEZ Morales, Humberto, *Español básico I II III*, Ed. Playor, Madrid, 1979.

MADRAZO, P. G. y C. Moragón, *Hablar y escribir*, Ediciones Pirámide, Madrid, 1992.

MARCOS Marín, Francisco, *Aproximación a la gramática española*, Ed. Cincel, Madrid, 1972.

———, *El Comentario linguístico*, Ed. Cátedra, Madrid, 1985.

MARÍAS, Julián, *El uso lingüístico*, Ed. Colomba, Buenos Aires, 1966.

MARTÍN, José Luis, *Crítica estilística*, Ed. Gredos, Madrid, 1973.

MARTÍN Vivaldi, Gonzalo, *Curso de redacción*, Ed. Paraninfo, Madrid, 1977.

———, *Géneros periodísticos*, Ed. Prisma, México, 1973.

MÉNDEZ Torres, Ignacio, *El lenguaje oral y escrito en la comunicación*, Ed. Limusa, México, 1989.

METZ, M. L, *Redacción y estilo*, Ed. Trillas, México, 1986.

MEYER, Michel, *Lógica, lenguaje y argumentación*, Ed. Librería Hachette, Argentina, 1987.

MIGNOLO D., Walter, *Textos, modelos y metáforas*, Ed. Universidad Veracruzana, México, 1977.

MIGUEL Saad, Antonio, *Redacción*, C.E.C.S.A., México, 1984.

_____, *Manual del redactor*, Ed. Diana, México,1990.

MORENO de Alba, José, *Minucias del lenguaje*, Ediciones Océano, México, 1987.

_____, *El español en América*, Fondo de Cultura Económica, México, 1988.

MUÑOZ Aguayo, Manuel, *Escribir bien: manual de redacción*, Ed. Concepto, México, 1990.

NIPONGO, Nikito, *Museo nacional de horrores*, Ed. Océano, México, 1986.

ONIEVA Morales, Juan Luis, *Curso superior de redacción*, Ed. Verbum, Madrid, 1995.

ORTUÑO Martínez, Manuel, *Teoría y práctica de la lingüística moderna*, Ed. Trillas, México, 1979.

PIZARRO, Narciso, *Metodología, sociología y teoría lingüística*, Alberto Corazón Editor, Madrid, 1979.

PRIETO, Luis J., *Estudios de lingüística y semiología generales*, Ed. Nueva Imagen, México, 1977.

POCA, Anna, *La escritura*, Ed. Montesinos, España, 1991.

POZUELO Yvancos, José Ma., *Teoría del lenguaje literario*, Ed. Cátedra, Madrid, 1988.

REBOUL, Olivier, *Lenguaje e ideología*, Fondo de Cultura Económica, México, 1986.

RODRÍGUEZ, Mauro, *Creatividad verbal*, Ed. Pax, México, 1987.

_____, *Griego: Presencia del griego en el español*, Ed. Limusa, México, 1990.

_____, *Presencia del latín en el español*, Ed. Limusa, México, 1990.

SELECCIONES del Reader's Digest, *La fuerza de las palabras*, Reader's Digest, México, 1977.

_____, *La clave de la lectura*, Reader's Digest, México, 1987.

S.I. Hayakawa, *El lenguaje en el pensamiento y en la acción*, Ed. Hispano-Americana, México, 1967.

SERAFINI, Ma. Teresa, *Cómo redactar un tema*, Ed. Paidós, Barcelona-Buenos Aires, 1985.

STAIGER, Emil, *Conceptos fundamentales de poética*, Ed. Rialp, España, 1966.

TACCA, Oscar, *Las voces de la novela*, Ed. Gredos, Madrid, 1978.

TEJADA, Leonor, *Hablar bien no cuesta nada y escribir bien tampoco*, Ed. Posada, México, 1989.

_____, *Hablemos correctamente: lo que siempre quise decir en televisión*, Ed. Panorama, México, 1990.

THIEBAUT, Carlos, *Historia del nombrar*, Visor, Madrid, 1990.

TOSCANO, Humberto, *Hablemos del lenguaje*, Ed. Joshua B. Powers, Inc. New York, 1965.

TREVIÑO, Jorge, *Ortografía: práctica al día*, Ed. Trillas, México, 1990.

TRUJILLO, Ramón, *Elementos de semántica lingüística*, Ed. Cátedra, Madrid, 1979.

UITTI, Karl D., *Teoría literaria y lingüística*, Ed. Cátedra, Madrid, 1977.

VACA Pulido, Juan, *Etimologías: un enfoque lingüístico*, Ed. C.E.C.S.A, México, 1982.

VAN Dijk, Teun A., *Estructuras y funciones del discurso*, Ed. Siglo XXI, México, 1983.

_____, *Texto y contexto*, Ed. Cátedra, Madrid, 1988.

_____, "La ciencia" del texto en *Comunicación* No. 5, Ed. Paidós, Barcelona, 1993.

VIÑOLY, A. y J., *Diccionario guía de redacción*, Ed. Teide, Barcelona, 1970.

REFERENCIAS DE TEXTOS

Página

28 Tomado de *Nexos*, No.179, noviembre de 1992.
45 Tomado de *Historia de la Ciudad de México*, Salvat Editores, México, 1984.
77 Tomado de *La mirada opulenta*, Ed. Gustavo Gilli, España, 1987.
97 Tomado de *El ensayo mexicano moderno*, FCE, Vol. II, México, 1971.
119 Tomado de *Ciencia y desarrollo*, No.81, Vol. XIV, México, julio-agosto de 1988.
135 Tomado de *La mirada oblicua*, Colección cuadernillos de géneros, Ed. La marca, Argentina, 1993.
155 Tomado de *Nexos*, No.183, año 16, Vol XVI, marzo de 1993.
175 Tomado de *Revista Gaceta Médica de México*, No. 3, Vol. 130, mayo-junio de 1994.
181 Tomado de *Antología de cuentos mexicanos*, Ed. Nueva Imagen, México, 1990.
205 Tomado de revista de la Universidad Nacional Autónoma de México.
219 Tomado de *La mirada oblicua*, Colección cuadernillos de géneros, Ed. La marca, Argentina, 1993.
226 "La humildad premiada" y "Del epígrafe".
Tomados de *El ensayo mexicano moderno*, Vol. I, FCE, México, 1971.
227 "Los altos se me están echando encima".
Tomado de *Woodoo poopo*, Edinburg, Pan American University Press, USA, 1988.
239 Tomado de revista *Muy interesante*, No. 114, noviembre de 1990.
250 Tomado de *Nexos*, No. 221, México, mayo de 1996, p. 67.
261 Tomado de *Ciencia y desarrollo*, No. 18, Vol. XIV, México, julio-agosto de 1988.
284 Tomado de *Comercio exterior*, Vol. 42, México, diciembre de 1992.
297 "Memorias de aeropuerto I".
Tomado de *Nexos*, No. 177, México, septiembre de 1992.
303 Tomado de *La contracultura en México*, Ed. Grijalbo, México, 1996.
321 "A uno le pasan cosas muy raras".
Tomado de *Los sueños vanos, los ángeles curiosos*, Ed. Argos Vergara, España, 1980.
321 *Rayuela.*
Tomado de *Rayuela*, cap. 32, Ed. Sudamericana, Argentina, 1976.
321 *Paseo en trapecio.*
Tomado de *Paseo en trapecio*, Ed. Edivisión, México, 1985
322 "El espejo que no podía dormir".
Tomado de *La oveja negra y demás fábulas*, Ed. Seix Barral, México, 1983.
322 "San Avilán".
Tomado de *La musa y el garabato*, FCE, México, 1992.
322 "La última navidad".
Tomado de *Sopita de fideo*, Ed. Aguilar León y Cal Editores, México, 1991.
328 "Este ir y venir" y "Estos templos que somos"
330 Tomado de *Retorno de Electra*, Ed. Diógones, México, 1978.
329 "Soneto de la esperanza".
Tomado de *Obras completas*, FCE, México, 1978.
329 "Emiliano Zapata".
Tomado de *Antología de poesía mexicana contemporánea.*
330 "Tú".
Tomado de *Al viento submarino*, ITESM, México, 1966.
332 Tomado de *Un hogar sólido*, Universidad Veracruzana, México, 1958.

SEP

LITOGRAFICA INGRAMEX, S.A. DE C.V.
CENTENO NO. 162-1
MEXICO, D.F.
C.P. 09810

2000